U0943545

山东省社会科学规划研究重点项目

齐国艺术研究

张　越　张要登　著

齊魯書社

图书在版编目（CIP）数据

齐国艺术研究／张越，张要登著．--济南：齐鲁书社，2013．3

ISBN 978-7-5333-2572-5

Ⅰ．①齐… Ⅱ．①张… ②张… Ⅲ．①齐文化—研究—中国 Ⅳ．①K871．414

中国版本图书馆CIP数据核字（2011）第277045号

齐国艺术研究

张越 张要登 著

出版发行 齊魯書社
社　　址 济南市英雄山路189号
邮　　编 250002
网　　址 www.qlss.com.cn
电子邮箱 qilupress@126.com
印　　刷 山东临沂新华印刷物流集团
开　　本 710×1000/16
印　　张 20.5
字　　数 280千字
版　　次 2013年3月第1版
印　　次 2013年3月第1次印刷
标准书号 ISBN 978-7-5333-2572-5
定　　价 69.00元

从艺术寻求齐文化研究新突破

——《齐国艺术研究》序

王志民

张越与张要登两位学者共同完成的山东省社科规划重点项目《齐国艺术研究》即将付梓，学术界期盼已久的齐文化艺术研究新成果问世，我感到由衷高兴。

艺术是文化集中、生动、直感的外在体现，研究一个时代、一个区域的文化，艺术是一个极重要的切入点和着力点，而齐国艺术之于齐文化，无论从体现文化特质，反映文化生活，凸显文化面貌，还是从其地位、贡献看，都是很值得深入探讨、认真研究的。

二十多年前，我曾写过一篇《齐国音乐艺术略论》的文章，作为音乐艺术的“外行人”，我之所以也关注齐国的艺术，是因为有两条音乐资料引起了我对齐文化研究本身的诸多思考。一条是《列子·汤问》记载的故事：韩娥东之齐，在临淄城的雍门，卖歌求食，“余音绕梁，三日不绝”。她的“曼声哀哭”，使齐都的老百姓“老幼悲愁，垂涕相对，三日不食”；而她的“曼声长歌”，又让“老幼喜跃抃舞，弗能自禁”。这是一种什么样的文化景象啊！难道这只是对韩娥之歌艺术感染力的夸张描述吗？韩娥一路走来，在齐都而非其他地方引起如此非同寻常的反响，它所反映的齐人对音乐的敏感和热情，就不仅仅是齐国艺术的水平，更展现出齐国文化异于他邦的独特一面，这很有待于我们去深入挖掘和探析。另一条资料是《论语》记载的孔子在齐闻《韶》“三月不知肉味”。《韶》乐，是舜时代的乐章，在后世流传，影响很大。据《左传》记载：吴国的公子季札在鲁国观乐，对鲁乐工演奏的《韶箾》乐舞大为赞赏：“观止矣！若有他乐，吾不敢请已！”可见《韶》乐在鲁国也是一直传奏的。但为什么《韶》乐独在齐引起孔子如此陶醉和异乎寻常的感染呢？那就不是单纯古乐曲本身的魅力了！我们知道，齐为东夷旧地，舜为乐夷之人，《韶》为东夷古乐，在齐地的传承中一定得到了符合它内质的更充分的创新发展。而孔子在齐闻《韶》，一定是感受了与在鲁不同的文化内涵，大概是乐曲中包含的历史文化底蕴与齐国现实文化精神的完美结合，使孔子得到了与先王之乐内质更高层次的相融和契合，超越了一般的音乐欣赏，进入了一种无法言喻的美妙境界。这两条资料所反映的齐国文化以及后代文献中多有关于“齐气”、“齐音”的记载和论述，我们可以说，齐国艺术所反映的不仅仅是艺术本身，齐文化的一些特质是通过它独特的艺术形式展现的，从艺术来探求文化，实在是齐文化研究上一个独到的切入点。

我看了书稿，感到该著作在学术上至少有以下三点突破。

其一，选题专而新。三十多年来，齐文化研究的确取得了巨大成就，在揭示历史面貌、挖掘文化内涵、探求文化精神、弘扬优秀传统等方面，都收获了丰硕成果。除了像《齐文化丛书》这样集国内学术力量全方位、集成式的研究成果外，还出版、发表了数十种专著和上千篇论文，又有《管子学刊》这样国内有影响的专刊近三十年的不断推动，很大程度上改变了齐鲁文化研究中重鲁轻齐的局面，在国内外学术界引起了广泛关注和高度重视。近些年更加注重了典籍文本、出土文献和文化专题研究，深度和厚度越来越明显。但是总体看，艺术的研究还是薄弱的，深入探讨之作少见，重量级的成果缺乏，相较艺术在齐文化中的地位不能不说是个遗憾。《齐国艺术研究》是第一本全面研究齐文化艺术的专著，不仅填补了齐文化研究上的一个空白，也以一部断代的、区域的艺术研究给中国艺术史研究带来耳目一新的成果。

其二，开掘广而深。与整个齐文化的发展相像，齐国艺术具有那个时代特征的相对独立、完整的体系。该著作从绘画、音乐、舞蹈、陶瓷、服饰、建筑艺术等那个时代所能出现的艺术各个门类，探求齐国艺术的发展，范围广泛。而每个门类也都尽量注重了对其发展源流和历史发展线索的梳理，注重了对其门类之间相互关联的探索，对后世艺术的影响及历史地位的论述开掘颇深。例如，对齐国建筑艺术的研究，就注重了对我国古代城市规划和布局的影响，注重从中国传统建筑思想三大体系的分析入手并引证《考工记》和《管子》中有关齐文化建筑规划的思想，既有开阔的历史视野，又有深刻的分析论述，大大增强了研究的广度和深度。

其三，资料丰而实。作为一部断代的区域艺术史，资料的收集、整理是项艰难而又细致的工作。由于时代的久远，齐国艺术的史料数量既少，又大多散见于先秦的典籍文献，这恐怕也是至今尚无人写出齐国艺术专史的原因之一。该项目的完成，展现出作者在资料收集方面勤奋、严谨的态度和扎实的功力。他们不仅注重文献资料的梳理、辨析，而且特别注重对出土文物资料的收集、利用，使整个著作有着坚实的资料基础和立论依据。尤其值得提出的是：作者大量运用东夷文化考古文物资料，深入探析齐国艺术发展的源流、脉络，在诸多方面提出了自己的独到见解，在学术上多有创建。该成果的出版，让我们从一个新的窗口对齐文化的丰富内涵有了更为深入全面的观察。这是齐文化研究的新收获。

我与张越同志相识二十多年，知道他是一位造诣很深的书籍装帧艺术家。早在1993年，他为我主编的《齐文化概论》所作的装帧设计，就以传统与现代相结合的艺术表现手法，准确表达了该著作的风格与气质。该书装帧设计获第九届北方十省市书籍装帧艺术评比一等奖。他一直担任《管子学刊》的美术编辑，从20世纪80年代他为《管子学刊》创刊号所创作的封面设计直到现在的封面设计，以浓厚的民族风格给人带来新意，准确表达了刊物的内涵意蕴，在全国的学术刊物中，独具特色，颇具影响。张越的装帧设计作品构图新颖，格调高雅，色调凝炼，字体考究，工艺精细，富有文化内涵。他撰写的论文《印刷工艺在封面设计中的运用》，获全国第二届装帧艺术论文及研究成果评比一等奖，是迄今为止山东省唯一一等奖获得者。他的装帧艺术作品和装帧艺术论文曾获十几项国家、省部级奖励。

张越为人真诚谦和，对人生事业有着坚韧、执着的追求。近些年来，他又走着一条由艺术设计到艺术史研究的坚实学术之路，结合自己的艺术设计实践，深入进行艺术设计理论和艺术史的研究和探索，取得丰硕成果。他对《考工记》中工艺美学思想的研究、对齐国建筑艺术和齐国绘画艺术方面的研究都在学术界产生过重大影响。这次又在多年学术积累的基础上，与张要登一起完成了迄今第一本齐国艺术的研究专著，既让人钦佩，又值得祝贺！我期盼他在艺术和齐文化研究上取得更大成绩。

（作者系：山东省政协副主席、教育部人文社会科学重点研究基地山东师范大学齐鲁文化研究中心主任、首席专家、教授、博士生导师。）

目　录

第一章 概 论

齐文化是中华民族传统文化的重要组成部分，是我国古代产生较早的独具特色的重要地域文化之一，对华夏文明的形成和发展具有深远的影响。齐国长达八百年的历史，曾数创辉煌：春秋时期曾为五霸之首，战国时期又列为七雄之冠，并与秦国并称东西两帝国。齐立国后，由于在文化上采取了“因其俗，简其礼”的宽松政策，为齐国艺术提供了良好的发展环境，使齐文化在漫长的发展过程中积淀了丰富的艺术成果，在绘画、音乐、舞蹈、陶瓷、服饰、建筑、青铜等方面取得了突出成就，并形成了自己独特的艺术风格。有足够证据可以表明，齐国艺术无论在中国艺术史上还是在世界艺术史上，都占有十分重要的地位。

一

齐国绘画艺术内容丰富、形式多样，有着悠久的历史，不仅是齐文化的重要内容之一，同时也是中国古代绘画艺术的重要组成部分，并带有鲜明的地域特色，在中国美术史上独树一帜，占有相当重要的地位。齐国的绘画成就在文献典籍中多有记载，战国时就有画家敬君画台图妻的故事。刘向《说苑》中有“齐有敬君者。齐王起九重台，召敬君图之。敬君久不得归，思其妻，乃画其妻对之，王因知其妻美，与钱百万纳之”的记载，从中可以看出，齐国画师高超的绘画技艺，不但能作建筑设计图与壁画，还可默写人物肖像画。敬君默写的人物画像，生动传神到使齐王见画而心动。由此可见，当时齐国绘画艺术已经达到了很高的发展水平。

作为齐国绘画重要内容之一的漆画，具有久远的发展历史，它是指绘制在漆器上的装饰花纹，是附属于漆器的装饰图案。漆器工艺归纳起来主要有：描绘、雕花、针刻、银扣、描金、银彩绘和铜器装饰等。《韩非子·十过》就载有："尧禅天下，虞舜受之，作为食器，斩山木而财之，削锯修其迹，流漆墨其上……舜禅天下而传之于禹，禹作为祭器，墨染其外，而朱画其内。"这说明早在舜、禹时代就已经有漆器、漆画了。战国时期齐国手工业极为发达，也是齐国漆器工艺的发展与繁荣时期，且经久不衰。这个时期制漆业出现了许多新的工艺与装饰手法，漆器表面的花纹装饰，从某种程度上可以揭示这一时期齐国绘画的艺术风格。

齐国漆画最具代表性的实物资料，是山东临淄郎家庄一号东周墓出土的一批漆器。这批漆器的出土，对全面了解和探究齐国漆画的艺术风格及特色具有重要的艺术价值和学术价值。出土的这批漆器器形可辨的有：雕花彩绘条形器、朱地黑彩的髹漆羊形器、施红黄绿三彩的镇墓兽、黑地红彩的漆豆、漆盘等。漆器图案有长方形和圆形两种，基本上都是黑地红花，也有红地黑花，偶尔有用白色勾边的。图案题材的表现手法有几何形和写实两种。几何图案有方形、长方形、斜长方形、交错三角形。饰纹有浪花纹、叶状云纹、波状勾连纹、简化雷纹、单线锯齿纹等。写实性图案花纹的主题是在一个圆形之内画屋宇、人物及对称的兽。图案分为内外两层，中心圆内绘有翻滚的三兽，相咬嬉戏；外层绘有房宇四座，两相对称。房宇皆为平顶，有短柱承托，柱头有栱，面各三间。其中，一座四人皆躬身相向而立，居右者发向后，双手举物过首；居左者伸出双手接物；除右侧的送物者外，其余三人皆腰佩短剑。与之对称的另一座房内的人虽已大部分残缺，但仍能看出不是表现送接物的场面。整个画面构图严整规矩，用笔一丝不苟，线条纯熟流畅，动物的神态刻画生动，是一幅典型的具有浓郁生活气息的风俗画[①]，充分显示出当时齐国漆画工匠精湛的绘画技艺。

齐国铜器雕刻画是齐国绘画艺术的又一重要成就，其表现手法主要是线刻、鎏金、金银错等装饰技法。注重整体、善抓特征、概括简练、变化丰富是齐国铜器雕刻画的主要特点。20 世纪 70 年代初，在山东长岛王沟东周墓群出土了三件鎏金刻纹铜器，其中的一件铜鉴，虽因质薄而残碎不全，但其刻纹所描绘的乐舞燕饮和车马田猎的生动情景，为研究当时齐国的绘画艺术提供了宝贵的形象资料。该铜器刻纹为针刻，线条连贯流畅，局部简刻为虚线。图像内多以斜线填充，而梅花鹿则刻圆圈以像其斑，虎体刻波曲线以像其纹。车幡、犬颈带、人头巾带皆作向后飘拂状，既表明方向，又富有动感；人与动物造型生动传神，加上鎏金的特殊效果，更增添了刻纹艺术表现手法的感染力[②]。

齐国绘画艺术，以瓦当画最具特色。从临淄齐故城发现的大量齐瓦当遗存来看，战国早期的半圆形瓦当，其纹饰多为具象，题材以自然中的树木为主，并配以各种动物或人物，所描绘的对象基本是写实的。对树木等形象的刻划，体现出较强的绘画性，“用笔”简练概括，极为生动。战国中期以后的瓦当，不论是半圆形或是圆形的，纹饰仍以树木纹为主题，在有限的半圆形或圆形面积上，以向上直立的树木主干为中心轴线，左右两边各置以马、驴、狗、羊、鹿、虎等动物形象，均衡对称，主宾分明，在对各种艺术形象的表现手法上与战国早期瓦当相比仍保持着写实风格，略带有装饰性，并呈现出较强的装饰性绘画效果。战国晚期的瓦当，纹饰仍以树木纹为主，但双兽纹已被三角、箭头、乳钉、卷云纹所替代，并随之而消失。因此，图案化的纹样不断增多，特别对树木箭头纹、树木卷云纹瓦当的花纹处理，以夸张、变形、概括的手法，使自然界的树木等物象均由自然形态升华为艺术形态，使之条理化，并逐渐形成“程式化”，使原有的形象特征

① 山东省博物馆：《临淄郎家庄一号东周殉人墓》，《考古学报》1977 年第 1 期。

② 烟台市文物管理委员会：《山东长岛王沟东周墓群》，《考古学报》1993 年第 1 期。

经强调显得更鲜明、更典型、更富装饰性美感[①]。总之，齐瓦当不论从外形、纹饰还是题材和内容看，与其他古代历史名城所出土的瓦当相比，都具有自己极为鲜明的艺术特色。

二

齐国音乐艺术是我国古代音乐艺术的重要组成部分，在中国古代音乐发展史上占有十分重要的地位。无论是独具特色的民间音乐，还是恢弘灵变的宫廷音乐，都充分体现了齐国音乐艺术的成就，并呈现出鲜明的地域特色。特别是系统完善的齐国音乐理论体系，作为中国古代音乐思想的重要组成部分，不仅成为中华音乐文化的重要源流，影响中国音乐思想与实践长达数千年，而且也为丰富和发展我国及世界传统音乐文化作出了突出贡献。齐国音乐艺术主要由民间音乐和宫廷音乐两大部分构成。

齐国民间音乐作品最有代表性的当属《诗经·齐风》，共11首，其题材内容丰富，艺术风格鲜明。它是齐国民歌艺术的集大成者，富有鲜明的地域特色。《齐风》中既有赞美齐人狩猎的《还》与《卢令》，也有歌颂爱情婚姻生活的《东方之日》、《南山》、《甫田》等，还有讽刺统治者的《鸡鸣》、《载驱》、《猗嗟》等。《齐风》的风格特点，主要体现在以下几个方面：一是雄浑深厚，富有活力。二是韵律宽缓，境界高远。三是博大舒缓，气韵悠长。需要特别一提的是，《齐风》在节奏上多用表示舒缓、感叹的语气词押韵，这在十五国风中别具一格。《齐风》中有五篇共46次出现“兮”字，这为其他风诗所不及。《齐风·著》共三章，每章三句，句句结尾都用了表示舒缓的语气词“乎而”。[②] 这在音乐节奏上就会使得韵律感更加舒缓。还有《齐风》的篇章结构也多采用反复重叠的结构形式，既有规律又有变化；

---

① 张越：《齐瓦当艺术表现手法初探》，《管子学刊》1991年第2期。

② 王志民：《齐国的音乐艺术》，载资盟主编《韶乐》，山东友谊出版社1999年版，第137页。

句式上以四言为主，杂言次之；大量叠词的运用，一韵到底的韵式，都将齐国民间音乐的特质表现得淋漓尽致。

齐国民歌以“好讽、善哭”为其鲜明的地域特色。讽刺歌曲是齐国民歌中的主要部分，讽刺对象从统治阶级到平民阶层无所不包。它刺乱、刺淫、刺荒、刺无礼、刺好高骛远等等，有很强的现实意义。典型的如《齐风·南山》，歌曲分为四章，每章六句，前两章直讽齐襄公与其胞妹文姜的淫乱，后两章直刺鲁桓公软弱任其夫人放纵，婚后仍与齐襄公通奸乱伦。曲中质问句连用，情绪激愤，较完美地表达了歌曲的思想内涵，反映了齐国民歌幽默诙谐、生动活泼的艺术风格特征。“善哭”也是齐国民间歌曲的一大特色，甚至形成一种民间音乐传统。从文献“华周、杞梁之妻善哭其夫而变国俗”（《孟子·告子下》）的记载足以说明，声调悲凉、曲折徘徊、一弹三叹的曲调，是齐国民间音乐标志性的特色，也是独有的。齐国民间音乐艺术的繁荣景象，《战国策·齐策》有生动描述：“临淄之中七万户……下户三男子，三七二十一万。……临淄甚富而实，其民无不吹竽鼓瑟，击筑弹琴。”从中可以看出，当时齐国民间音乐的普及性和广泛性。

齐国的宫廷音乐分“雅乐”和“燕乐”两大体系。宫廷音乐也称官乐，它相对于民间音乐而言。所谓雅乐，是我国古代祭祀天地、神灵、祖先等典礼中表演的乐舞和演奏的音乐，其名称的由来取自歌辞“典雅纯正”之意。它广泛用于郊社、宗庙、宫廷仪礼、乡射以及军事大典等各个方面，是周代在我国历史上建立的第一个明确的宫廷雅乐体系①。“燕乐”即“房中乐”，为宫廷宴饮时供娱乐欣赏的歌舞音乐。

齐国宫廷音乐最有代表性的是《韶》乐。《韶》乐最早是古东夷族人舜所作，是古东夷人的一种非常优美、动听、宏伟的音乐。周时，《韶》乐被统治者专用于祭祀大典以祭四望，因融入周礼乐文化而成为典型官乐。《韶》在齐国历经姜尚立国时期、管仲佐桓时期、晏婴相齐时期的不断改进，注入了新的活力和动力，并加以创造性的发展。这

① 刘再生：《中国音乐史简明教程》（上），上海音乐学院出版社2006年版，第21页。

种创造性，最主要的就是进一步发展了东夷文化的开放性、包容性和探索精神，使齐《韶》注入了崭新的内容，赋予了极强的艺术欣赏性，形成了富有齐国特色的齐《韶》乐。难怪精通乐律的孔子来到齐国，耳闻目睹了齐乐师演奏的齐《韶》乐之后，情不自禁地发出“尽美矣，又尽善也”（《论语·八佾》）的由衷赞叹，竟痴迷到闻《韶》“三月不知肉味”（《论语·述而》）的程度。齐国《韶》乐一方面展现出无与伦比的艺术感染力，另一方面也体现出齐文化的开放性和创新意识，并集中体现了齐国宫廷音乐的成就与特色①。

齐国宫廷燕乐特别是春秋战国时期，无论是表演内容还是音乐风格都摆脱了礼乐的束缚，在乐队的编制、表演形式、表演场合等方面也都突破了礼乐制度的规范，它从单人的表演到几百人的演奏，从器乐到歌舞，其音乐表演内容丰富而且形式多样，形成了规模宏大、内容丰富、形式灵活多变的艺术特色②。

如果说特色鲜明的民间音乐、恢弘灵变的宫廷音乐是齐国音乐发展史上划时代的标志，那么齐国的音乐理论则是我国音乐史上又一项巨大成就，也是人类音乐文化史上的一大进步和重要里程碑。早在二千六百多年前的春秋时期，齐国就已经发明并掌握了我国最早的生律法——“三分损益法”，从而开启了世界乐律计算方法的历史，为以后齐国音乐文化的繁荣昌盛打下了坚实的理论基础。

我国最早的生律法，即确定乐音体系中各音的绝对准确高度及相互关系的方法，是齐文化的代表著作《管子·地员》所载的“三分损益法”。它采用数学方法计算五声音阶中各音的弦长比例，是我国乃至世界音乐史上记载最早的一种求律方法③。关于乐律理论，最早的计算方法是根据管的长度还是根据弦的长度，历来看法不一。但从音响的原理、从现在实际存在的琴上的音位看，或从管上从没有找到具体实例

① 张越、张要登：《齐国音乐艺术探析》，《东岳论丛》2011年第9期。

② 李笑梅：《雅俗共赏　泱泱大风——谈齐国宫廷音乐特色及其形成》，《艺术教育》2009年第2期。

③ 罗天全：《试论管子“三分损益法”》，《管子学刊》1995年第2期。

的这一事实看，则断定它为弦的长度而分，基本是不错的[①]。因此，“三分损益法”是弦律而非管律。《管子·地员》中对五音名称及成音方法的论述，是迄今为止古代典籍中对于五音名称及成音方法的最早记载。

尽管采用“三分损益法”求得的律制不是一种完美的律制，但它毕竟开中国律学理论之先河，是人类历史上最早将数学、物理学与音乐学有机结合的一种可贵探索，它比古希腊“数论之祖”毕达哥拉斯提出的乐律理论还要早一百四十多年[②]。齐国乐律学在中国古代音乐史上占有极为重要的地位。“三分损益法”的数理律学所形成的中华律学的传统理论，不仅充分表明了齐国乐律理论在当时比其他地域先进、发达与成熟，而且在世界音乐发展史上也充分体现出它的先进性和科学性。

三

齐国舞蹈艺术在中国古代舞蹈发展史上占有十分重要的地位。齐国的民间舞蹈和宫廷舞蹈集中反映了齐国舞蹈的艺术成就，并呈现出鲜明的地域特色。尤其是由丰富内容和独特形式构成的“尽善尽美”的齐国《韶》乐舞，不仅是先秦时期舞蹈的巅峰之作，并被历代作为宫廷乐舞的典范，影响中国舞蹈创新与实践长达2000多年，成为具有独特形态和神韵的东方舞蹈艺术中的经典之作，而且对丰富和发展我国及世界舞蹈艺术也有极为重要的作用。

春秋时期齐国民间歌舞中，最广泛流行的是反映男女爱情生活和生产劳动内容的题材。《诗经·齐风》正是这一时期齐国民间歌舞作品的代表。《诗经·齐风》共11首，其题材内容丰富，艺术风格鲜明，在艺术风格上有别于后世的诗歌，是诗、乐、歌、舞融为一体的综合性艺术[③]，真实地反映了春秋时期齐国的社会生活现状。《墨子·公孟》载

---

① 杨荫浏：《中国古代音乐史稿》（上），人民音乐出版社2004年版，第85页。

② 罗天全：《试论管子“三分损益法”》，《管子学刊》1995年第2期。

③ 史仲文：《中国艺术史》（舞蹈卷），河北人民出版社2006年版，第125页。

有：“诵诗三百，弦诗三百，歌诗三百，舞诗三百。”这表明《诗经·齐风》具有浓厚的乐舞色彩。通过《诗经·齐风》所反映的社会生活内容，从某种程度上可以看出春秋时期齐国民间舞蹈艺术的状况。《诗经·齐风》中有大量篇章反映齐国普通百姓爱情生活和生产劳动的情景。比如反映爱情生活的《齐风·甫田》，这首民歌是一位妇女对丈夫的深切呼唤，表达了对远在他乡的丈夫的思念。诗句以气恼的意象开始，到最后以甜蜜的意象结束。精炼生动的语言，表达了率真大胆的情感，加上摇摆的舞步，一个以艺术形似的生活瞬间充分展现在人们面前，令人充满了美好向往之情。再比如《齐风·东方之日》，诗歌所反映的是一对青年男女间的情爱，陶醉在彼此欣赏和喜悦之中的婆娑起舞的生动形象，所再现的那种发自内心的依恋，让人不由为之心动。另有反映生产劳动的如《齐风·猗嗟》、《齐风·卢令》等。这些具有浓厚民间舞蹈色彩的民歌，全面反映了当时齐国社会生活的真实面貌，使齐国民间舞蹈的特质得到了充分体现。

战国时期是一个变革开放的时代。齐国的民间舞蹈艺术也顺应这一时代潮流，在内容和形式上发生了较大变化，并得到空前的发展，其民间舞蹈艺术也被宫廷观赏性乐舞广泛吸收。因此，从严格意义上来说，齐国民间舞蹈在内容和形式上与宫廷观赏性舞蹈并没有严格的界限。颇有作为的齐威王，以喜爱乐舞、善弹琴著称，甚至有“好为淫乐”而常疏于朝政的史料记载。还有齐宣王，不仅自己喜欢、欣赏民间歌舞，还直言摒弃礼乐而提倡俗乐。《孟子·梁惠王下》就载有齐宣王曾对孟子直言不讳地说：“寡人非能好先王之乐也，直好世俗之乐耳。”正是由于齐国上层统治者的审美情趣趋向民间歌舞，才大大推动了齐国民间舞蹈艺术的迅速发展和繁荣，以至于形成“临淄甚富而实，其民无不吹竽鼓瑟，击筑弹琴”的局面。

民俗祭祀舞蹈是齐国民间舞蹈的一个重要组成部分，也是一种独特的舞蹈表现形式。由于齐立国后在文化上采取了“因其俗，简其礼”的政策，齐地东夷文化与中原文化得以融合，因此齐人的宗教观念也呈现出多样性，这也决定了齐地祭祀活动具有丰富多彩的特征。其中最有代表性的有专门求雨的“雩”祭，有祈祝丰收、酬谢神灵上苍的时节祭典，还有最接近民众的祭社活动和驱疫逐鬼的“傩”祭等等，这些祭祀仪式中都带有浓厚的舞蹈表演色彩。齐国的社祭活动颇负盛名，《墨子·明鬼》所载的“燕之有祖，当齐之社稷，宋之有桑林，楚之有云梦也，此男女之所属而观也”，就是描写齐国百姓男男女女聚集在一起，观看社祭活动中带有舞蹈表演形式的情景。

齐国宫廷舞蹈是相对于民间舞蹈而言，主要用于郊庙祭祀、飨射以及各种宫廷典礼仪式，以庄重和谐、旋律舒缓为特点，表演形式则以疾徐适度、庄重神圣、中庸宁静为特色。春秋战国时期由于“礼崩乐坏”，宫廷雅乐失去了统治地位，带有民间色彩的表演性舞蹈随之兴起。各诸侯国随着各自政治和经济实力不断增强，逐渐抛弃了原有的伦理道德约束，转而追求“耳目欲极声色之好”（《史记·货殖列传》）的感官享受，宴饮歌舞、自娱而舞的风气由此盛行。从整体来看，博大恢弘、以俗为美是齐国宫廷舞蹈艺术风格的主要特点，而曳地长裙、长袖交横、翩翩起舞则是齐国宫廷舞蹈造型艺术的鲜明特色。

据史料记载，齐康公有偏爱《万》舞的喜好，为此还专门供养了大批乐舞人员，给他们吃精美的食物，穿纹饰华丽的衣服。《墨子·非乐上》就载有：“昔者齐康公兴乐万，万人不可衣短褐，不可食糠糟，曰：‘食饮不美，面目颜色不足视也；衣服不美，身体从容丑羸不足观也。’是以食必粱肉，衣必文绣。”因为饮食不好，舞者的面容则不佳，会影响舞蹈的观赏效果；穿着不美，则会影响舞蹈表演者的观赏性。足见齐国统治者为满足宫廷舞蹈奢侈豪华、庞大恢弘的场面而不惜人力物力。不仅如此，为了增加舞蹈的表演气氛，王室还设置了规模庞大的宫廷乐队，并且具有相当高的演奏水平。

以俗为美是齐国宫廷舞蹈艺术最为突出的特点。由于姜太公采取“因其俗，简其礼”的宽容治国方针，特别是管仲实施的“不慕古，不留今，与时变，与俗化”（《管子·正世》）的开明文化政策，齐国舞蹈艺术更多地保留了东夷地区民间的舞蹈特色，并逐渐摆脱了礼乐制度的束缚，使宫廷舞蹈与民间舞蹈得以充分融合，呈现出开放、包容、灵活的特色。对此，《战国策·齐策》就有“钟鼓竽瑟之音不绝……和乐倡优侏儒之笑不乏”的记载。这些音乐舞蹈表演者大都来自民间，也正是他们把民间歌舞带进宫廷，大大丰富了宫廷舞蹈的题材内容，体现出以俗为美的宫廷舞蹈特色。齐国宫廷舞蹈以俗为美的特点，在《史记·孔子世家》中也有明确记载，齐国宫廷舞蹈非凡的艺术魅力，竟使鲁国的国君迷恋到置政事于不顾，三日不理朝政。由此可见，俗化了的齐国宫廷舞蹈具有极强的艺术感染力和摄人心魄的艺术魅力。

曳地长裙、长袖交横、翩翩起舞是春秋战国时期齐国宫廷舞蹈造型艺术的主要风格特征，并呈现出东方大国乐舞的风范。齐地大量出土的乐舞陶俑，就有力证明了齐国宫廷舞蹈这一艺术风格特征。20世纪90年代初，出土于山东章丘女郎山战国墓的一批彩绘乐舞陶俑，是这一时期齐国宫廷舞蹈造型艺术风格的典范。其中，10件乐舞俑均为女性。两件长袖舞俑，一件身穿浅红色白点长袍，后身外露黄色红点曳地内长裙；另一件身穿青灰色白点及黄色彩条长袍，后身外露黄色彩条曳地内长裙。两舞俑长衣广袖，翩翩起舞，舞姿优美。这些乐舞陶俑的舞蹈造型具有独特的华夏文化气息，是至今中国古典女子舞蹈造型的基本样式之一。专家推测，这些乐舞俑当初的排列情况大概是：两件长袖舞俑排在乐舞场面的中间，另外8件舞俑分别排列在长袖舞俑的两侧。居于乐舞表演中心位置的应是长袖舞俑，应该说长袖舞蹈形式是整个舞蹈表演的中心，其他舞俑则仅是她们的伴舞者①。临淄郎家庄出土的乐舞陶俑，也多数细腰，长裙曳地，举臂起舞，造型简洁生动②。这说明曳地长裙、长袖交横、翩翩起舞是这一时期齐国宫廷舞蹈艺术的主要造型风格特征。

《韶》乐舞是东夷族领袖舜帝所作，后来逐渐演变为宫廷乐舞，夏商周均把《韶》作为国家大典乐舞使用。特别是春秋时期的齐国乐舞

① 李曰训：《山东章丘女郎山战国墓出土乐舞陶俑及有关问题》，《文物》1993年第3期。

② 山东省博物馆：《临淄郎家庄一号东周殉人墓》，《考古学报》1977年第1期。

《韶》，更是以丰富的内涵、优美动听的音乐、博大宏伟的舞蹈，集中展示了齐国舞蹈艺术的最高成就，是齐国舞蹈艺术的代表作。齐《韶》也是整个先秦时期乐舞艺术的巅峰之作，在中国古代舞蹈史上有着独特的文化艺术地位。

齐国乐舞《韶》是由先齐时期的舜《韶》发展演变而来的。《韶》在齐国历经姜尚立国时期、管仲佐桓时期、晏婴相齐时期，得到创造性的发展，使内容更加丰富多彩。目前学术界对齐国乐舞《韶》的内容有多种见解，有学者认为，齐《韶》是舜《韶》的沿袭，其内容反映的是原始社会齐地先民的狩猎生活。也有学者认为，齐《韶》乐舞是为虞舜歌功颂德的。还有学者认为，由“六府”、“三事”所构成的“九德之歌”便是齐《韶》乐舞的内容。而从孔子对齐《韶》乐舞的评价来看，齐《韶》乐舞的内容已远非先齐时期《箫韶》的内容那么单纯素朴，已经变得丰富多彩。

姜尚立国时期，齐《韶》乐舞的内容受到西周礼乐文化的影响，使齐《韶》乐舞赋予了周礼的色彩，内容也体现出等级观念。到了桓管时期，由于齐国经济迅速发展，文化上“礼崩乐坏”和宫廷好“新声”、纵“俗乐”已经成为一种主流文化基调。这种社会政治、经济、文化上的“礼与变俱，乐与时化”对齐《韶》乐舞的内容必然产生深刻的影响。因此，这一时期齐《韶》乐舞在早期内容的基础上，必定会赋予新的内容，其主要内容应该是歌颂齐国的强大富庶和历代齐国君王的功德，在艺术形式上因受俗乐的浸润也会更加具有观赏性。简而言之，齐《韶》乐舞的内容既有遵礼奉祖的礼制传统，更有贴近齐国现实的生活实际，极富有观赏性之美。以至于连孔子也发出“《韶》尽美矣，又尽善也”的由衷赞叹。

齐国《韶》乐舞由于在内容与形式上得到了完美的结合，达到了很高的艺术境界，因而对中国舞蹈艺术尤其是对宫廷舞蹈的发展产生了深远影响。齐《韶》乐舞格外引人注目，则是从孔子在齐闻《韶》始，这是齐《韶》乐舞成为中华几千年宫廷乐舞重要内容的肇始。秦灭齐后，齐《韶》乐舞并没有随齐国的灭亡而消失，相反，秦始皇亲自选定

《韶》、《武》为文、武二舞，确定了其庙乐地位。而秦二世胡亥在秦始皇死后，又正式把《韶》乐舞作为庙乐专用于祭祀先帝。齐《韶》乐舞的地位也由此升至极致。曹魏时期，魏文帝曹丕将《文始》复称《大韶》，以为庙乐①。直至清朝顺治帝，到康熙、雍正、乾隆等帝，祭天地、太庙、社稷、孔子时都一直沿用《中和韶乐》。齐《韶》乐舞虽历经二千多年，其艺术精髓一直根植于中国舞蹈的历史发展之中。

四

齐国靓丽的服饰艺术在中国服饰史上占有重要地位。由形制、色彩、纹饰、质料、佩饰等所构成的服饰形式美，充分体现出齐国服饰鲜明的地域特征和艺术特色，特别是“度爵而制服”、“上以为政，下以为俗”、“礼乐”与“实用”结合和“错采镂金，雕绘满眼”的服饰审美观，不仅承袭了儒家礼乐文化精髓，也对丰富和发展我国传统服饰文化起了重要作用，并影响中国服饰审美理论与服饰艺术实践长达数千年。

服饰的形制、色彩、纹饰、质料、佩饰等是构成服饰艺术形式美的主要元素。春秋战国时期各诸侯国的服饰，由于政治、经济、文化的差异以及受到风土人情所限，表现在服饰艺术形式方面也发生了较大的变化，并带有明显的地域性。齐国服饰当然也不例外，充分反映了这一地域性特征。

齐国在立国之初，由于姜太公在文化上采取了“因其俗，简其礼”的治国方针，为齐国服饰在造型方面能演变出不同于其他地区的特点创造了良好的社会环境。齐国的服饰虽然至今尚未发现实物，但对于服饰形制的研究，可以从考古发现的战国时期一些陶俑、瓦当、漆器等资料来加以分析探讨。从目前所见山东临淄郎家庄一号东周殉人墓、章丘女郎山战国墓、长岛王沟东周墓、临淄商王战国墓等出土的大量

① 韩玉德：《〈韶〉乐考论》，《学术月刊》1997年第3期。

彩绘人物陶俑中，可比较清晰地察看出当时齐国男女服饰的基本形制。特别是山东章丘女郎山战国中期墓葬中出土的一组彩绘乐舞陶俑，对研究齐国服饰的形制、色彩、纹饰甚为珍贵。这批彩绘乐舞陶俑中有人物俑 26 件，包括歌舞俑、演奏俑、观赏俑不同种类。姿态有坐有立，均为泥制黑陶捏塑而成，表面保留着鲜艳的彩绘服饰①。通过对章丘女郎山这批陶俑服饰的观察，歌舞俑与观赏俑均着被体深邃的长衣，其右衽有向后拥掩的续衽勾边，与湖南长沙仰天湖楚墓出土的战国彩绘木俑的服装形式颇为相似，属战国时期广泛流行的“深衣”，其主要造型特点是上衣下裳连在一起。这组陶乐舞俑，或身穿红地白点深衣，或穿灰地红点深衣，或在深衣下露出彩条、花点长裙。临淄郎家庄出土的陶乐舞俑也残留着彩条衣裙，反映了齐国服饰形制的共同特点。相比之下，楚国服饰显得较为华丽，齐国服饰则以朴素典雅为特色②。

临淄郎家庄出土的乐舞陶俑，以红、黄、黑、褐色等条纹描绘衣裙，长裙曳地，举臂起舞，造型简洁生动，年代属战国初期③。同属于战国早期长岛王沟东周墓出土的彩绘乐舞陶俑，上衣为窄长袖，交领右衽，多为淡青色，亦有黄色和红色，下衣为长裙，长裙多饰红、黑色竖条，间加白点，有红白色腰带④。这批乐舞陶俑，其服饰造型与临淄郎家庄出土者极为相似。这批实物的出现，为印证齐国服饰的基本形制提供了有力的佐证，即上衣与下裳连成一体的深衣样式占据主导地位，是当时齐国服饰造型的主流。需要说明的是，齐国的衣式与中原地区有别。如临淄郎家庄出土的一批女性陶俑，其长裙收腰曳地，窄长袖，与中原地区女式深衣不同。同出土的漆盘上几组人物形象，衣式曲裙向后斜掩垂地展开，亦有宽舒之感，似男性，这也不同于中原地区的男式深衣⑤。

---

① 李曰训：《山东章丘女郎山战国墓出土乐舞陶俑及有关问题》，《文物》1993 年第 3 期。

② 汤池：《齐讴女乐 曼舞轻歌——章丘女郎山战国乐舞陶俑赏析》，《文物》1993 年第 3 期。

③ 山东省博物馆：《临淄郎家庄一号东周殉人墓》，《考古学报》1977 年第 1 期。

④ 烟台市文物管理委员会：《山东长岛王沟东周墓群》，《考古学报》1993 年 第 1 期。

⑤ 陈高华、徐吉军：《中国服饰通史》，宁波出版社 2002 年版，第 102 页。

春秋时期，由于齐国第一位霸主齐桓公喜欢穿紫袍，使当时齐国“一国尽服紫。当是时也，五素不得一紫”（《韩非子·外储说左上》），“齐紫，败素也，而贾十倍”（《史记·苏秦列传》）。齐桓公作为声名显赫的一国之君，竟然穿非正色的紫袍，这在当时是对传统色彩观念的逆反行为，无疑会对社会产生重大影响，自然是对传统礼教的沉重打击。孔子为了维护传统礼教，曾言辞激烈地发出“恶紫之夺朱也”（《论语·阳货》）的感叹，是因为紫色夺走了朱色的地位。但是由于紫色具有稳重、华贵的特征，在色彩心理学上紫色被视作权威的象征，所以，后来紫色一上升为富贵的色彩[①]。唐代贞观四年规定：黄、紫、朱、绿、青、黑、白作为法定的等级序列服饰颜色，将官秩最高的一、二、三品的服色定为“紫色”，[②] 就是最好的明证。由此可见，齐国君主这种服紫的直喜好对后世服饰色彩等级制度的变革有着极大影响。

齐国服饰在纹饰方面也极有特点。《国语·齐语》载有齐桓公对管仲说：“昔吾先君襄公……唯女是崇，九妃六嫔，陈妾数百。食必粱肉，衣必文绣。”《晏子春秋·内篇谏下》还记载，齐景公为满足衣饰华丽，“公衣黼黻之衣，素绣之裳，一衣而五采具焉”。即是说景公穿着绣有华美花纹的礼服，绣着白色花纹图案的下衣，一身衣服五彩俱全，鲜艳无比。这说明齐国统治阶级喜欢穿丰富多彩、纹饰精美的服装。齐国服饰的花纹图案，以“错采镂金、雕绘满眼”为美，注重衣服的装饰，一般衣服上都有花边，并且非常注重衣服的颜色搭配。这时候的服饰由于衣料比较轻薄，为了防止薄衣缠身，所以采用平挺的锦类织物镶边，边上再装饰云纹图案，将实用与审美巧妙地结合。

首饰和佩饰是服装中最具光彩的组成部分。从服饰艺术的发展历史来看，首饰和佩饰比衣服渊源更早，在原始社会就有材质优良、富有装饰美的首饰、佩饰，除实用美化的目的之外，已渗透着特定的精神内涵。商周时期，随着阶级的分化，首饰、佩饰除赋予宗教性的内

---

① 黄能馥、陈娟娟：《中国服装史》，中国旅游出版社2001年版，第55页。
② 蔡子谔：《中国服饰美学史》，河北美术出版社2001年版，第26页。

涵之外，更多赋予了阶级的内涵。春秋战国时期继承商周社会的传统，首饰和佩饰除形式的装饰美和材质的珍贵之外，也带有礼教表征德操和社会等级地位的内涵，至于工艺技巧，则发展到更加精美的程度①。

根据考古发现与文献记载，齐国的首饰和佩饰与其他各诸侯国相比，由于文化、地域等方面的不同，也呈现出鲜明的特色，以工艺精湛、形式华美著称于世。从目前大量出土的发饰、耳饰、颈饰、臂饰、腰饰带钩、佩玉、佩璜等首饰、佩饰品来看，这些精美的佩饰品的发现，在一定程度上反映了齐国手工业生产的繁荣景象，为研究齐国服装的佩饰提供了有力的实证。这些大量的佩饰品，以带钩格外耀眼。带钩是革带上的钩，是饰物。临淄郎家庄一号东周殉人墓、长岛王沟东周墓群、临淄商王墓地等都有大量带钩实物出土。这些带钩材质高贵，工艺精美，制作工艺十分考究，形式多种多样，而且富有变化。其中，仅长岛王沟东周墓群出土的铜带钩就达 46 件。这些铜带钩多数造型独特，纹饰精美，做工精良，并且式样丰富。尤其是临淄郎家庄出土的两件金带钩，是难得的珍品。

在临淄商王墓地中出土的一大批战国时期的首饰、佩饰中，一副金耳坠令人叹为观止。这副金耳坠由金丝、金片、绿松石坠、珍珠和牙骨之类的串饰等组成。上部是以线纹金丝组成的网状锥体，锥体上端有横穿可以佩戴，四周镶嵌四颗圆形绿松石片。锥体下悬挂一金环，金环之下为一颗较大的三瓣金叶，三者以金线相连，金线中穿珍珠数颗，现已破碎脱落。金叶之中包一颗较大的绿松石坠，每瓣金叶又各嵌一绿松石片。在锥体周围和金环两侧，都有以金线和骨环组成的串饰，串饰下端也有较小的三瓣金叶，金叶之中各包一颗绿松石坠。在锥体、金叶和金环上都饰以金珠纹。这副金耳坠制作工艺精湛，装饰华丽，可与现代金饰相媲美②。

齐国服饰艺术的辉煌成就，还突出表现在服饰审美观方面。春秋

① 黄能馥、陈娟娟：《中国服装史》，中国旅游出版社 2001 年版，第 71 页。
② 淄博市博物馆、齐故城博物馆：《临淄商王墓地》，齐鲁书社 1997 年版，第 46 页。

战国时期，诸子百家在学术领域展开了激烈的思想交锋，这对当时的社会生活包括衣冠服饰习俗和审美观念都产生了深刻的影响。齐国服饰审美观内容极为丰富，以礼为主、以师吏为俗、以用为本和以奢为标是齐国服饰审美文化的主要内涵。

服饰是明贵贱、辨等级的重要标志。正是基于此，齐国的统治者制定了一套完整衣冠服饰制，从服饰的形制、质料、色彩、纹饰等都有明确规定："度爵而制服……衣服有制……虽有贤身贵体，毋其爵不敢服其服……天子服文有章，而夫人不敢以燕以（衣）飨庙，将军大夫以朝，官吏以命，士止于带缘。散民不敢服杂采，百工商贾不得服鬈貂，刑余戮民不敢服丝。"（《管子·立政》）由此可以看出，从天子、诸侯、大夫、商人到平民以至罪犯，其着装的样式、质料、色彩、纹饰都有明确的规定，使当时齐国社会不同阶层的人们的衣冠服饰都有严格的界限区分。因而以礼为主、"度爵而制服"的服饰制度便成了齐国服饰审美文化的基点。

"上以为政，下以为俗"，是齐国服饰审美文化的又一特色，这与其他地域的服饰审美文化有明显不同。齐国的这种服饰习俗在文献中多有记述，由于国君的喜好与提倡，臣属和百姓争相效仿，齐人形成了一种效君王、追求时髦的着装风习。无论是"齐桓公好服紫，一国尽服紫"（《韩非子·外储说左上》），还是"灵公好妇人而丈夫饰者，国人尽服之"（《晏子春秋·内篇杂下》），究其原因，齐人的这种着装风习与齐国国君的喜好密切有关。由此可见，以吏为师、以师上为美的服饰审美文化在齐国极为突出。齐国这种服饰审美观念对我国的审美文化影响深远，已成为现代服饰审美内容的重要组成部分。

齐国服饰的世俗化更多的是外显于当时的上层社会，与此同时，齐国服饰的务实性则更多的是表现在当时社会的中下层的民众中。齐国上层社会盛行长袍博带、五彩花饰之服，体现了他们追求奢华、腐化糜烂的生活态度。下层劳动人民却是上着短衣下着紧身袴，劳动起来方便利落，体现着较强的务实性。从齐地出土的鎏金刻纹铜鉴中所描绘的人像服饰可清晰地看出，狩猎者为上衣短袴，挑担者为齐膝长袍，而乐舞者、御者、烹人等均为长衣曳地。这些不同身份人的服装与其所从事的职业是相适应的，充分体现了齐人灵活务实的思想观念和以用为本的服饰审美观。

在中国古代服饰审美文化发展史中，始终都是以错采镂金、繁缛富赡之美作为审美判断的标准，来规定和评价审美价值的高低[①]。齐国的服饰观便是这种审美文化的典型代表，在服饰的装饰风格上更是以错采镂金、繁缛富赡之美来体现东方泱泱大国之风。由服饰的形制、颜色、纹饰、质料、佩饰等所构成的齐国服饰形式美的元素，从一定程度上反映出“错采镂金、雕绘满眼”的齐国服饰审美观。比如“公衣黼黻之衣，素绣之裳，一衣而五采具焉”(《晏子春秋·内篇谏下》)。“错采镂金、雕绘满眼”的服饰审美观不仅表现在纹饰、色彩等方面，在首饰和佩饰方面也表现得极为突出。齐地出土的大量造型独特、工艺精美的首饰、佩饰品，是对“错采镂金、雕绘满眼”审美观的最好反映。不仅如此，这种审美观还表现在舃、履的装饰上，齐国的贵族对履、舃非常讲究，追求豪华，在装饰和审美风格上体现了典型的错采镂金、繁缛富赡之美。齐国统治者这种以奢为美的审美风尚，无疑对“错采镂金、雕绘满眼”服饰审美观的形成起了很大作用。独具特色的齐国服饰审美观，对齐国“冠带衣履天下”局面的形成起了积极的推动作用。

五

齐国建筑艺术是中国古代建筑的重要组成部分，在中国建筑史上占有十分重要的地位。无论是布局科学合理、规模宏大的齐国故城，详实丰富的齐国建筑造型与装饰艺术，还是独树一帜的齐国军事建筑，都充分反映了齐国建筑的艺术成就，并呈现出鲜明的地域特色。特别是其系统的建筑理论体系，作为中国古代建筑思想的重要组成部分，

① 蔡子谔：《中国服饰美学史》，河北美术出版社2001年版，第25页。

不仅成为中华建筑文明的重要源流，影响中国建筑思想与实践长达二千多年，而且为丰富和发展我国及世界建筑文化作出过重要贡献。

齐立国之后，由于经济不断发展，生产力水平不断提高，尤其是齐国实施了一系列发展工商业的政策，使城市规模与人口得到了迅速发展。临淄作为姜齐与田齐的国都长达630年之久，是我国规模最大的早期城市之一。据资料表明，战国时期，临淄已经发展成为闻名海内外的大都市。对此，《战国策·齐策》作了生动描述："临淄之中七万户……下户三男子，三七二十一万。……临淄甚富而实，其民无不吹竽鼓瑟，击筑弹琴，斗鸡走犬，六博蹴鞠者；临淄之途，车毂击，人肩摩，连衽成帷，举袂成幕，挥汗成雨；家敦而富，志高而扬。"足见当时齐国都城的繁华与规模之巨。

根据考古发掘，战国时齐都临淄城南北长约5公里，东西宽约4公里。在城的形制上，临淄齐国故城包括大城和小城两部分。大城是官吏、平民及商人的居住区，又名廓城。大量的手工业作坊就分布于此，现已在大城内发现冶铁遗址四处、炼铜遗址一处、铸币遗址一处、制骨遗址四处，是当时齐国最主要的手工业区。在大城内还存有多处建筑台基，是当年齐王的离宫别墅，主要有"雪宫台"、"梧台"、"遄台"等。小城是国君居住的地方，又名宫城。在其西北部存有一座夯土台基，当地称"桓公台"，是齐国宫室建筑的台基。现存台高14米，基呈椭圆形，南北长86米，东西宽70米。台南面有缓坡，东、西、北三面呈陡壁。东、北两面150米之外有河沟围绕，应该是小城内的排水系统。在"桓公台"周围有大片夯土台基，应是当时的宫殿遗址。这片遗址几乎占了小城的一半面积，在此还出土了许多方形铺地花纹砖、屋脊花纹砖和瓦当。可以看出，这一带存在着以"桓公台"为主体的大片建筑群，结合出土的建筑材料，应是宫殿建筑基址[①]。齐国故城在规划、建筑设计、道路布局、建筑材料等方面与其他诸侯国的都城相比，都有着明显的地域特征，概括起来主要有以下几个方面：

① 群力：《临淄齐国故城勘探纪要》，《文物》1972年第5期。

第一，齐国故城非常注重整体规划和建筑布局设计，并强调实用功能。由于齐国工商业高度发达，临淄在当时是人口众多和工商密集的大城市，对手工业区、商业区、住宅区以及道路交通等做到合理布局，科学设计。特别是实施的“四民分业定居”的城市格局，有力地促进了齐国工商业的迅速发展，可说是中国古代建筑史上的一大创举。

第二，从齐故城建筑营造方式看，大规模宫室和高台建筑的兴建，是齐国都城建筑中的主要特征。高台建筑具有雄伟壮观、防洪防潮、空气清新的优点，故得到当时统治者的青睐。出于政治、军事和生活享乐的需要，春秋时期齐国已有大量高台建筑出现。由于齐国国力强大，统治者崇尚侈靡，因而齐国的高台建筑具有规模宏伟而且装饰富丽堂皇的特点。

第三，从建筑材料方面看，根据齐故城宫殿区出土的大量花纹瓦当和花纹砖，可以窥探出齐国建筑的艺术特色。特别是齐瓦当，不论是从外形、纹饰，还是题材内容，与其他古代历史名城如雍城秦都、易县燕下都、江陵楚纪王城、邯郸赵王城等地出土的瓦当相比，都具有自己鲜明的艺术特色。

齐国建筑从形制上大致可以分为宫室和住宅建筑两大部分。这两类建筑在形制、建筑材料、装饰艺术上都有着明显不同。由于临淄在当时是齐国都城，是齐国的政治、经济、文化中心，也是春秋战国时期最大的工商业城市之一，又是从西周经春秋到战国，以宫室为主体发展起来的大城市，所以，齐国统治者居住的宫室建筑，建筑规模、结构、材料、技术和装饰艺术都具有相当高的水平，在各个诸侯国当中处于领先地位。从史料记载看，齐国的宫室建筑台榭高大，气势雄伟，装饰富丽堂皇。其主要原因是当时齐国国力强大，且统治者以高为贵。

与齐国建筑的规模、形制相比，齐国建筑最具特色的还是体现在装饰艺术方面。尽管当时齐国的建筑物早已不复存在，但从文献记载和考古发掘的齐国建筑遗址来看，无论是春秋还是战国时期，齐国建筑装饰的艺术水平都已经达到了一个新的高度。西周时期，随着生产力水平的提高，建筑领域里已出现了板瓦、筒瓦、人字形断面的脊瓦和圆柱形瓦钉等新材料。这些新材料不仅解决了屋顶的防水问题，而且使房屋的外观造型得以美化；同时，建筑的装饰美已受到人们的重视。瓦的出现是中国古代建筑的一个重要进步。春秋战国时期，各国建筑的屋面已大量使用青瓦覆盖。这时除板瓦以外，又出现了瓦当，并且在瓦当表面装饰有凸起的各种花纹。齐国的瓦当主要有树木双马纹、树木双虎纹、树木双狗纹、树木双鹿纹、树木卷云纹等各种各样的以树木纹为母体的花纹图案。齐瓦当不论从外形、纹饰，还是题材和内容看，与其他古代历史名城所出土的瓦当相比，都具有自己极为鲜明的艺术特色。仅从瓦当的品种与数量来看，目前出土的不同花纹装饰的齐瓦当就达五百余个种类，数量一千多件。而易县燕下都发现的不同花纹形式的瓦当只有三十余种[①]。独具特色的齐瓦当，以简洁洗练的表现手法和强烈的艺术感染力，成为齐国建筑装饰艺术的一个突出特征。在砖方面，战国时已发明了极具装饰性的条砖、方砖和空心砖。这些经过发展改进和新出现的建筑材料被运用到建筑中以后，使建筑物的装饰性获得了极大的加强。

齐国系统的建筑理论体系，是齐国建筑艺术中最伟大的成就。在中国建筑发展史上，影响古代城市规划和布局的主要有三大思想体系，即体现礼制的思想体系、注重环境求实用的思想体系和追求天地人和谐合一的哲学思想体系[②]。其中，《考工记》中体现的礼制思想体系和《管子》为代表的注重环境求实用的思想体系，影响中国城市规划设计思想长达几千年。

体现礼制的思想体系，是齐国建筑理论的重要内容。关于都城“以礼为本”的规划准则，在齐国著名工艺文献《考工记》中有明确记载，特别是《考工记·匠人营国》中提出的依爵位尊卑而定的礼制营建等级制度，在此后城市规划尤其是都城规划布局中被奉为圭臬。

① 沈福煦、沈鸿明：《中国建筑装饰艺术文化源流》，湖北教育出版社2002年版，第16页。

② 吴庆洲：《中国军事建筑艺术》（上），湖北教育出版社2006年版，第227页。

这种城市建设的规划方式对后世历代都有着深刻的影响，其影响甚至波及日本、朝鲜等①。

以北宫、南宫为核心，以经纬涂制规划的道路系统，以及“一门三道”、“一道三涂”之制的城市格局规划的东汉洛阳城，是《考工记·匠人营国》制度的具体体现，充分体现了《考工记》的礼制观念。作为当时世界上最大的都市——隋唐长安城，其规划布局就是源于《考工记》。皇城位于中轴线上宫城之南，最南边安置太社、太庙；外郭城每面置三门；城中设有“六街”，即城市主干道，两端均通城门，就是受《考工记·匠人营国》“左祖右社”、“旁三门”、“国中九经九纬，经涂九轨”之制影响而规划设计的。历经元、明、清三代的都城北京，规划设计更是充分地体现了《考工记》的礼制规划思想。

以《管子》为代表的“因天材，就地利”的实用规划思想是中国古代三大城市规划思想体系之一，在中国建筑设计发展史上占有重要的历史地位，特别是重视环境、讲求实用的城市规划思想，虽历经几千年而经久不衰，依然具有很强的生命力，至今在现代城市规划设计与实践中具有很强的现实意义，主要体现在以下几个方面：

其一是城市选址与建设重环境求实用的原则。《管子》主张选择城址应注意用水之利，避水之害，城址应依山傍水，高下适中，才能达到“水用足”而“沟防省”的目的。《管子》还鲜明地提出“因天材，就地利，故城郭不必中规矩，道路不必中准绳”的基本原则。在进行城市选址规划时，首先必须考虑地理条件、自然环境是否有利于生存、生活这一重要因素。城郭和道路应依自然地形而筑，而不必强求城市的形制是否规整、方圆以及道路笔直与否。《管子》这一选址规划原则的核心就是重实用。

其二是注重城市密度、协调城乡比例的原则。《管子》针对城市用地规模与人口规模的关系、城市与腹地的关系等，创建性地提出了城市规划要讲究科学合理、城乡布局要按照一定的比例关系、注重相互

① 吴庆洲：《中国军事建筑艺术》（上），湖北教育出版社2006年版，第231页。

之间协调的规划设计思想。《管子》把城邑的密度、所辖范围、农田比例和人口多少作为城市规划的原则提出，不仅是因天材、就地利实用规划思想的重要内容，也演进为我国建筑规划理论的基本原则之一。

其三是“四民分业定居”的规划原则。为促进齐国工商业的迅速发展，《管子》通过城市规划布局的方法，开创性地提出“处士必于闲燕，处农必就田野，处工必就官府，处商必就市井”(《管子·小匡》)的城市规划原则。在《管子》看来，四民分业而居有很多好处，一是同行业的人居住在一起，便于集中管理；二是同行之间整日相处，在专业技术上可以相互借鉴、促进和提高；三是可以保持职业的稳定性；四是有利于专业技术和技能的传承和教育。《管子》这种“四民分业定居”的城市规划原则，有力地促进了齐国工商业的迅速发展，可说是中国古代建筑史上的一大创举。

其四是防御城市洪涝灾害的规划原则。防御城市各种自然灾害，提高军事防御功能，是《管子》城市规划所坚持的重要原则。水灾居“五害”之首，是最严重的自然灾害，因此在城市规划建设中，《管子》特别提出防御城市洪涝灾害的规划原则。首先，在城市选址时要注意依山傍水。其次，在城市规划建设中，应注意修筑城墙、堤防、壕沟、水渠，以达到外御洪水、内排积涝的目的。

《管子》“因天材，就地利”的实用规划思想和它提出的一系列原则，在齐故城的规划建设中均有充分体现，这一规划思想对我国的城市规划建设影响达二千多年。

六

《考工记》是齐国工艺美学思想的集大成者。它作为齐国一部著名的工艺文献，蕴含着丰富的工艺美学思想。它是我国最早提出关于工艺制作原则的专门著述，其中，“天时、地气、材美、工巧”的工艺原则是齐国工艺美学思想的精髓，特别是“材美、工巧”的工艺美学原则，在我国古代设计艺术理论与设计艺术作品中占有十分重要的地位，产生了深远的影响。它的工艺美学思想是形成《考工记》经久不衰和富有生命力的主要原因。

《考工记》虽然没有通过专门章节对器物的设计方法加以论述，但它所涉及的30种工艺无一不蕴含着深刻的工艺设计思想，对后世的工艺美术设计影响极大。在《考工记》中，讲求材料的质感原则、结构与形式的功能性合乎科学的原则、功能因素与便利使用的原则、审美因素与精美愉悦的原则，均有理论上的体现与实践上的探索。

在《考工记》中，对材料质感原则多有记载，不仅反映了当时的工艺设计思想和水平，对现代工艺设计也有所启示。如对制造车轮材料的要求，《考工记》记有："凡斩毂之道，必矩其阴阳。阳也者，稹理而坚；阴也者，疏理而柔。是故以火养其阴，而齐诸其阳，则毂虽敝不蔽。"《考工记》对材料的质感要求还具体表现在工艺或质量上，比如在"鲍人之事"中有"鲍人之事，望而眂之，欲其荼白也；进而握之，欲其柔而滑也……革欲其荼白，而疾浣之，则坚"。《考工记》这种对材料的质感要求，不仅体现在工艺或质量上，对工艺品的设计与功用尤其是对器物的外观风貌也具有决定性影响。也正是因为工艺品的材质能给人带来丰富的审美感受，所以历代的设计者特别是能工巧匠，无不注重材料的质感和纹理变化，并使之得以极大的表现。

结构、形式与功能的科学性原则。关于这一原则，从科学设计的角度而言，要求以设计作品的物质功能为前提，要求结构要具有最佳的技术合理性、经济可行性。在《考工记》成书时虽然还没有系统论一说，但《考工记》中所蕴含的器物设计方法与造型原理，与现代设计的基本原则相吻合。如《考工记・函人》中有："凡为甲，必先为容，然后制革。权其上旅与其下旅，而重若一。以其长为之围。凡甲，锻不挚则不坚，已敝则桡。"《考工记》的记载反映出周代时对制作人甲穿着的合体、防护的有效已形成严格的规范。凡制造皮甲胄时，必须根据人的体形制成模型，再用专用的模具将每种甲片压制成形，然后再连缀成甲。考古发现和复原实验证实了这一点。这说明《考工记》的工艺中，在从器物的形式、结构甚至于取材方面进行设计时，都注意了其设计的合理性、实用性和科学性。

《考工记》中所涉及的器物设计，无一不体现了功能与便利统一的原则。从设计的功能上看，为了满足不同功能的需要，《考工记》中记有："故一器而工聚焉者，车为多。车有六等之数：车轸四尺，谓之一等；戈柲六尺有六寸，既建而迤，崇于轸四尺，谓之二等……酋矛常有四尺，崇于戟四尺，谓之六等。车谓之六等之数。"这里主要阐明车有六等差数（兵车、车上士兵和兵器的高度差）。这是为了适应当时车战之需，使车与兵器整套组合，形成一个系统，使作战功能达到最强。在注重功能的同时，《考工记》还注意了便于使用的原则。这说明《考工记》要求对器物的设计与制作时，一直在有意识地贯彻功能性与便利性相结合的原则。

审美因素与精美愉悦的效果的实现是通过一定的色彩、线条、形状等组合安排来实现的。《考工记》对用色、装饰等内容都有论述，这些论述的出发点可能不是为了现代意义上的美学要求，但其蕴含的审美与愉悦原则，对后世的工艺美学发展有着深刻的影响。《考工记》关于"画缋"的精彩论述，被许多学者认为是体现了中国上古时代的色彩思想与运用，有难得的史料价值。"画缋"是指在织物或服装上用调匀的颜料或染料局部涂画，或用彩丝刺绣，形成图案花纹。色彩本身与器物的实用性能没有必然联系，只是与对其美观与否、是否让人精神愉悦有关。这说明《考工记》在器物的设计与制作上已经不仅仅限于其功用，对其形式、色彩也有了相对较为自主的意识，也就是在制作过程中不仅注意其实用功能，同时也注重其外在的审美与对使用者的精神愉悦。

在中国古代，"和合"的思想理念广泛影响于技术、艺术、行为方式和社会心理等领域，成为中国传统文化与思想体系的重要组成部分。《考工记》通篇都贯穿着"和合"为美的思想，最明确的表述是《考工记·国有六职》："天有时，地有气，材有美，工有巧。合此四者，然后可以为良。"这段精彩的论述，可以说是中国古代技术传统中的一个深刻的造物原则或价值标准，也是《考工记》中"和合"思想的集中体现。具体说，《考工记》中蕴含的丰富的“和合”为美的思想主要包括：设计的“合礼”为美思想、工艺的“和合”为美思想、装饰的“和合”为美思想等。

设计的“合礼”为美思想，包括“合天”与“合制”两方面。《考工记·匠人营国》中关于对城市的设计和规划“辨方正位”、“择中而立”的观点，正是这种思想的集中反映。虽然定位和取中是城市形制的地面文章，但同时又是“象天法地”所要求的和天上王国取得对应的象征。这种象征性的上下对应，显然是远远高出人间地面的一种非常玄奥的整体性意境。这是“天人合一”在科学理念之外的一种天地对应的神话，在《考工记·制车》中有关五象与二十八宿的记载，都是与“天人合一”的与天相合的思想相关联的。任何器物、构建，只有首先与天合才能是美的，否则不仅无美可言，甚至会成为不合天道的败笔。除与天合之外，《考工记》还规定在具体器物设计制作上要遵礼定制，要求不同等级的人所用的器物规格在尺寸、重量、弧度、颜色等方面都有明显不同。这种观念对审美有着极大的影响，如果不合礼制，在当时来看就无从谈美了。这种与礼合的思想是《考工记》审美思想和美学观的基础。

在我国古代，往往把“工艺”与“巧”联系在一起，所以《考工记》中一再提到“三材既具，巧者和之”，“六材既聚，巧者和之”。这说明《考工记》对精美器物的制作，是从“和合”理念出发，通过“和合”的方法和手段，以达到“和合”的境界与效果，从而制造出精致、完美的器物。这种“和合”观是《考工记》作者所信奉和追求的，也是当时对审美要求与评价的一个基点。工艺的“和合”为美思想，不仅体现在《考工记》制作器物的精良上，同时也体现在器物有效配合的要求上。比如车辀与驾马配合的论述，《考工记·辀人》强调：“辀欲弧而无折，经而无绝。进则与马谋，退则与人谋。终日驰骋，左不楗，行数千里，马不契需；终岁御，衣衽不敝，此唯辀之和也。”为达到器物合理搭配、有效组合的要求，《考工记·弓人》中还有依据人的体形、性格特征方面的不同制作器物的论述。这里，《考工记》强调的工艺“和合”为美思想，不仅指工艺之美和鉴赏之美，更多的是揭示了造型之美和功能之美。

装饰的“和合”为美思想，是《考工记》中“和合”为美思想的重要内容。装饰是构成物体艺术之美的一个十分重要的组成部分。《考工记·梓人为筍虡》中论述的动物雕刻装饰技法，十分系统且富有理论性。从这段记载来看，其内容讲的不是如何制作筍虡的问题，而是如何装饰筍虡的问题。“梓人为筍虡”选择了鳞属、羽属和臝属作为三种动物装饰母题，表明先秦工匠在装饰艺术方面力求体现虚实结合的“和合”思想。为了突出筍虡作为乐器悬架的特点，采用“大声而宏”的臝属作钟虡，“其声清阳而远闻”的羽属作磬虡，分别配合声音洪大的钟和声音清阳的磬，从而使装饰所体现的形象之美与乐器演奏所体现的声音之美两相照应，使视觉欣赏与听觉欣赏互为补充，形成“击其所县而由其虡鸣”的联想。一方面雕饰更有生气，另一方面钟、磬之声也更形象化，增加了整个艺术作品的感染力。

《考工记》明确认为“天时”与“地气”是促成“材美”、“工巧”的两个客观因素，因此特别注重在手工艺制作中对“天时”因素的考察，指出:“材美工巧，然而不良，则不时。”这一原则的本源，应该是来自“天人合一”的理念。《考工记》认为在器物制作时，也必须按其特点和要求选择最佳的时节动工，这样做出的器物才有可能是精良之作。这种因时顺势的“天时”观，既有朴素唯物主义的因素，也是现代工艺制作的一个重要原则。

除“天时”外，《考工记》对“地气”也相当重视。从现代科学角度分析“地气”，包括地理、地质、生态环境等多种客观因素。地理环境不同，会影响动、植物的变异或生存；各地矿物成分不尽相同，水中所含的微量元素有别，皆会造成金属制品的组织和热处理的优劣差别，这也正是造成精良的郑之刀、宋之斤、鲁之削、吴粤之剑的内在原因。《考工记》强调的“天时”与“地气”，实际上是工艺制作时，人们自觉或不自觉地顺应、适应和协调于大自然的因素，是古人总结的合乎于规律的工艺制作原则，也是在现代工艺设计中所必须遵循的一条重要原则。

材料是工艺设计的物质基础，是构成设计艺术物品的基本内容，是设计艺术物品艺术审美的表现载体。所谓材质之美，是决定设计艺术物品审美因素的一个重要组成部分，也是体现物品艺术特色的重要因素之一。《考工记》十分强调设计艺术物品的材质之美。至于什么是"美"材，《考工记》原则上认为："美材"必须符合器物的功能和技术要求。如制弓之六材的要求是："干也者，以为远也；角也者，以为疾也；筋也者，以为深也；胶也者，以为和也；丝也者，以为固也；漆也者，以为受霜露也。"轮之三材的要求是："毂也者，以为利转也；辐也者，以为直指也；牙也者，以为固抱也。轮敝，三材不失职，谓之完。"可见《考工记》对材料的认识是全面而又深刻的。

"天时"、"地气"、"材美"三者齐备后，必须还要由"巧者和之"才能制成精美器物，所以在"材美"、"工巧"两大要素中，《考工记》最看重的还是工巧。"材美"原则多少还包含一些适应自然因素的要求，而"工巧"则更多的是对人的创造性的肯定。《考工记》一再提到"三材既具，巧者和之"，"六材既聚，巧者和之"；"轮人"和"庐人"篇中几次出现"国工"，即国家工匠，认为巧工的最高级是国工。由此可见，《考工记》对工巧的重视和对巧工的推崇①。首先，《考工记》对"巧工"的标准提出了很高的要求。比如，车工制车，对车箱要求："圜者中规，方者中矩，立者中县，衡者中水，直者如生焉，继者如附焉。"其次，《考工记》为了说明如何做到工巧，还记述了一些具体而完整的制作工艺过程。再次，对是否做到"工巧"，《考工记》还记述了许多产品质量检测手段和技巧，使产品质量要求达到外在质量和内在质量的高度统一，做到既要做工精细、美观，又要坚实、耐用。这些都是《考工记》对"工巧"原则的具体要求，也是古代手工工艺技术的高水准体现。因此，可以说《考工记》提出的"天时、地气、材美、工巧"的工艺美学原则，是齐国工艺美学思想的

① 宣兆琦、李金海：《齐文化通论》（下册），新华出版社2000年版，第245页。

灵魂。

总之，无论是绘画、音乐、舞蹈、陶瓷、服饰、建筑、青铜等方面，都充分反映了齐国艺术的辉煌成就，并呈现出鲜明的地域特色和独特的艺术风格。特别是独树一帜的齐国乐律理论，不仅表明在当时比其他地域更先进、更成熟，而且在世界音乐发展史上也充分体现出它的先进性和科学性。齐国系统的建筑理论体系，作为中国古代建筑思想的重要组成部分，对后来中国城市规划设计起了重要作用，影响中国建筑思想与实践长达几千年。齐国工艺美学思想对我国数千年的工艺美术设计影响巨大，其中“天时、地气、材美、工巧”的工艺美学原则，至今在现代艺术设计中也是必须遵循的重要美学法则。丰富多彩的齐国艺术不仅成为中华艺术文明的重要内容之一，影响中国艺术理论与实践长达数千年，而且对丰富和发展我国传统文化艺术起了重要作用，同时也对提高我国现代艺术创新水平有着重要的指导和借鉴意义。

第二章 齐国绘画艺术

齐国绘画艺术内容丰富，形式多样，有着悠久的历史。作为春秋五霸之首、战国七雄之冠的齐国，其雄厚的经济实力为文化艺术的发展与繁荣奠定了坚实的物质基础。在长达八百多年的历史当中，齐国创造了丰富多彩的绘画艺术。齐国的绘画艺术，不仅是齐文化的重要内容之一，同时也是中国古代绘画艺术的重要组成部分，并带有鲜明的地域特色，在中国美术史上独树一帜，占有相当重要的地位。因此，深入挖掘与探索齐国绘画艺术，不仅对构建一部完整的中国绘画艺术史有着重要的理论意义，并且对现代美术创作与实践也有着极为重要的借鉴意义。

第一节 先齐时期齐地绘画艺术与特色

先齐时期的绘画艺术，主要是指旧石器时代晚期到西周初期姜太公封齐立国止。这一大的时间段中，诞生了各种以简单色彩和平面线条所构成的图画或图案形式。从绘画的特质、要素看，这一时期的绘画是不完全和非标准的绘画类型。石器时代，人类萌发着“本能审美观”，正因为这种审美观对人类来说是“本能的”，所以世界各地的原始美术往往会表现出共同的特征，甚至一些陶器的制作也具有这一特点。后来随着生产智慧的发展，人类才逐渐产生“优生审美观”[①]。由于历史时代的局限性，先齐时期齐地绘画艺术的涵义、概念无法与东周以后的绘画涵义、概念完全画等号，这一时期的绘画仅属于中国古代具有真正严格意义上的绘画的萌芽。先齐时期的绘画艺术还不是一种专门性、独立性和艺术性很强的艺术，而是一种随意性、兼容性、粗率性极浓的原始艺术。先齐时期的绘画遗存，大多因附着于硬质材料才得以保留下来，如岩画、陶器纹饰、玉器纹饰、青铜器纹饰、砖瓦上的图像等等，不一定是“绘”而更多是“制”。绘画的概念往往是侧重于某种观念、思想、情绪的表达，有别于纯粹装饰性的图案，从这个意义上看，先齐时期绘画的内涵更接近“平面图像”的概念。原始性、随意兼容性、宗教影射性和装饰实用性，是这一时期绘画最为突出的表现和特征。

从绘画的工具、依附的材料、色彩颜料看，这一时期的作品均十分原始简单，既没有固定的绘画工具，也没有专用的画布、画纸，作品通常依附于自然物体、实用器物等而存在；从表现手法看，作品普遍缺乏艺术独立性和准确性，绘画的方法、技巧尚显稚嫩，完成后的作品多没有使用刻意的艺术技巧和艺术手法，视觉效果粗犷、简单、平淡，空间层次感不强，所有作品都带有浓厚的即兴、任意痕迹，尚未形成一定的绘画规则，一切都是因陋就简，因地制宜[②]。虽然先齐地区的绘画从历史的角度看与现代绘画不能相提并论，但从当时的历史发展看，先齐绘画的成就仍为中国绘画艺术的发展与进步作出了巨大贡献，尤其是齐地北辛文化时期的陶器纹饰、大汶口文化的彩陶、龙山文化时期的黑陶等器物，都达到了相当高的艺术水准，为中国绘画艺术的发展奠定了坚实的基础[③]，并积累了丰厚的艺术素材和创作经验。

---

① 王伯敏：《中国绘画通史》（上），生活·读书·新知三联书店2000年版，第2页。
② 史仲文：《中国艺术史》（绘画卷），河北人民出版社2006年版，第4页。
③ 张越：《先齐时期齐地艺术及特色》，《管子学刊》2011年第1期。

一、齐地北辛文化时期的绘画

北辛文化是以山东滕州北辛遗址的发现命名的，距今大约 7500 ~ 5950 年。齐地北辛文化主要分布在济南、淄博、滨州、潍坊地区，已发现的有三十余处遗址，已发掘有十余处①。先齐地区北辛文化时期的绘画艺术，从考古资料看，突出表现在陶器造型和装饰上。与当时的社会生产力发展水平相适应，北辛文化时期的陶器更多的是侧重于实用功能，在造型上并没有刻意追求其艺术性，实用功能所反映出的设计与构思，虽然可能出于不同的目的，有着不同的表现形式与用途，但我们现在用当代的眼光把它们归为“绘画”一类，也能充分显示出齐地先民在文化艺术上具有相当的创造力。陶器绘画是指在陶器烧制前或烧制后，在器表上绘制的各种图案花纹。绘画时陶器器表即是画纸或画布，画成后的图案便直接成为陶器的装饰，把陶器与绘画巧妙进行结合，而类似平面视觉艺术。北辛文化时期齐地出土的陶器造型主要有鼎、釜、罐、钵、碗、盆、盘、壶等。纹饰主要有附加堆纹、划纹、篦纹、指甲纹、乳钉纹、锥刺纹、压划纹、席纹等，有的陶器上还出现了两种纹饰并用的现象，如堆纹和乳钉纹、篦纹和乳钉纹、划纹和篦纹等。这些装饰图纹的出现，已经超出了实用目的，应该具有一定的文化与精神内涵，是一种正在尝试、探索的原始艺术行为和形式。

特别值得一提的是北辛文化时期，齐地已经出现了彩绘陶器，如滕州北辛遗址就曾出土过彩陶，在陶钵口部外侧绘有以黑色为主、红彩为辅的带状纹饰，黑彩绘成宽带状，红彩绘为窄带纹饰②。这种彩绘表现形式在中国各地早期彩陶中广泛存在，显然具有某种原始巫术意味③。这说明，北辛时期的齐地先民不仅在器物的造型上，在器物的表

① 张光明：《齐文化的考古发现与研究》，齐鲁书社 2004 年版，第 4 页。

② 中国社会科学院考古研究所山东队等：《山东滕县北辛遗址发掘报告》，《考古学报》1984 年第 2 期。

③ 彭德：《中国美术史》，上海人民出版社 2004 年版，第 106 页。

面上也有意识地进行了装饰，甚至注重了色彩的表现，体现了丰富的社会文化内涵，应该属于一种特殊形式的绘画[①]。

二、齐地大汶口文化时期的绘画

齐地大汶口文化时期制陶业有了很大的发展，当时齐地陶器造型主要有鼎、豆、壶、罐、杯、鬶、盉、背壶、盆等。许多器物不但讲究装饰，而且注重造型，如齐地大汶口文化的特色器物陶背壶、陶鬶等，可能就是对自然界中鸟或兽的抽象变形，表现出齐地东夷文化与其他地域文化的明显差异性。器形的设计与其他地区相比也更具有实用、合理、美观的特点，有着极浓的齐地特色。如出土于山东泰安、现藏于中国国家博物馆的白陶背水壶，为细白陶，侈口、粗颈、圆肩、深腹、肩部有双耳。该陶器的基本形为两个重叠的倒三角形，两侧的轮廓线为凹形弧线，从而构成了器形的轻巧特征，造型大方、开朗。器肩轮廓线为圆弧线，与口颈、腹部形成对比，使整体造型在统一中富于变化，集刚柔、曲直、饱满、挺拔于一体[②]。

大汶口文化时期齐地绘画的主要载体，更直接地体现在彩陶的纹饰上，这一时期齐地的彩绘呈现出多样性的特点，颜色有红、黑、白三种，有的红、黑、白三色同施于一个器物上。彩绘一般都在器物的外部，有些花纹是在陶器烧成后再画上去的，因而色彩容易剥落。也有的是先施一层红色或白色的陶衣，然后再进行彩绘，焙烧后同陶器合为一体。纹饰主要有圆点纹、几何纹、水波纹、菱形纹、连弧纹、花瓣纹、带状网格纹等，彩绘花纹新颖别致，有的是对周围自然环境的描绘，有的则记录了当时人们的宗教信仰。彩陶的绘画形式基本上可分为写实和抽象两大类，写实类主要是自然界的各种动物、禽类花纹等，抽象类主要是几何形图案等。齐地先民在农业劳动时从植物中得到启示，创造出了变化多端的植物花纹，如枝、叶、花、果等，通

---

① 张越：《先齐时期齐地艺术及特色》，《管子学刊》2011 年第 1 期。

② 朱和平：《中国设计艺术史纲》，湖南美术出版社 2003 年版，第 62 — 63 页。

过巧妙布置构成丰富的图案。几何线条的形状多是自然现象和日常生活的片断，如水波纹、平行条纹、弧形三角纹、圆圈纹、人字形纹、方格纹、锯齿纹、葫芦形纹等等，图案结构优美，富有韵律感。彩绘中的写实形象很少，但艺术价值很高，已经发现的有奔驰的野鹿、独立的云鹊、长嘴啄鱼的猛禽等①。在山东桓台李寨大汶口文化遗址出土的一件彩陶簋，侈口，鼓腹，圈足，平底。唇绘条纹，口沿与圈足绘水波纹，颈下、腹下部、圈足上部绘三道条纹，腹部主纹为两组相向弧边三角纹，弧边内各绘一目纹，纹饰皆由红色绘成（图 2－1）。这种纹饰在其他大汶口文化遗址出土的器物中鲜见，带有明显的地域特征。更值得一提的是该遗址还出土了一件彩绘双耳罐，为泥质红陶，圆唇、敞口、短颈、球形腹、平底、两耳立于腹中上部。唇口部及颈下绘黑色条纹一周，腹中部绘四周黑线，肩部绘以鸟、人物等图案②。这种彩绘陶的出现，已开后来战国、两汉彩绘陶器之先河③，足以印证齐地先民在陶器装饰艺术方面的创造力。

图 2－1　彩陶簋

总的看来，这一时期齐地的彩陶装饰已呈现出丰富多彩的特征。从表现手法上看，各种彩绘纹饰已应用了对称、平衡、连续、反复等方式，组成具有审美意义的花纹图案，已经明显超越了实用的范畴，具有了形式美的价值，表现了齐地先民的审美情趣与爱好、信仰。多

---

① 张越、张要登：《齐国陶瓷工艺与造型装饰特色》，《管子学刊》2008 年第 4 期。

② 张连利、贾振国、徐龙国：《山东淄博文物精粹》，山东画报出版社 2002 年版，第 31—32 页。

③ 叶喆民：《中国陶瓷史》，生活·读书·新知三联书店 2006 年版，第 24 页。

数图案都绘制在陶器最突出的部位，与当时的日常生活习惯相一致，充分体现了人们的生活需要与审美心理①。这为我们了解古代齐地先民的精神生活和审美情趣提供了生动资料，并极大丰富了先齐时期齐地绘画艺术的内涵。

三、齐地龙山文化时期的绘画

齐地龙山文化时期的陶器，在制法、陶色和某些器形上与大汶口文化时期相比，都有了长足的发展。由于普遍采用了快轮制陶技术，因而陶器造型更加规整、典雅、美观。尤其是以“黑如漆、亮如镜、硬如瓷、声如磬、薄如纸”著称的“蛋壳黑陶”，成为我国古代制陶工艺的巅峰之作。20 世纪 90 年代末，在山东桓台李寨龙山文化遗址中，出土了一件蛋壳黑陶镂空高柄杯。整个器形可分为两段，上部为一敞口杯，下部为一筒形镂空座。矮圈足，整个器物有四层弦纹，两层镂空。口沿最薄处仅 1 毫米，杯体最厚处 3 毫米，是典型的龙山文化蛋壳陶②。该器物整体造型显得玲珑剔透、端庄秀丽，而且整件器物烧成后没有丝毫变形，可见当时制陶工艺技术的高超，代表了龙山文化时期制陶艺术的最高水平。这类器物在我国同时代诸原始文化中都很罕见，堪称我国原始手工业制陶工艺的杰作③，其精巧与轻薄程度令人叹为观止。这一时期陶器纹饰的主要特点是，陶器以素面为主，纹饰有弦纹、划纹、压印纹、竹节纹、附加堆纹、篮纹、绳纹等。在潍坊姚官庄龙山文化遗址出土的 500 多件陶器中，其纹饰以素面为最多，其中大部分表面打磨精致，有光泽。部分器物上主要有压划纹、划纹、堆纹、凹弦纹、凸弦纹、篮纹、镂孔、窝纹等 8 种纹饰。其中以前五种纹饰最为常见④。因此，与大汶口文化时期以彩绘装饰见长的彩陶艺术不同，龙山文化时期的蛋壳黑陶是以造型多样、纹饰优美、工艺精良而著称。所以许多专家学者认为，

---

① 吴山：《中国新石器时代陶器装饰艺术》，文物出版社 1982 年版，第 28 页。

② 张连利、贾振国、徐龙国：《山东淄博文物精粹》，山东画报出版社 2002 年版，第 48 页。

③ 张越、张要登：《齐国陶瓷工艺与造型装饰特色》，《管子学刊》2008 年第 4 期。

④ 文物编辑委员会：《文物资料丛刊》（5），文物出版社 1981 年版，第 13 页。

彩陶和龙山蛋壳黑陶代表了中国古代美术史上的第一个高峰，在造型与技巧上为青铜艺术奠定了基础[①]。

与齐地龙山文化时期绘画艺术更为接近的是陶塑艺术，在构图和表现手法上已具备了现代绘画的基本要素。齐地陶塑创作更接近于现实生活中的人与动物形象，颇具有现代绘画的内涵。龙山文化时期齐地动物陶塑艺术，以鸟为主要素材的最为常见，一方面反映了齐地先民对鸟的一种崇拜意识，从另一方面也最能体现当时的绘画艺术水平。从器物造型上看，“鸟首形鼎足”是当时龙山文化陶器的一个典型特征。20 世纪 70 年代初，在潍县鲁家口遗址龙山文化层中出土了许多鸟首形鼎足，大致可分为无眼（圆孔）、无鼻（竖条堆纹）中空，有眼无鼻，有鼻无眼，有鼻有眼四种类型。有的眼未穿透，还有的两侧加叶脉状划纹[②]。潍坊姚官庄出土的“鸟首形鼎足”则表现为弧面等腰三角形，上部稍宽，下部尖圆，一般足面饰一条堆纹，两侧上部各加一个眼眶，下部向内微弯呈鸟头形。鸟首形鼎足的面部有各种不同的纹饰，有缝状小眼、螺旋状眼眶、圆孔眼眶、划纹脸等[③]，在表现手法上既有写实也有抽象。比鸟首形鼎足更具有写实绘画特点的，则是日照两城镇龙山文化遗址出土的一件陶塑小鸟，其造型古朴，高额大目，突胸，尾部上翘，腹下两足呈乳头状，双目用泥丸附加而成，左目有极细的暗纹两条，就像描绘人目侧面之形，右目则无之[④]。其构思巧妙，刻画生动，形神兼备，充分体现了齐地龙山文化时期绘画艺术的发展水平。

需要特别指出的是，齐地先齐时期的绘画艺术，对后世影响最大的除器物的造型与装饰纹样外，还突出表现在彩绘陶方面。彩绘陶的艺术特点是线条粗犷，用笔轻巧灵活，色彩富于变化。彩绘陶艺术对

---

① 王逊：《中国美术史》，上海人民美术出版社 1985 年版，第 14 页。

② 中国社会科学院考古研究所山东工作队、山东省潍坊地区艺术馆：《潍县鲁家口新石器时代遗址》，《考古学报》1985 年第 3 期。

③ 文物编辑委员会：《文物资料丛刊》（5），文物出版社 1981 年版，第 22 页。

④ 刘敦愿：《日照两城镇龙山文化遗址调查》，《考古学报》1958 年第 1 期。

此后的青铜器、漆器纹样的发展演变具有重要影响。彩绘陶对于中国绘画艺术发展的贡献，主要体现在两个方面：一是书画工具和材料的发明。考古发现，新石器时代的人们已经使用毛笔、砚、彩矿粉、调色盘一类的工具和材料。二是对书画艺术风格的影响。纵观中国绘画的发展，无不深深地打上重写意、重表现为特点的彩绘艺术烙印①。

四、齐地岩画

岩画，是指在岩石表面上用颜料描绘图形，或以硬物在岩石表面磨或刻出平面性的图形。岩画是了解人类早期艺术史和文化史最为重要的图像资料或实物依据之一，无疑是人类历史尤其是早期社会发展史中最重要的文化遗产和艺术精华之一②。岩画可谓人类历史遗留至今数量最多、分布最广、延续时间最长的画种，是我们了解早期人类历史和早期艺术的主要依据之一。

现存齐地岩画中以连云港将军崖岩画最具代表性，是目前我国发现的唯一反映农业部落社会生活的石刻画，也是最早的原始社会石刻艺术遗存。连云港古属东夷少昊鸟图腾氏族活动的区域，周代为郯国所辖。该岩画位于现连云港市锦屏山南麓的将军崖，在一块平整的长22米、宽15米的赭黄色岩石上，刻有三组岩画，三组岩画间有宽阔的间隙，画面图像有人面、农作物、鸟兽、星云及各种符号③。第一组岩画在将军崖西侧，以人面纹和农作物图案为主；第二组在将军崖南侧，以鸟兽图案、星象纹为主；第三组在将军崖岩画遗迹东侧，以人面纹和星云图案组成。该岩画图像多为阴线刻成，断面略成“V”字形，一般深度在1厘米左右，宽度在2厘米~3厘米之间，线条的刻凿方法有敲凿和磨刻两种。画中的形象有大有小，画幅最大者高90厘米，宽110厘米；最小者高18厘米，宽16厘米。其中最大的人面图像是一位老妪，她双眼眯成鱼形，额头上刻有菱形双圈纹饰带，头两侧各有一

① 阮荣春：《中国绘画通论》，南京大学出版社2005年版，第10页。

② 史仲文：《中国艺术史》（绘画卷），河北人民出版社2006年版，第81页。

③ 连云港市博物馆：《连云港将军崖岩画遗迹调查》，《文物》1981年第7期。

缕发辫形的装饰，面颊、口、鼻部位均刻有交叉网状的线条。其他9幅人面像的双眼皆呈圆球状，脸上布满了网状条纹。在几个主要的人面像上，有一条中线从头顶一直贯穿下来，并延伸到面像外，与下面的植物状图案相接并插入其中。植物状图案在崖面最下部，多为由下向上刻画出的辐射状线条，单个图像的线条一般为4~8根，有的杂有圆点表示果实，有的在下部加三角形表示根部。10个人面像均与地上的植物图案相连，均无耳朵，好像植物结出的果实，这些人面像显然是一些神秘的图腾或神灵。对于其具体性质，专家们进行了种种猜测，有的认为“可能象征着原始社会的天神之类”①；有人认为是“太阳神”②；还有人认为，它反映了人类与农业不可分割的依赖关系，也表达了古代东方民族对土地、农业的一种崇拜意识。在东夷先民看来，谷物也和人一样，是有生命、能传宗接代的，人面与植物连成一体，脸上布满了植物状纹饰，正是植物的人格化、神灵化体现。岩画上9个小人面围绕一个大人面，宛若一群子孙围着老祖母，这正是古代神、禾、田三位一体的形象展示，是稷神的人格化、形象化，有些学者称之为“稷神崇拜图”③，应该是合理的。此画是目前我国古代岩画中仅有的一幅描绘谷物之神的绘画艺术品。

以写实与抽象相结合的表现手法，是将军崖岩画的主要艺术风格。从整个岩画的人面像来看，大多采用了写实手法，以简朴的线条传神地将人物的头饰、纹面、眼睛表现得惟妙惟肖，充分显示出原始社会艺术家细致入微的观察力和高超把握形象特征的能力，同时也体现出很强的写实绘画特性。岩画的抽象表现手法则更多体现在抽象的几何图形，比如农作物图案就是采用了这种抽象的方法。写实农作物应当有茎、叶、果实等，而“简化”的图案仅用几根放射性的直线条来表示农作物，或在放射性线条下部加一个三角形表示根部，手法相当简洁。另外，一些鸟兽图案也多采用抽象手法，通过比较简单的笔法充

① 李洪甫：《将军崖岩画遗迹的初步探索》，《文物》1981年第7期。

② 盖山林：《中国岩画学》，书目文献出版社1995年版，第76页。

③ 张安治：《张安治美术文集》，人民美术出版社1999年版，第38页。

分表达出作者的创作意图，给人以想象的空间，这也是抽象手法灵魂之所在。在岩画的构图组合上，谷物神灵图像是以人面为主体的，主次分明，植物、天地被赋予人格化。图中老妪的形象占据了画面最突出、最显著的位置，其他9个小人面像则围绕在她的周围，体现出作者构图组合的严密性、完整性。这种以形象大小区分主次的绘画表现手法一直被承袭下来，至今不衰，充分体现了古人“以大为美”的美学原则。大代表力量，代表权威，大的形体给人以突出醒目之感，给人以丰厚雄浑之感，给人以崇高壮美之感①。

尽管岩画在漫长的发展过程中因自然生态环境、文化传统的不同而在题材、内容、表现手法上形成了很大的差异，但岩画所反映的观念形态、风格演进具有某种共性，都是原始人类心迹的表白与思想感情的凝铸物，来自于创作者直接生活的体验，是一种意念传达的理解造型，也是原始绘画艺术的主要表现形式。将军崖岩画无论是题材内容，还是构图、表现手法，都充分体现了齐国绘画艺术的肇始与历史演进，成为探讨齐国绘画艺术风格与特点不可或缺的珍贵实物资料。

第二节 齐国绘画艺术与特色

齐国在立国之初，由于姜太公在文化上采取了“因其俗，简其礼”的治国方针，这就为齐国绘画艺术演变出不同于其他地区的风格特征，创造了良好的社会环境，使绘画艺术得到了前所未有的发展。齐国的绘画成就在文献典籍中多有记载，战国时就有画家敬君画台图妻的故事。刘向《说苑》中有“齐有敬君者。齐王起九重台，召敬君图之。敬君久不得归，思其妻，乃画其妻对之，王因知其妻美，与钱百万纳之”的记载，从中可以看出，齐国画师的高超绘画技艺，不但能作建筑图饰与壁画，还可默写人物肖像画。敬君默写的人物画像，生动传神到使齐王见画而心动。由此可见，当时齐国绘画艺术已经达到细腻

① 李福顺、刘晓路：《中国春秋战国艺术史》，人民出版社1994年版，第39页。

传神的程度，其艺术表现不再仅是单纯的外在形象表现，更高的是已经达到了内在精神表现的精密阶段。由于历史久远，史料记载中技艺高超的齐国宫殿壁画随着建筑物的消失早已不复存在，但从现存的帛画、漆画、铜器装饰画、瓦当画等绘画形式中，同样可以探究齐国高超的绘画艺术水平。

一、帛画

战国时代，是我国奴隶社会向封建社会转变的时期。由于各国相继变法，改革弊政，极大地促进了生产力的发展，形成了中国历史上一个经济、文化艺术空前繁荣的阶段。同样，绘画艺术也取得了长足的发展，除壁画、漆画等，帛画也已广泛兴起。帛画是指绘制在丝织品上的画，帛画作为中国卷轴画的前身，在中国古代美术史中占据重要位置[①]。目前为止，虽然还没有出土过春秋时期齐国的帛画实物资料，但我们经过充分考证，其实早在春秋时期，齐国就已经有了帛画，并且与其他诸侯国相比是最早的。究其原因，主要有以下几个方面：

首先，齐国是我国最早出现的丝织中心，以丝织业的发达闻名于世，其历史可以追溯到2500年前左右，即春秋时代以临淄为中心的齐鲁地区。齐国生产的“冰纨、绮绣、纯丽”等高档精细丝织品，不仅做到了国内“人民多文采布帛”，能够充分自给，而且还大量输出，畅销各地，以至于“天下之人冠带衣履皆仰齐地”，即《史记》、《汉书》所称道的“齐冠带衣履天下”。史料表明，齐国也是最早使用帛书的国家之一，帛书即写在丝织品上的书。而最早明确记载使用帛书的，是春秋第一霸主齐桓公。《晏子春秋·外篇第七》载：“昔吾先君桓公，予管仲狐与谷，其县十七，著之于帛，申之以策，通之诸侯。”即是说齐桓公封给管仲狐与谷地，将此事写在帛书上作为信证。当时通常使用简书，而帛书鲜见。通过这段记载可以看出，齐国在春秋时期就已经开始使用帛书。帛书与简书相比，其最大优点在于材质优良，易于

---

① 阮荣春：《中国绘画通论》，南京大学出版社2005年版，第24页。

书写，携带便利，容易保存，并且根据书写内容的需要，任意剪裁大小长短，随意折叠或舒卷。春秋时期，帛书不及简书普及并且少见，其主要原因就在于丝织品价格的昂贵。帛书在当时齐国的使用，恰恰证明了齐国经济与文化的繁荣和丝织业的高度发达①。其次，文献记载，春秋时期齐国统治者对于绘画已经相当重视，并设官专门分掌其事。齐国著名工艺文献《考工记·画缋》中就有“画缋之事，杂五色。东方谓之青，南方谓之赤，西方谓之白，北方谓之黑，天谓之玄，地谓之黄。……杂四时五色之位以章之，谓之巧。凡画缋之事，后素功”的记载。“画缋”是指在织物或衣服上用调制的颜料或染料绘成图案花纹。从记载看，当时的统治者对绘画艺术极为重视，甚至对色彩的位次和用法都进行了规定。再次，齐国还有大批才华出众的绘画人才，又有发达的丝织业，这就足以说明，当时齐国同时具备了高超的绘画技艺和质料两方面的必要条件。因此，早在春秋时期，齐国出现帛画已不足为奇，只是由于特定的自然环境等许多因素没有流传下来而已。不过，这并不影响齐国在帛画艺术方面所取得的成就，我们可以通过其他各诸侯国及齐地出土的帛画实物资料，来探究当时齐国帛画艺术的水准。

先秦时期的帛画，目前已发现多幅，其中以战国楚帛画《人物龙凤图》、《人物御龙图》、《缯书画》最具代表性。它们的出土为我们探讨先秦绘画艺术提供了极其珍贵的实物资料。《人物龙凤图》于1949年出土于长沙陈家大山楚墓，该画高31厘米，宽22.5厘米，是我国现存最古老的绘画之一。画面主体绘有一侧身站立的中年妇女，她发髻下垂，顶有发饰，面向左侧，眉目清晰，平视前方。身着宽袖长袍，袍上绣有卷云纹，长裙曳地，束腰。双手合掌至胸部，似作祈祷状。脚下有一弯月牙状物。妇女上方有一只硕大的凤，凤大几乎如人，张喙引颈，双足一前一后作奔跑状，尾高翘，翅膀伸展，整个动势向前飞扑。凤前并列有一龙，龙身呈S形弯曲向上，龙首高昂，龙尾上翘，

① 于孔宝：《古代最早的丝织业中心——谈齐国“冠带衣履天下”》，《管子学刊》1992年第2期。

似作升腾状[①]。整个人物形象的塑造统一于恭谨、庄重的神情，生动自然地表达了人物的内心世界。可见，这一时期的绘画艺术，不仅追求所绘题材外部形貌的逼真，而且还善于通过外部形貌来揭示其内在的东西。全图人物、龙凤形象造型以墨色勾线为主，并略施暗红色淡彩平涂，线条刚劲拙朴。画中黑白的搭配、虚实的对比、动静的处理变化有致，充满了灵动的气息，显示出了极高的绘画艺术水平。

同属于战国七雄的齐国，在当时又为七雄之首，经济繁荣，民富国强，更为重要的是当时齐国有着发达的丝织业，因此可以断言，齐国的帛画艺术水平应该是极高的。齐地临沂金雀山出土的西汉帛画足可印证这一观点。该帛画属西汉早期，长 200 厘米，宽 42 厘米，为长条形构图，分为天上、人间、地下三部分。天上有云气，右方画一轮红日，日中有金乌；左边一轮明月，月中有玉兔和蟾蜍。在日月下方画三座仙山和象征“琼隔”的建筑物。地下部分画有鱼、龙之类图像，表示阴府。该画地上部分共画 24 人，分五层来描绘墓主人生前的活动，也是全图最重要的组成部分。第一层为文武门卫，第二层为家奴，第三层是与来宾相见，第四层是堂前作乐舞，第五层是墓主人端坐、奴仆侍候的图像。画中墓主人的肖像都是侧面，以写实与装饰相结合的手法来加以表现，人物造型清瘦，运笔细劲流畅，全都是以墨线为骨的敷彩画，其中有平涂也有渲染[②]。金雀山帛画以淡墨线和朱砂线的灵活运用，开创了我国“没骨”绘画的先河。画中颜色多采用矿物质颜料朱砂、黄丹、石绿、石青等，虽历经 2000 多年，仍色泽鲜艳。整个画面基本上以描绘现实生活为主，乐舞、角抵场面表现得生动活泼，富有浓厚的生活气息。这幅帛画的艺术水平，足以佐证齐国帛画的高超艺术表现力。

二、漆画

漆画具有久远的历史，它是指绘制在漆器上的装饰花纹，是附属

① 李淞：《中国绘画断代史》（远古至先秦绘画），人民美术出版社 2004 年版，第 243 页。

② 阮荣春：《中国绘画通论》，南京大学出版社 2005 年版，第 32 页。

于漆器的装饰图案。漆器工艺归纳起来主要有：描绘、雕花、针刻、银扣、描金、银彩绘和铜器装饰等。《韩非子·十过》就载有："尧禅天下，虞舜受之，作为食器，斩山木而财之，削锯修其迹，流漆墨其上……舜禅天下而传之于禹，禹作为祭器，墨染其外，而朱画其内。"这说明早在舜、禹时代就已经有漆器、漆画了。战国时期齐国手工业极为发达，也是齐国漆器工艺的发展与繁荣时期，且经久不衰。这个时期制漆业出现了许多新的工艺与装饰手法，漆器表面的花纹装饰从某种程度上可以揭示这一时期齐国的绘画艺术风格。20 世纪 90 年代中期，在山东海阳盘石店镇春秋时期的齐国古墓发掘中，出土了数件漆器，质地极佳。其中一件木枕，黑漆底，四周以朱漆线画回纹、云雷纹，图案对称，画线挺括流畅，其装饰手法与 1978 年在该地出土的一件铜镈的纹饰非常相似①，说明这些图案的装饰方法具有齐地春秋时期器物装饰的共同风格特征。

齐国漆画最具代表性的实物资料，是山东临淄郎家庄一号东周墓出土的一批漆器。这批漆器的出土，对全面了解和探究齐国漆画的艺术风格及特色具有重要的艺术价值和学术价值。出土的这批漆器器形可辨的有：雕花彩绘条形器、朱地黑彩的髹漆羊形器、施红黄绿三彩的镇墓兽、黑地红彩的漆豆、漆盘等。漆器图案有长方形和圆形两种，基本上都是黑地红花，也有红地黑花，偶尔有用白色勾边的。图案题材的表现手法有几何形和写实两种。几何图案有方形、长方形、斜长方形、交错三角形。饰纹有浪花纹、叶状云纹、波状勾连纹、简化雷纹、单线锯齿纹等。写实性图案花纹的主题是在一个圆形之内画屋宇、人物及对称的兽。图案分为内外两层，中心圆内绘有翻滚的三兽，相咬嬉戏；外层绘有房宇四座，两相对称。房宇皆为平顶，有短柱承托，柱头有栱，面各三间。其中，一座四人皆躬身相向而立，居右者发向后，双手举物过首；居左者伸出双手接物；除右侧的送物者外，其余三人皆腰佩短剑。与之对称的另一座房内的人虽已大部分残缺，但仍

① 海阳县博物馆：《山东海阳嘴子前村春秋墓出土铜器》，《文物》1985 年第 3 期。

能看出不是表现送接物的场面。另外两座房宇有两户分居两侧，中间各有两人。其中一座两人躬立，作捧物状如前，只是佩剑较长，举物者的冠饰也不同于前；另一座两人多残缺，居右者所举的器内是空的，在房宇与内外圆之间的空隙，用4只鸟、12只鸡和4株花草来填补。鸟勾喙修尾，由此一屋顶跨向另一屋顶；鸡每面3只，呈逐奔鸣状。整个画面构图严整规矩，用笔一丝不苟，线条纯熟流畅，动物的描绘神态生动，是一幅典型的具有浓郁生活气息的风俗画，充分显示出当时齐国漆画工匠精湛的绘画技艺。

特别值得一提的是，在仅有19厘米的圆形内，共画了4座对称的房宇、12个人物、4只飞禽、12只鸡，还有4株花草，可见造型水平之高。这也是迄今为止我国出土的漆器中同时绘有建筑和人物的极少的一件[①]。该画所绘建筑与山西长治鎏金铜匜、河南辉县赵固战国铜鉴上的建筑相比有明显不同，表现的人物与河南信阳长台关的漆画人物也有所区别，呈现出鲜明的地域特色。这批漆器的出土，为研究我国古代绘画和建筑艺术的发展增添了一份珍贵资料。齐国的漆画艺术，无论从构图、造型还是色彩看，都有着明显的艺术特色，突破了传统意义上的图案装饰表现手法，尤其是赋予了丰富的精神内涵，从某种程度来说，完全可称其为严格意义上的绘画作品。绚丽多彩的齐国漆画工艺，不仅是我国古代艺术中的一枝奇葩，也是齐国绘画艺术的重要组成部分。

三、青铜器装饰画

青铜艺术是继原始彩陶、黑陶之后出现在中国美术史上的又一高峰，也是最具民族特色的美术形式之一。齐国灿烂的青铜艺术显示了我国古代文化的丰富内涵，也是中国美术史上光辉的一页。春秋战国时期，周室衰微，随着天子权威的丧失，人们开始觉醒，各诸侯国纷纷变法，争雄称霸。政治与思想的这种变迁，对当时齐国的社会生活

---

① 山东省博物馆：《临淄郎家庄一号东周殉人墓》，《考古学报》1977年第1期。

特别是审美观念都产生了重要影响，同时也体现在青铜器纹饰题材的变化上。除了造型更加生动自由、日用器具更加受到重视外，表现人的生活的图像在这个时期的青铜器上日趋增多。从图像的工艺形式上看，这些图像主要有刻画、镌铸、镶嵌三种方式。这些新形式的图像不同于以前的动物纹饰，一般称为青铜器画像，饰有这些图像的青铜器一般称之为画像青铜器[①]，或称青铜装饰画。这种青铜装饰画的出现，对于绘画发展具有独特的意义[②]。

春秋战国时期，齐国铜器的纹饰已经失去了陶器装饰那种稚拙、率真、活泼、轻快的风貌，也超越了夏商周时期大量使用饕餮纹、蟠螭纹、凤鸟纹、云雷纹、乳钉纹、夔纹等纹饰所体现的威严狰狞、神秘凝重而又粗犷豪放的艺术风格。在图案题材方面，除龙凤、动物、几何纹等传统题材外，更多表现的是简洁而富有生活气息的人物、动物、植物等纹样。在表现手法上，从抽象逐渐变为写实，对动物形象的刻画从静态到动态，使其动物的神态更接近自然形态，变得更加生动活泼。在制作工艺上，出现了线刻、鎏金、金银错等装饰技法。注重整体、善抓特征、概括简练、变化丰富是齐国铜器雕刻画的主要风格特点，也是齐国绘画艺术发展中的重要成就之一。

目前齐地出土的铜器装饰画，多是战国时期的作品。20 世纪 70 年代，在山东长岛王沟东周墓群出土了大量青铜器。在三件鎏金刻纹青铜器中有一件铜鉴，虽因质薄而残碎不全，但其刻纹所描绘的乐舞燕饮和车马田猎的生动情景，为研究齐国当时的绘画艺术提供了宝贵的形象资料。该铜器刻纹为针刻，线条连贯流畅，局部简刻为虚线。图像内多以斜线填充，而梅花鹿则刻圆圈以像其斑，虎体刻波曲线以像其纹。车幡、犬颈带、人头巾带皆作向后飘拂状，既表明方向，又富有动感。人与动物造型生动传神，加上鎏金的映衬效果，更增添了刻纹艺术表现手法的感染力[③]（图 2 –2）。春秋战国时期的刻纹铜器至今

① 李淞：《中国绘画断代史》（远古至先秦绘画），人民美术出版社 2004 年版，第 165 页。

② 史仲文：《中国艺术史》（绘画卷），河北人民出版社 2006 年版，第 132 页。

③ 烟台市文物管理委员会：《山东长岛王沟东周墓群》，《考古学报》1993 年第 1 期。

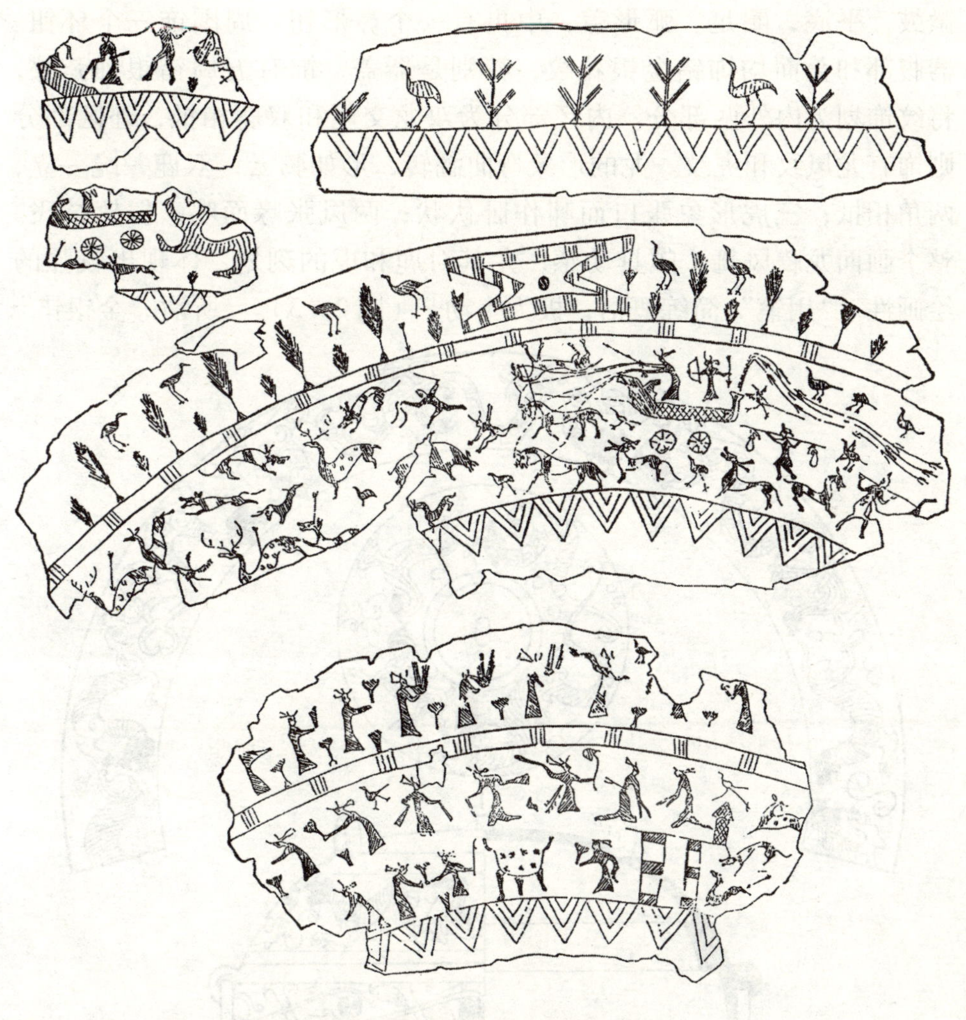

图 2－2　鎏金刻纹铜鉴花纹摹本

发现的并不多，这几件刻纹铜器的出土，为研究当时齐国铜器雕刻画艺术风格提供了有力佐证。需要特别指出的是，该墓群出土的大部分铜器与临淄郎家庄一号东周墓出土的铜器相比，有许多相似之处，这反映了齐地铜器艺术风格的共同特征。

1992 年在临淄商王墓地出土的战国错金银铜盒，从另一个方面反映了齐国绘画艺术的水准。该铜盒为子母口，口沿部有一对环钮，腹微鼓，平底，圈足。弧形盖，中央有一个鼻形钮，周围饰三个环钮。器腹部和盖面均饰错金银花纹，特别是器盖，饰有五周错银细弦纹，将纹饰划为内外两部分。内区部分为双龙交尾和双鹿相抵，外区部分则饰有龙凤纹和虎纹。龙的形象弯曲翻转，形如腾云；双鹿一跪一立，两角相抵；三虎形象张口而啸作卧伏状；两凤张喙而鸣，振翅欲飞。整个画面龙腾凤舞，颇具动感，尤其对鹿和虎的刻划，体现出较强的绘画性。"用笔"简练概括，极为生动[①]（图2-3）。所谓"金银错"

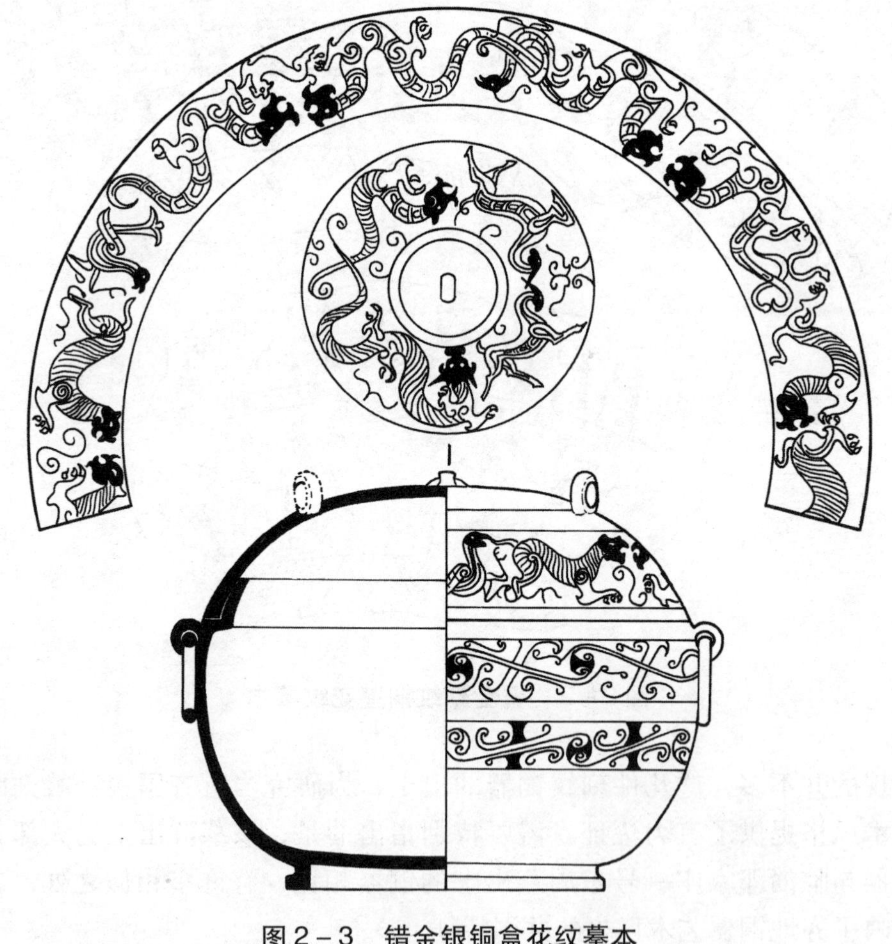

图2-3 错金银铜盒花纹摹本

① 张越：《错金银铜盒》，《管子学刊》2008年第4期。

铸造工艺，即用金银嵌入青铜器表面，从而构成其表面纹饰。这种用隐嵌的技法形成的金线图案，改变了以前铜器模铸纹饰的拘束，突破了传统图案的对称格式。

需要特别指出的是，20 世纪 70 年代末，在临淄大武乡窝托村西汉齐王墓出土的鎏金龙凤纹银盘，可说是齐国青铜艺术中的杰作。该银盘为战国时期所造，几易其主，最后归汉初齐王所拥有。该银盘造型简洁明快，端庄稳健，制作工艺精细，在不到 2 毫米厚的器壁上作内外繁饰。先将设计好的图案用錾刀刻出线轮廓，然后鎏金，这样的处理使纹饰微微凸起，增强立体感。此盘最大的特点是以纹饰精美取胜。纹饰以圈形带状出现，一圈为一组，可分为六组，有三种纹样结构。三种纹饰由相间变体的龙凤纹组合而成。每一组纹饰中无论有多少只龙凤，均可用一条线贯穿起来，这也是此器的一大艺术特色。从平面图上看，中心的一组为画面的主体纹，三条龙在有限的空间旋转自如，极具动感。内外腹部两组纹饰占有较大面积，形象由中心一组变化而来，且更富有变化。纵观此银盘的纹饰造型与结构，虽皆为圆形线条变化而成，然而线型柔中有刚，充满力度，丝毫没有柔弱之感，且与器形协调一致，在繁密的云卷缠绕中体现出龙飞凤舞的吉祥主题。整个画面布局合理，繁而不乱，主次分明，大气磅礴，具有极高的绘画艺术水平，是一件难得的艺术珍品[①]（图 2－4、图 2－5）。齐地铜器雕刻画的出土，从一个侧面展现了齐国当时的绘画艺术成就，也是齐国绘画的重要内容。

四、齐地汉画像石

公元前 221 年，齐国被秦国灭亡。作为一个政治实体的齐国虽然已不复存在，但是，齐国的绘画艺术并没有与政权一起消亡，而是融入并根植于秦汉的绘画之中。到了汉代，齐地绘画艺术在继承先秦时期优秀传统的基础上，又吸收融合了当时先进的绘画技艺，得到了迅

① 张越：《鎏金龙凤银盘》，《人民日报》（海外版）1993 年 1 月 18 日第 7 版。

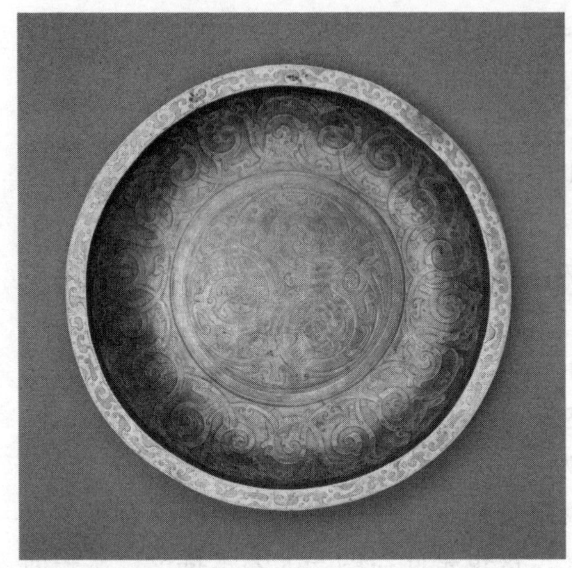

图2-4　鎏金龙凤纹银盘

图2-5　鎏金龙凤纹银盘花纹摹本

速发展，并结出了丰硕成果。其中最有代表性的就是与汉代“事死如事生”的厚葬之风相伴而生的附属于墓室与地面祠堂、阙等建筑物上的雕刻艺术。因为是刻在石材上的画，故称为画像石，在汉代画像石墓的题铭中，就有直接称其为“画”的[①]。现存的大量汉代画像石，无论是人物形象的塑造、构图的处理，还是用线、用色等，都极具特色。特别是其质朴、稚拙和庄重的风格，都具有鲜明的时代特征，堪称我国古代艺术的瑰宝。从目前的考古资料看，齐鲁是汉画像石遗存最多的地区，现已发现约 3000 块[②]，其中以齐地最具有代表性。从现存的实物来看，山东画像石的主要载体是石祠、石阙、石碑、石棺椁、石墓。石祠最有代表性的是长清孝堂山郭氏祠和嘉祥武宅山武氏

① 山东省博物馆、苍山县文化馆：《山东苍山元嘉元年画像石墓》，《考古》1975 年第 2 期。

② 岳庆平、尚琤：《中国秦汉艺术史》，人民出版社 1994 年版，第 45 页。

祠，石墓是沂南北寨村汉墓和安丘董家庄汉墓。山东画像石以石面精美复杂、构图绵密细微为世所重，它的石刻技法以其多样性而具有集大成的意义①。汉画像石是集绘画与雕刻于一体的特殊艺术形式，虽然出于雕刻，但从表现方法和艺术形象来看，具备了绘画艺术特征，因而对认识和研究我国古代绘画具有重要意义。

齐地的汉画像石，从选取的题材看，有车马出行、拜谒、乐舞百戏、渔猎、庖厨、征战等社会生活内容，有反映升仙得道思想的神话人物、奇禽异兽等民间传说，有历史故事，还有反映生殖崇拜观念的内容，也有建筑图饰、飞禽、走兽以及精美的装饰纹样等，内容极为广泛丰富。从构图表现方式看，为了突出主要内容和主体形象，采用了不同的艺术手法，对表现空间一般都采用散点透视，即把眼睛在移动中观察到的物象，集中表现于一幅画面上。具体看，又表现为几种不同的方式：一是平视横列法。即把表现的形象，如车马出行、人物会见、巡游田猎等，完全分布在一幅横长的画面里，虽然情节众多，但主题明确，内容连贯而完整。如长清孝堂山石祠的孔子见老子图像就是采用平列的构图法。二是斜视横列法。即把表现的人物等形象放在底线上作水平横列，由于采取斜向的透视，在纵深的空间里就出现了相互重叠或累加的形象。这种透视从画面上能给人以较强的纵深感和更多的美感。在沂南汉墓画像石中有多幅画面就采用了这种构图，收到了强烈的艺术效果。三是鸟瞰散点透视，这种构图法更能充分展示画面形象的整体层次感和宏伟的气势。山东诸城前凉台墓庭院图画像就是这种典型的构图方式，画面显得气势恢弘，庭院布局错落有致，富有层次感，充分展现了“庄园内部庞大繁复的情景”②。

从表现手法看，一是打破时间与空间的限制，扩大意境。绘画是平面艺术，一般只能表现一时一地的具象，很难表现抽象的思想。但是汉代艺术家常常会无视时空限制，自由地把发生在不同时间与空间

① 顾森：《中国绘画断代史》（秦汉绘画），人民美术出版社2004年版，第136页。

② 蒋英炬、杨爱国：《汉代画像石与画像砖》，文物出版社2001年版，第53页。

的事物描绘在一幅画面上。如沂南画像石所描绘的胡汉战争图，在画面中心安排一座大桥，桥右端有一四维轺车，督战的汉将乘车上，桥上有步伐整齐、持剑拥盾行进的汉军步兵，桥下方有划船的水师，桥左端胡汉双方在交战，断头横尸，桥下还有捕鱼者，一切都表现得淋漓尽致（图2－6）。这种打破时空的全境构图法，时至今日仍是农民

图2－6　胡汉战争图

画常用的方法[①]。二是运用夸张手法。夸张是绘画艺术中的重要表现手段，为了表达某种意境和一种特定的情景，作者常常采用夸张的手法，给人一种意想不到的艺术效果。如沂南画像中的荆轲刺秦王，画面中的匕首竟洞穿廷柱，这自然是夸张。其所以夸张，是为了突出表现图穷匕见后那扣人心弦的一幕。特别是荆轲夸张的表情和蓄势欲搏的体态，给人留下强烈的印象（图2－7）。三是注重情感刻画。强调人物或动物情感的刻画，是最具艺术感染力的一种表现手法，处处注入情感的形象塑造，才会避免出现枯燥而单调的画面。沂南画像中聂政刺韩相侠累的故事，画中所表现的人物形象给人以强烈的视觉冲击力。行刺者怒目而视，勇猛酣战；被刺者丧魂落魄，惊恐万状。其动作、

① 张万夫：《汉画选》，天津人民美术出版社1982年版，第11页。

图2-7　荆轲刺秦王

其神情刻画得细致入微，生动传神，令人赞叹。

从绘画技巧和艺术风格方面来看，齐地汉画像石所表现的对象，既注重形的整体把握，又注重神的生动刻画；既有对宏大场面的巧妙驾驭，又有对具体形象的精心描绘。可谓形神兼备，大处着眼，小处着手。尤其是沂南汉墓的胡汉战争图，画面喧嚣繁杂但井然有序：一边是“枭骑战斗死，驽马徘徊鸣”的匈奴骑兵，一边是步伐整齐、仪仗分明的汉军将士；桥上是身首异处、人头翻滚的厮杀激战；桥下是悠闲从容、怡然自得的渔猎。慌乱与整齐、激烈与静谧巧妙地结合在一起，使画面气势恢弘而又从容不迫。类似的画像还有不少，如热烈精彩的百戏、喧闹繁忙的庖厨等，都与胡汉战争图有异曲同工之妙。如果和宏观上的雄伟相比，画像在微观上的生动、细腻，更令人惊叹。那些栩栩如生的历史人物，如面对失败依然怒目圆睁的荆轲，苏武那张饱经风霜的脸，仓颉那闪烁着智慧光芒的眼睛，无不给人留下难以磨灭的印象①。这种对人物形神兼备的精心刻画，给人以强烈的艺术感受。

从造型方面来看，汉画像石大体可概括为写实性与抽象性两种。写实性手法即以人的视觉真实性为标准，有的是加以夸张与强调，其内容主要是表现人们日常生活的情景和人物，如农耕、庖厨、宴饮、六博、乐舞百戏、狩猎、车马出行等等，显然这是汉代人物画像的主流；在想象性方面，即人们未曾见过或现实生活中根本不存在的人物

① 崔忠清：《山东沂南汉墓画像石》，齐鲁书社2001年版，第9页。

或神怪，如伏羲、女娲、西王母、仙人戏凤、雷神、仙人、鬼怪等等。虽然这些形象出自人们的想象，但与人们的视觉经验偏离的并不很远，从某种意义上来说仍属于写实范畴。综观汉画像三百多年的发展过程，虽然呈现出不同的风格特征，但写实性手法一直贯穿始终。以现实主义为主，富有浪漫主义色彩是汉代画像石的主要艺术特征，也是其艺术风格。汉代画像的内容虽然来源于生活，但并不为生活所禁锢；其形式虽然是写实的，但也有许多写意的因素。艺术家通过主观感受来观察和表现客观世界，运用形象来表达自己对生活的感受。重视生活的现实主义传统，体现人们美好幻想的浪漫主义，共同决定了中国绘画独特的东方艺术特色。

总体看来，汉画像石的艺术风格表现出由粗到细的发展趋势，早期的人物图像比较简略、概括、朴拙，甚至有某种程度的粗糙与简单，后期则逐步细腻、精致、繁缛、宏大；早期的人物多为简单构图或为绣像式，或辅以建筑、动物、树木等组成背景，后期的人物则多有庞大场面，组合复杂且配置以各种场景①。汉代画像石作为一个时代的艺术，所体现出的那种整体性的力量和气势，包含了极为丰富的文化内涵，在我国美术史上占有重要的历史地位。它承上启下，对中国绘画的发展和民族审美心理有着特定的作用，堪称中国美术史上的一座里程碑。齐地汉画像石从题材、构图、表现手法等方面都具有极高的艺术成就，为研究和探寻齐国绘画艺术发展的轨迹提供了有力的佐证。

第三节　齐瓦当画艺术与特色

瓦当是古代建筑屋檐上的构件，主要起着保护檐椽不受风雨侵蚀的作用，最早见于西周。从表面形态看，齐瓦当可分为素面瓦当、花纹瓦当和文字瓦当三种。其装饰手法可分为花纹和文字两大类。根据临淄齐都故城出土的大量瓦当来看，齐瓦当经历了由无纹饰的素面实

① 李凇：《汉代人物雕刻艺术》，湖南美术出版社2001年版，第1页。

用品逐渐成为精雕细刻的实用装饰品的发展过程，在方寸之间融入了更多的社会观念和思想意识，赋予了丰富的文化内涵。齐瓦当独特的绘画内容与样式，为我们研究当时齐国的绘画艺术，提供了一份难得的实物资料。

一、齐瓦当画的内容

从大量出土的瓦当来看，题材内容广泛是齐瓦当画的一大特色。有相当数量的齐瓦当所选取的题材都是现实生活的内容。比如现实生活中的人物、动物、飞禽等形象，常被按照一定比例关系分别组织在每个画面中，就像直接选取了某一现实生活中的自然场景，极为客观、真实。如一枚四鹤纹半瓦当，画面中心部位的两只大鹤振翅欲飞，引颈翘尾，仰天长鸣，其身后各紧跟一幼鹤（图 2-8）。鹤的造型生动传神，栩栩如生，充满了生活情趣。取材更具生活气息的是一枚树木人牵牛半瓦当，画面内容表现的是一个紧张的斗牛场面，图中左右各有一人，分别用力拉住缰绳紧贴牛腹站于地上，两头牛弓曲前腿，蹬后腿，压低身体呈格斗状，头部极力前伸上扬，力图挣脱，看来好似已是几经争斗，稍事休息准备发起新的攻势。两个人物的身体则表现为竭力后仰，像是通过用力牵住缰绳来控制和掌握着再次进攻的时机①。整个题材取自现实生活场景，客观、真实地刻画了生活中的普通事物，从而引发人们对生活的情趣。齐瓦当画的题材虽然以自然和现实生活为主，但也有反映人们美好愿望和理想内容的瓦当。比如取材于非现实题材的一枚战国半瓦当，由树木、妇人、

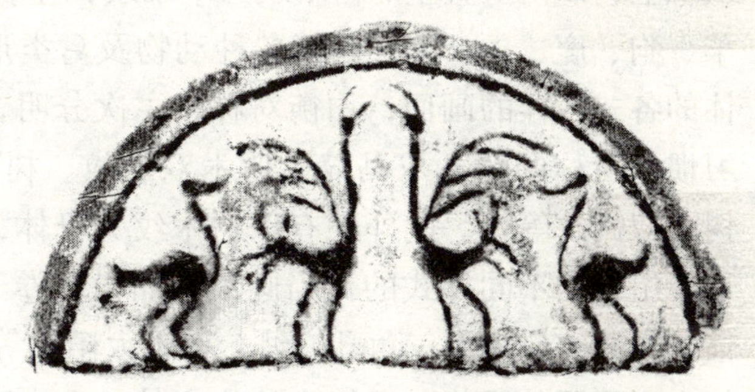

图2-8　四鹤纹瓦当

① 安立华：《齐国瓦当艺术》，人民美术出版社 1998 年版，第 4 页。

麒麟送子形象构成，画面中心为一棵树，左边饰一人骑动物，右边饰一站立的长裙女子，头顶之上饰有鸟的形象，手中持一物。从这枚瓦当的表现手法来看，这是典型的现实生活与美好愿望所组成的多维空间的表现形式[①]。画面中所表现的人骑动物形象，应该就是寄托祈福的“麒麟送子”场景。整个画面的人物形象比例匀称，造型生动优美，显示了齐瓦当艺术的个性与特色。总的看来，齐瓦当画以表现自然和现实社会生活为主，是其题材和内容的显著特色。

二、齐瓦当画的纹饰

纵观各个历史时期的齐瓦当，无论是战国早期的，还是中期、晚期的，其装饰纹样无一不是以树木纹为主题，在有限的圆形和半圆形面积上，以向上直立的树木纹为中轴线，左右两边各置以马、驴、骡、羊、狗、鹿、虎、鸡、鹤等各种动物及禽类形象，构成以树木纹为母体的各式各样的画面，均衡对称，主次分明。这也就是我们对齐瓦当习惯上所称的树木双马纹、树木双驴纹、树木双狗纹、树木双鹿纹、树木双鹤纹等等。此外还有以树木纹为母体，两边配置以各种抽象图形所组成的不同样式的瓦当画面，如树木卷云纹、树木乳钉纹、树木箭头卷云纹、树木三角乳钉纹、树木太阳纹等，就像现代派的抽象画，给人以无限的遐想。以树木纹为主体，左右两边再配以其他形象所组成的画面，成为齐瓦当画一种基本的构成模式，也作为一种恒久不变的纹饰题材，占据画面中心的突出位置，并不断与其他任何图像组成丰富多彩的可变性画面。树木纹作为标志性纹饰，这是齐瓦当所独有的，也是齐瓦当最突出的特色[②]。这种以树木纹为母体并配以各种人物、动物以及卷云纹、太阳纹等所构成的瓦当画面，充分显示出齐地先民对大自然的敬畏和对树木的崇拜，也充分体现出他们对人与自然的关注以及追求天地人和谐的哲学思想。

① 安立华：《从一枚齐瓦当看古代齐地的祈子风俗》，《管子学刊》1993 年第 4 期。
② 张越：《独具特色齐瓦当》，《人民日报》（海外版）1992 年 10 月 31 日第 7 版。

三、齐瓦当画的构图

从构图看，齐瓦当画也有着鲜明的艺术特色，中心对称格局是齐瓦当画最主要的构图表现形式，也是其构图最具特色之处。对称最容易产生装饰性美感，早在原始社会，人们就已经掌握并利用对称原理进行造型与装饰，并成为传统装饰艺术中最常用的手法之一。以树木纹为中心，进行对称性纹饰布局，是齐瓦当画最基本的构图特征。其表现形式，一般是先在瓦当中心位置以树木主干为中轴，也就是主纹，然后再分别在树木纹左右各置其他形象。不管树木纹与两侧的形象是否有关系，这种构图方式往往是一成不变的。从对称的形式来看，齐瓦当画大致有两类：一种是绝对对称的均齐式构图。即以树木纹为中心，左右两边饰以两两相对的人物、动物、禽类、云纹等。它的突出特点是两边的人物或动物造型高度一致，其朝向或头相对或背相对，给人以结构规整、严谨之美。二是相对对称的均衡式构图。这种构图使瓦当画面形象安排自由活泼，几乎不受任何约束，具有极大的灵活性，富有自然情趣，摆脱了“图案化”的单一局面，打破了绝对对称带来的呆板单调感，在严谨中求得变化，表现出较强的活力。均衡式构图的最大优点，就是容易使画面取得生动优美的艺术效果。除此之外，齐瓦当画还有辐射式、回旋式、上下对称式等构图方式。特别是上下对称式构图，是圆形齐瓦当所独有的表现形式。采用这种构图所取得的画面效果，就如同物体在镜中的映象，也像水中的倒影，给人以平稳庄重的感觉，带来一种宁静之美[①]（图2-9）。

四、齐瓦当画的纹饰造型与表现手法

齐瓦当画在纹饰造型方面也很有特色。其造型手法，通常按比例关系来确定形象的大小，这样可使画面中的人物或动物造型更接近于生活中的真实，给人以亲切自然的感觉。如战国“树木·妇人·骑兽

---

① 张越：《齐瓦当艺术表现手法初探》，《管子学刊》1991年第2期。

图2-9 树木双马纹瓦当

者”半瓦当中，树木最大，人次之，但人物的刻画并未因受到比例的限制而失去生动感。该图中妇人形象高约3厘米，包括头饰不超过3.5厘米。人物图像通过剪影式造型手法，似乎可清晰看到她高髻的发型和美丽动人的面容。特别是妇人纤细的脖颈，单薄而圆削的肩背，内凹的后腰及外凸的臀部，收腰曳地的长裙，无不表现得惟妙惟肖，充分展现出齐国艺术家高超的造型能力。与人物不同，齐瓦当画中的动物造型，一般只表现形体的基本动势，仅从不同动物的主要特征入手，特别对角、耳、尾等关键部位进行强调，使人一眼便能识别出是何种动物，造型高度简练概括。对动物细部的刻画一般点到为止。早期齐瓦当动物形象通常只刻划前后两肢，一方面显现出艺术手法上的原始性，另一方面也有着浓厚的写意表现特征。从纹饰的造型上看，我们还可以发现具有更多的民间艺术特征，这应该与齐建国后实行“因其俗，简其礼”的宽松的文化政策密切相关。时至今日，齐国故地许多民间剪纸中的纹饰造型，竟与齐瓦当中的树木纹及动物形象有着惊人的相似，这说明齐瓦当画的纹饰造型与齐地民间艺术造型有着深厚的历史渊源。

从艺术表现手法来看，战国早晚时期不同类型的齐瓦当呈现出清晰渐变的发展脉络。从临淄齐都故城发现的许多瓦当遗存可以看出，战国早期的半圆形瓦当，其纹饰多为具象，题材以自然中的树木为主体，并配以各种动物或人物，所描绘对象的手法基本是写实的，体现出较强的绘画性。“用笔”简练概括，极为生动。在对各种动物的造型艺术处理上，采用线面结合的手法，高度概括所表现的对象，特别是注重艺术形象的整体性表现，因而使得各种动物的造型更加拙朴可爱，富有情趣，显示出较高的艺术性（图2-10）。

战国中期以后的瓦当，不论是半圆形或圆形，纹饰仍以树木纹为母体，以向上直立的树木纹为中轴线，左右两边各置以马、驴、骡、狗、鹿等动物形象，均衡对称，主次分明，在对各种艺术形象的表现手法上，与战国早期的瓦当相比，仍基本保持着写实风格，但已具有明显的装饰性。对各种动物的刻画更加简明扼要，形体的塑造单纯而不琐碎，既注重不同形象的精神风貌，又能概括提炼并加以适当的夸张，使其充满活力，赋予生命力。值得一提的是，写实主义与浪漫主义相结合，成为这一时期艺术表现手法的突出特色（图2-11）。

战国晚期的瓦当，纹饰仍以树木纹为主，但双兽纹已被三角、箭头、乳钉、卷云纹所替代，并随之而消失。纹样结构更加疏简，花纹造型更加简练。其表现手法虽没有完全摆脱写实，但纹样渐趋规范化。图案化的纹样不断增多，特别是树木箭头纹、树木卷云纹瓦当画的处理，作者以夸张、变形、概括的手法，使自然界的树木等物象均由自然形态升华为艺术形态，使之条理化，并逐渐形成“程式化”，使原有的形象特征经强调显得更鲜明、更典型、更富美感（图2-12、图2-13）。西汉时期的瓦当以圆形为主，纹饰以卷云纹为主要

图2-10　树木双狗纹瓦当

图2-11　树木双骑纹瓦当

图2－12　树木箭头卷云纹瓦当

图2－13　树木卷云纹瓦当

题材，并成为这一时期的一种定型花纹，树木纹因此而消失。总的看来，云纹的发展过程与其他各国瓦当的云纹发展过程大体相同，这种情形反映了历史变革对造型艺术的影响。各个地方性王国消失了往日的光辉，大一统的全国性文化成为主要潮流，瓦当画正是这一社会演进的反映[①]。

从总体上来看，齐瓦当不论从外形、题材内容还是纹饰，与其他古代历史名城如雍城秦都、易县燕下都、江陵楚纪王城、邯郸赵王城等地出土的瓦当相比，都具有自己鲜明的艺术特色。其一，从外形看，半圆形和圆形瓦当共同流行了一个较长时期，这在其他战国名城中是难以见到的。其二，从纹饰看，以树木纹为母体是齐瓦当所独有的，这也是构成齐瓦当画最具典型的艺术特色。其三，从题材和内容看，选取的题材多来源于自然和现实生活，反映的内容也多是自然和社会生活的现实，给人以质朴、自然、亲切的感觉和浓郁的生活气息。这与易县燕下都瓦当画所表现的非现实而想象中的饕餮纹、怪兽纹给人以恐怖、神秘、威严的感觉形成强烈对比。独具特色的齐瓦当画，以广泛的题材内容，不拘一格的创作方法，

① 张越：《齐瓦当艺术表现手法初探》，《管子学刊》1991年第2期。

简朴、概括的造型观念，以及朴素自然的审美情趣，为后世了解当时齐国绘画发展水平与艺术风格，提供了极为重要的实物资料。

综上所述，无论是富有生活气息的帛画、丰富多彩的漆画、工艺精美的铜器装饰画，还是开中国美术史之先河的生动传神的默写人物肖像画，都充分体现了齐国绘画艺术的成就，并呈现出浓郁的地域特色和创新意识，特别是独具特色的齐瓦当画、雄浑厚重的齐地汉画像石，作为中国古代绘画艺术的重要组成部分，对丰富和发展我国传统绘画艺术起了重要作用，并影响中国绘画理论与实践长达数千年。因此，深入研究和探讨齐国绘画艺术及其特色，不仅对完善我国古代美术发展史有重要的理论意义，同时也对提高现代美术创作与艺术实践水平起到重要作用。

第三章　齐国音乐艺术

中国音乐艺术历史源远流长，根据出土乐器的年代和性能分析，从一万年前左右的新石器时代开始，音乐无疑已经作为一种文明现象而存在[①]。中国音乐艺术以其独特的东方文明内涵，成为世界音乐史上的重要组成部分。作为华夏文明重要源头之一的齐文化，其丰富多彩的音乐艺术，无疑是人类历史尤其是我国早期音乐发展史中最重要的文化遗产和艺术精华之一。因此，对先齐时期和齐国的音乐题材内容、艺术形式以及音乐理论方面的深入探究，不仅对完善我国传统音乐文化与齐文化的研究有重要的学术价值，而且对现代音乐艺术创作与实践也有着深刻的启示和借鉴作用。

第一节　先齐地区音乐艺术

我国音乐艺术的历史进程，是不同地域、不同部族音乐文化继承与融合的过程，以古代最初生活在黄河中游为中心的炎黄部落与以“东夷”、“南蛮”、“西戎”“北狄”为代表的“四夷”之乐相互交流、融合、统一，逐渐演变为独树一帜的东方中华音乐文明。其中的东夷族生活区域，主要以山东地区为主，以泰沂山系为中心，包括鲁中南地区和胶东半岛地区，还包括江苏、河北和辽东半岛等部分地区。东

① 刘再生：《中国音乐史简明教程》（上），上海音乐学院出版社2006年版，第1页。

夷族群即齐地先民。勤劳智慧的齐地先民在长期的劳动生活中，先后创造了包括音乐在内的后李文化、北辛文化、大汶口文化、龙山文化以及岳石文化，从而演变成具有独立体系、地域特色鲜明的东夷文化。先齐时期东夷人的音乐艺术，为后来齐国音乐艺术的发展与繁荣奠定了坚实的基础。据《后汉书·东夷列传》载："东夷率皆土著，憙饮酒歌舞。……夫余国……以腊月祭天，大会连日，饮食歌舞，名曰'迎鼓'。……行人无昼夜，好歌吟，音声不绝。""昼夜酒会，群聚歌舞，舞辄数十人相随，蹋地为节。"通过这些对齐地先民歌舞活动的生动记载，可以看出东夷族群有着深厚的音乐文化传统。

东夷部族的首领是太昊、少昊和蚩尤，他们三人不仅是当时的部族统治者，对部族群落的生存、繁衍、壮大起了关键作用，在音乐艺术方面也都有突出成就和影响。从现有文献记载看，早在太昊时，东夷人就已发明了琴瑟和陶埙。关于瑟，《帝王世纪》载有："太昊帝庖牺氏……作瑟三十六弦。"《世本·作篇》也载有："庖羲氏作瑟。瑟，洁也，一使人精洁于心，纯于一行也。""庖羲氏作五十弦，黄帝使素女鼓瑟，哀不自胜，乃破为二十五弦，具二均声。"对于琴，《世本·作篇》也有详细的记载："神农（太昊）作琴。神农氏琴长三尺六寸六分，上有五弦，曰：宫、商、角、徵、羽。"太昊不仅发明了琴，还发明了埙。《拾遗记》载有："（庖羲）丝桑为瑟，均土为埙，礼乐于是兴矣。"另一位首领少昊在音乐方面也作出了突出贡献，《路史·后纪》记有：少昊"立建鼓，制浮磬，以通山川之风，作《大渊》之乐，以谐人神"。《帝王世纪》也记有："少昊时……天下大治，作乐曰《九渊》。"说明少昊时不仅发明了鼓、磬等乐器，还创作出了具有现代音乐雏形的作品《九渊》。蚩尤是东夷部族中一位杰出的领袖，非以文治而以武功著称，也是皇帝的六相之一。对此，齐文化的代表著作《管子》有明确记载："昔者黄帝得蚩尤而明于天道，得大常而察于地利，得奢龙而辩于东方，得祝融而辩于南方，得大封而辩于西方，得后土而辩于北方。黄帝得六相而天地治，神明至。"（《管子·五行》）《管子》对蚩尤雄霸天下、与各诸侯国发生的兼并战争也作了详细的记载："葛卢之山发而出水，金从之，蚩尤受而制之，以为剑铠矛戟，是岁相兼者诸侯九。雍狐之山发而出水，金从之，蚩尤受而制之，以为雍狐之戟、芮戈，是岁相兼者诸侯十二。故天下之君，顿戟一怒，伏尸满野，此见戈之本也。"（《管子·地数》）后来蚩尤与黄帝之间的战争，《史记·五帝本纪》载有："蚩尤作乱，不用帝命。于是黄帝乃征师诸侯，与蚩尤战于涿鹿之野，遂禽杀蚩尤。"正是由于蚩尤与黄帝的战争，由此拉开了夷夏融合进程的序幕，完成了原始社会后期中国第一次民族之间的文化融合，也使得东夷音乐文化与中原音乐文化进行了广泛的交流、融合。据推测，蚩尤所处的时代为大汶口文化时期，这种推测已被后来的考古发现所证实。由此看来，蚩尤对先齐时期的音乐发展也起了一定的推动作用。

龙山文化时期，东夷地区又出现了一位具有非凡音乐艺术才华的领袖人物虞舜，他不仅会弹琴，还会创作乐曲，相传著名的乐舞《韶》和优美的琴曲《南风歌》与《思亲操》都是舜所作。"舜生于诸冯，迁于负夏，卒于鸣条，东夷之人也"（《孟子·离娄下》），可见，舜是东夷族人，并为东夷部落的首领或酋长无疑。根据《史记·五帝本纪》记载"舜摄行天子之政，荐之于天"，说明舜的统治范围或活动领域可能要比传统意义上的东夷地域还要更广一些。据文献记载，舜的音乐成就大致有以下几个方面：

一是独创和改进了某些乐器。如"箫，舜所造，其形参差象凤翼，十管，长二尺"（《世本·作篇》）。由此可知，箫应是舜发明的一种乐器。对于乐器的改进，《吕氏春秋·古乐》有"舜立，命延，乃拌瞽叟之所为瑟，益之八弦，以为二十三弦之瑟"的记载，这一改进，由简入繁，使瑟的音域、音质与演奏效果得到进一步提升。据文献记载，舜在位时，乐器的种类不仅在数量、种类上而且在质量上也有了极大的发展，"（舜）在位十有四年，奏钟石笙筦未罢，而天大雷雨"（《竹书纪年》）。

二是创作完善了一批传世乐章。其中有"（舜命）夔为乐正，神人以和。……乃作《大韶》之乐"（《帝王世纪》）。也正如《白虎通义》所说“舜乐曰《箫韶》”，看来这应是舜最具代表性的作品。此外，还有其他如体现爱民之切的《南风歌》，昭示国家政治清明、君臣团结的《卿云歌》等。另外，舜还着手完善修整了许多音乐典章，比如“帝舜乃令质修《九招》、《六列》、《六英》，以明帝德”（《吕氏春秋·古乐》）。

三是舜首创了音乐教育与理论。《尚书·虞书》就有明确记载：“帝曰：‘夔！命汝典乐，教胄子，直而温，宽而栗，刚而无虐，简而无傲。诗言志，歌永言，声依永，律和声。八音克谐，无相夺伦，神人以和。’夔曰：‘於！予击石拊石，百兽率舞。’”舜采用专职“典乐”，以音乐教化子孙，要求做到中正而温和，宽容而坚实，刚直而不暴虐，宏大而不傲慢。这种教育方法可谓开音乐教育之先河，从中可以看出舜首次涉及了音乐理论，明确了诗、歌、音、律的内涵、所处的地位和相互之间的关系。

特别值得一提的是，文献记载和传说中的许多先齐时期的乐器，现在已被考古发现所证实。20 世纪 70 年代末，山东省博物馆对莒县陵阳河遗址发掘时，在大汶口文化层发现了一枚造型奇特的泥质黑陶吹奏乐器，被专家命名为“笛柄杯”。该笛柄杯通高 16.4 厘米，柄圆中空，粗细匀称，柄中部饰两道竹节纹，柄部两侧各雕镂一大小相同、不相对称的镂孔。如果按堵陶杯柄部的一孔或底孔，或同时按堵其两孔，横吹柄部的另一孔，可吹奏出四个音高不同的乐音，音响清脆、优美、悦耳动听，与现代竹笛发出的音质相似①。该笛所奏出的四个乐音，其音程可构成纯四度、减五度、纯五度、大二度和半音音程，并且吹奏音域可达 10°左右。这是迄今已发现的我国最早也是唯一的陶质横吹管乐器②。如果与仰韶文化出土的陶埙相比，笛柄杯发出的音调更多更丰富。由此可见，先齐地区的乐器发展水平远高于同时期中原地区的水平。在陵阳河遗址大汶口文化层中，还出土了两件陶质牛角形

① 王树明：《山东莒县陵阳河大汶口文化墓葬中发现笛柄杯简说》，《齐鲁艺苑》1986 年第 1 期。
② 曲广义：《笛柄杯音乐价值初考》，《齐鲁艺苑》1986 年第 1 期。

号角，形似牛角。其中一件为夹砂褐色陶质，圆唇，窄平沿，喇叭口，外表饰瓦纹，中间兼饰篮纹，两端有孔，吹孔在牛角形尖端。口径8.5厘米，通长39厘米[①]。吹之呜呜有声，音质浑厚嘹亮。根据考古发现，陶号角无一例外出土于中型或大型墓葬之中，是标志身份权力一类的物品，应是当时军事首领发号施令或部落之间取得联系的乐器，也可能用于奏乐。

20世纪50年代末，在泰安大汶口遗址十号墓中出土了一件大白陶背壶，壶口附近发现一堆鳄鱼鳞板[②]。专家由此推测原是一张大鳄鱼皮，由于年代久远而腐朽，仅残存一堆鳞板，其用途可能是用来蒙在背壶的壶口上。据音乐考古学家李纯一先生考证，此白陶背壶和附近的鳄鱼鳞板可能就是已经腐朽的陶鼓[③]。1985年，在山东广饶五村遗址发现大汶口文化陶鼓两件，均为泥质红陶，口沿外饰凸状钮，腹部有小的圆形镂孔。其中一件全身施红陶衣，侈口，尖圆唇，器身中部略收，整个器形呈桶状。另一件为彩陶片，腹中部饰红、白、赭色相间的花瓣纹[④]。这是黄河下游地区也是齐地大汶口文化时期，目前发现最早的陶鼓标本之一，其年代距今大约5500年左右，比世界闻名的秘鲁北部卡哈马卡省的帕科潘帕废墟中发现的陶鼓还要早[⑤]。陶鼓的发现，印证了文献记载的少昊“立建鼓”并非无据可依的传说，而且在时间上所出土的陶鼓年代比文献记载的还要早。

陶埙作为我国最古老的吹奏乐器，最早见于中原仰韶文化中，古代文献中多有记载，齐地大汶口文化和龙山文化中均有发现。20世纪60年代初期，在潍坊姚官庄遗址龙山文化层中就发现了一件陶埙，为泥质灰陶，手制，外表磨光。埙的造型呈石榴形，小巧玲珑。埙的顶

---

① 山东省考古所等：《山东莒县陵阳河大汶口文化墓葬发掘简报》，《史前研究》1987年第3期。

② 山东省文物管理处、济南市博物馆：《大汶口——新石器时代墓葬发掘报告》，文物出版社1974年版，第23页。

③ 李纯一：《山东地区音乐考古及研究课题》，《中国音乐学》1987年第1期。

④ 刘桂芹、王建国：《山东广饶县五村遗址发现大汶口文化陶鼓》，《考古》1997年第12期。

⑤ 高天麟：《黄河流域新石器时代的陶鼓辨析》，《考古学报》1991年第2期。

端有一吹孔，近吹孔的下部一侧开一按音孔[①]，吹奏时可发出小三度音程的两个乐音[②]。它虽然不及大汶口文化居民的笛柄杯先进，但它能在齐地大汶口文化和龙山文化遗址里发现，说明齐地先民除了自己创造的乐器外，也注意吸收其他地区音乐文化的因素和乐器[③]。齐地大汶口文化和龙山文化陶埙的发现，进一步印证了太昊"均土为埙，礼乐于是兴矣"的文献记载。以上看来，先齐地区音乐文化的发展水平，经历了一个由简单到复杂、由实用到享用的演变过程，并且达到了一定的发展水平，正如《路史》所说："五帝之乐，莫盛于此。"这也充分说明，先齐时期齐地音乐文化已经达到了相当高的水平。

第二节　齐国音乐艺术与特色

齐国的音乐艺术主要是指先秦时期由齐人所创造的音乐艺术，它始于姜太公封齐建国，历经西周、春秋、战国，终汉而止，历史长达八百余年[④]。齐国的综合国力曾是春秋五霸之首、战国七雄之一。在文化上，曾出现了我国先秦文化史上存在时间最长、人数最多、影响最大的"稷下学宫"，这是迄今为止世界历史上没有任何一个国家也包括古希腊所拥有的伟大文化现象。当时的齐国，无论是经济总量还是思想文化的总量，所占的份额都是各国当中最大的。齐国在当时几乎囊括了整个中华大地上所有重要的思想家和艺术家。正因为如此，才使得齐国的音乐艺术得到了极大的发展与繁荣。

一、齐国民间音乐

齐国的民间音乐艺术，之所以能够得到积极的发展并取得突出成

① 文物编辑委员会：《文物资料丛刊》(5)，文物出版社1981年版，第36页。

② 刘再生：《中国音乐史简明教程》(上)，上海音乐学院出版社2006年版，第11页。

③ 逄振镐：《从东夷人的音乐谈起——齐〈韶〉探源》，载资盟主编《韶乐》，山东友谊出版社1999年版，第7页。

④ 张光明：《齐文化的考古发现与研究》，齐鲁书社2004年版，第38页。

就，究其原因，首先是姜太公封齐立国之初，在经济上制定了以发展工商业为主的经济方针，即“通商工之业，便鱼盐之利”（《史记·齐太公世家》），使齐国的工商业得以迅速发展，经济实力得到了很大提高，为民间音乐文化的兴盛奠定了雄厚的物质基础。其次在文化上，齐国不像鲁国那样采取“变其俗，革其礼”（《史记·鲁周公世家》）的强硬文化政策，而是采取了“因其俗，简其礼”的宽容文化政策。雄厚的经济实力和宽松的社会环境，为齐国民间音乐艺术的发展与繁荣创造了必要的条件，最终才形成齐人好乐、“齐右善歌”的繁荣局面。正如《战国策·齐策》的生动描述：“临淄之中七万户……下户三男子，三七二十一万。……临淄甚富而实，其民无不吹竽鼓瑟，击筑弹琴。”这充分表明，当时齐国民间音乐的普及性和广泛性。再次还得益于齐国历代最高统治者对民间音乐的喜好与重视。春秋时期齐国君王就有好“新声”、纵“俗乐”的表现，这在史书中多有记载。《说郛》就载有：“齐桓公使宁戚叩牛角而歌，哀，公鼓号钟之琴以和之，侍者莫不涕下，命后车以归。”宁戚因乐谋官，桓公以乐识才。《晏子春秋·内篇问下》也载有齐景公不但“左为倡，右为优”，而且会弹琴，能击缶，对俗乐达到了痴迷的程度。驺忌子因琴艺高超，被齐威王以贵宾相待并受到重用和赏识，《史记·田敬仲完世家》中有生动的记载：“驺忌子以鼓琴见威王，威王说而舍之右室。……王曰：‘善语音。’驺忌子曰：‘何独语音，夫治国家而弭人民皆在其中。’王又勃然不说曰：‘若夫语五音之纪，信未有如夫子者也。若夫治国家而弭人民，又何为乎丝桐之间?’驺忌子曰：‘夫大弦浊以春温者，君也；小弦廉折以清者，相也；攫之深而舍之愉者，政令也；钧谐以鸣，大小相益，回邪而不相害者，四时也。夫复而不乱者，所以治昌也；连而径者，所以存亡也：故曰琴音调而天下治。夫治国家而弭人民者，无若乎五音者。’王曰：‘善。’”驺忌子通过鼓琴，以琴理喻治国，被齐威王任用为相，足见齐国最高统治者对民间音乐的喜爱和重视程度，甚至将弹琴的技法上升到了治国的理念。

齐宣王不仅自己喜欢、欣赏民间音乐，而且还直言摒弃礼乐而提倡俗乐。《孟子·梁惠王下》就有齐宣王对孟子直言不讳的表白："寡人非能好先王之乐也，直好世俗之乐耳。"《韩非子·内储说上》还有齐宣王喜欢民间俗乐的演奏，每次"吹竽必三百人"，以至于让根本没有演奏能力的南郭先生竟能混得下去。到齐滑王时，转而喜欢单个吹竽，才迫使南郭先生显现原形，从而留下著名的"滥竽充数"的典故。可见，在齐国，从普通百姓到统治阶层，对俗乐都有着不同程度的喜爱。齐国的民间音乐艺术无疑是齐国音乐文化的一个重要组成部分。

齐国民间音乐作品最有代表性的当属《诗经·齐风》，共11首，其题材内容丰富，艺术风格鲜明。这些民歌是《鸡鸣》、《还》、《著》、《东方之日》、《东方未明》、《南山》、《甫田》、《卢令》、《敝笱》、《载驱》、《猗嗟》。它们是齐国民歌艺术的集大成者，富有鲜明的地域特色。《齐风》中既有赞美齐人狩猎的《还》与《卢令》，还有歌颂爱情婚姻生活的《东方之日》、《南山》、《甫田》等，也有讽刺统治者的《鸡鸣》、《载驱》、《猗嗟》等。《齐风》的风格特点，主要体现在以下几个方面：一是雄浑深厚，富有活力。二是韵律宽缓，境界高远。三是博大舒缓，气韵悠长。需要特别一提的是，《齐风》在节奏上多用表示舒缓、感叹的语气词押韵，这在十五国风中别具一格。《齐风》中有五篇共46次出现"兮"字，这为其他风诗所不及。《齐风·著》共三章，每章三句，句句结尾都用了表示舒缓的语气词"乎而"①。

俟我于著乎而，充耳以素乎而，尚之以琼华乎而。
俟我于庭乎而，充耳以青乎而，尚之以琼莹乎而。
俟我于堂乎而，充耳以黄乎而，尚之以琼英乎而。

这在音乐节奏上就会使得韵律感更加舒缓。还有《齐风》的篇章结构也多采用反复重叠的结构形式，既有规律又有变化；句式上以四言为主，杂言次之；大量叠词的运用，一韵到底的韵式，都将齐国民

① 王志民：《齐国的音乐艺术》，载资盟主编《韶乐》，山东友谊出版社1999年版，第137页。

间音乐的特质表现得淋漓尽致。《诗经·齐风》作为民间歌曲，从一定程度上反映了齐国民间礼俗，也比较全面地反映了当时齐国社会生活的真实面貌，不仅形象鲜明生动，而且透露出灵动机敏和气韵悠长的风格特点。这犹如一面镜子，反映出齐文化的基本面貌，是齐文化的主要载体和表象之一①。除此之外，还有一些散记在其他文献里的齐地民歌，如《左传》、《晏子春秋》、《战国策》、《史记》等。

齐国民歌以“好讽、善哭”为其鲜明的地域特色。讽刺歌曲是齐国民歌中的主要部分，讽刺对象从统治阶级到平民阶层无所不包，它刺乱、刺淫、刺荒、刺无礼、刺好高骛远等等，有很强的现实意义。典型的如《齐风·南山》：

南山崔崔，雄狐绥绥。鲁道有荡，齐子由归。
既曰归止，曷又怀止？葛屦五两，冠緌双止。
鲁道有荡，齐子庸止。既曰庸止，曷又从止？
蓺麻如之何？衡从其亩。取妻如之何？必告父母。
既曰告止，曷又鞠止？析薪如之何？匪斧不克。
取妻如之何？匪媒不得。既曰得止，曷又极止？

歌曲分为四章，每章六句，前两章直讽齐襄公与其胞妹文姜的淫乱，后两章直刺鲁桓公软弱任其夫人放纵，婚后仍与齐襄公通奸乱伦。曲中质问句连用，情绪激愤，较完美地表达了歌曲的思想内涵。《齐风·鸡鸣》也是一首讽刺性的歌曲，歌词为：

鸡既鸣矣，朝既盈矣。匪鸡则鸣，苍蝇之声。
东方明矣，朝既昌矣。匪东方则明，月出之光。
虫飞薨薨，甘与子同梦。会且归矣，无庶予子憎。

① 宣兆琦：《齐文化发展史》，兰州大学出版社2002年版，第66页。

这首歌曲为男女对唱形式，从歌词的内容分析，男声为国君或大臣，女声为妻子，“她”劝“他”起床早朝，“他”却百般推托，不肯起床。类似的讽刺歌曲在《齐风》中占了相当比重，反映了齐国民歌幽默诙谐、生动活泼的艺术风格特征。“善哭”也是齐国民间歌曲的一大特色，甚至是一种传统。《列子·汤问》载有：“昔韩娥东之齐，匮粮，过雍门，鬻歌假食。既去，而余音绕梁欐，三日不绝，左右以其人弗去。过逆旅，逆旅人辱之。韩娥因曼声哀哭，一里老幼悲愁，垂涕相对，三日不食，遽而追之。娥还，复为曼声长歌。一里老幼喜跃抃舞，弗能自禁，忘向之悲也。乃厚赂发之，故雍门之人至今善歌哭，放娥之遗声也。”这种余音绕梁式的曼声长歌的哭调，使齐都雍门一带的居民深受感染，并纷纷效仿，以至于形成一种民间音乐传统。《古乐府》中还有崔豹《古今注》曰：“《杞梁妻》者，杞殖妻妹朝日之所作也。殖战死，妻曰：‘上则无父，中则无夫，下则无子，人生之苦至矣。’乃抗声长哭，杞都城感之而颓，遂投水而死。其妹悲姊之贞，乃作歌，名曰《杞梁妻》焉。梁，殖之字也。”《列女传》曰：“齐庄公袭莒，殖战而死。其妻无所归，乃就其夫之尸于城下而哭，十日而城为之崩。既葬，遂赴淄水而死。”《琴操》曰：“《杞梁妻叹》，齐杞梁殒，其妻之所作也。”杞梁之妻哭夫的曲调在齐国民间产生了强烈的影响，以至于当时的齐国百姓都模仿她的哭调唱法，风靡一时。《孟子·告子下》还有淳于髡说“华周、杞梁之妻善哭其夫而变国俗”的记载，可见当时齐国百姓唱她哭调的风气是很盛行的①。这种声调悲凉、曲折徘徊、一弹三叹的曲调，是齐国民间音乐标志性的特色，也是独有的。

二、齐国宫廷音乐

齐国的宫廷音乐分“雅乐”和“燕乐”两大体系。宫廷音乐也称官乐，它相对于民间音乐而言。所谓雅乐，是我国古代祭祀天地、神

① 顾颉刚：《孟姜女故事研究集》，上海古籍出版社1984年版，第26页。

灵、祖先等典礼中表演的乐舞和演奏的音乐，其名称的由来取自歌辞“典雅纯正”之意。它广泛用于郊社、宗庙、宫廷仪礼、乡射以及军事大典等各个方面，是周代在我国历史上建立的第一个明确的宫廷雅乐体系[①]。“燕乐”，即“房中乐”，为宫廷宴饮时供娱乐欣赏的歌舞音乐。周人通常认为，商人之所以亡国，和商代统治者“嗜酒”、“好色”、“淫乐”关系极大，所以把商朝音乐称之为“亡国之音”。周立国后，为防止重蹈覆辙，提倡要使用有节制的、适度的音乐，也就是“雅乐”，并为此制定了一套以等级化为核心的礼乐制度。《周礼·春官》就有“凡国之大事，治其礼仪，以佐宗伯”的记载。周朝的音乐等级化主要体现在不同阶层在享用乐舞时舞者人数和乐器多寡的两个方面。《左传·隐公五年》明确记有：“天子用八，诸侯用六，大夫四，士二。”这里的单位是“佾”，是指乐舞的行列，一佾指一列 8 人。即天子可享用 64 人表演的乐舞，然后依次递减，诸侯用 48 人，大夫为 32 人，士为 16 人。按周礼规定，只有天子才能用八佾，诸侯用六佾，卿大夫用四佾，士用二佾。这就形成了一套完整的礼乐等级制度，这样的等级规定是不可随意变更和僭越的。

与此同时，在乐器的使用上也有严格的等级制度：“正乐县之位：王宫县，诸侯轩县，卿大夫判县，士特县。”（《周礼·春官》）这是说天子的钟磬可以四面悬挂、诸侯可三面悬挂、卿大夫可两面悬挂、士只能一面悬挂的规定。为了实施礼乐制度，周王朝还设置了我国历史上第一个礼乐机构——春官。在“礼乐征伐，自天子出”（《论语·季氏》）的时代，齐国为周之封国，又是立国之初，国基尚不稳定，周朝还有姜太公五世之内皆返周而葬的规定：“太公封于营丘，比及五世，皆反葬于周。”（《礼记·檀弓上》）因而，齐国在立国之初尊周礼是无疑的。被后世儒家奉为雅乐最高典范的“六代之乐”，自然也就成为当时齐国统治者在祭祀大典和重大活动中演奏的主要内容，当然也是齐国官乐的重要组成部分。

① 刘再生：《中国音乐史简明教程》（上），上海音乐学院出版社 2006 年版，第 21 页。

在尊礼的同时，由于太公实施“因其俗，简其礼”的治齐方针，也就使得周之礼乐与齐之俗乐在碰撞中得以不断融合。尤其是桓公时期，受管仲“不慕古，不留今，与时变，与俗化”（《管子·正世》）实用主义思想的浸润，“礼与变俱，乐与时化”（《阮籍《乐论》）就成为当时的一大趋势。事实上，齐国礼乐在发展过程中，因不断吸收民间音乐的优秀成分而逐渐俗化。《史记·孔子世家》就载有：“会齐侯夹谷。……献酬之礼毕，齐有司趋而进曰：‘请奏四方之乐。’景公曰：‘诺。’于是旍旄羽袚矛戟剑拨鼓噪而至。孔子趋而进，历阶而登，不尽一等，举袂而言曰：‘吾两君为好会，夷狄之乐何为于此！请命有司！’……有顷，齐有司趋而进曰：‘请奏宫中之乐。’景公曰：‘诺。’优倡侏儒为戏而前。孔子趋而进，历阶而登，不尽一等，曰：‘匹夫而营惑诸侯者罪当诛！请命有司！’有司加法焉，手足异处。”在孔子看来，会盟是庄重场合，所演奏的音乐理应是庄重肃穆的雅乐，而俗乐、优倡侏儒的滑稽戏是不能登大雅之堂的，齐国把“四方之乐”、“宫中之乐”用到会盟场合，是对鲁国国君的不敬，是对鲁国的挑衅。孰不知齐国的礼乐早已杂糅进许多周边地区民间俗乐的成分，与正统的鲁国礼乐是两个概念。这场看似表面的外交斗争，实际背后反映了齐鲁礼乐文化之间的深层次冲突。这从一个侧面也反映出齐国宫廷音乐与时俱进、融俗灵变的艺术特色。

齐国宫廷音乐最有代表性的是《韶》乐。《韶》乐最早是古东夷族人舜所作，是古东夷人的一种非常优美、动听、宏伟的音乐。虞舜时期的《韶》乐，其音律曲调虽然已无法知晓，但我们可从后来春秋时期吴国季札对《韶》乐的评价中知其大意。《左传·襄公二十九年》载，鲁国叔孙穆子请季札观看《韶箾》（即舜《韶》乐，也称《箫韶》），季札观后赞叹：“德至矣哉，大矣！如天之无不帱也，如地之无不载也。”从中可以看出，舜《韶》乐歌颂舜之盛德，气魄宏伟，如天地之大，其德行再也没有比这更高更完美的境界了。也可以从孔子对舜《韶》的评价“《箫韶》者，舜之遗音也，温润以和，似南风之至”（《古微书》）领略到其中乐曲的和谐与美妙。周时，《韶》乐被统治者专用于祭祀大典以祭四望，因融入周礼乐文化而成为典型官乐。《韶》在齐国历经姜尚立国时期、管仲佐桓时期、晏婴相齐时期的不断改进，注入了新的活力和动力，并加以创造性的发展。这种创造性，最主要的就是进一步发展了东夷文化的开放性、包容性和探索精神，使齐《韶》注入了崭新的内容，赋予了极强的艺术欣赏性，形成了富有齐国特色的齐《韶》乐。难怪精通乐律的孔子来到齐国，耳闻目睹了齐乐师演奏的齐《韶》乐之后，情不自禁地发出“尽美矣，又尽善也”（《论语·八佾》）的由衷赞叹，竟痴迷到闻《韶》“三月不知肉味”、“不图为乐之至于斯也”（《论语·述而》）的程度。

据有关专家考证，齐《韶》分九个乐章，第一乐章为器乐合奏，清晰的钟鼓磬奏响，随之琴瑟、笙竽等乐器加入，恢弘壮丽的乐声仿佛描绘了一幅齐国百废俱兴、蒸蒸日上的宏伟画卷。接下来是歌、乐、舞交织在一起的七个乐章，依次演出，刚柔相间，动人心弦，以高昂的音乐、雄壮的歌声、庄重的舞蹈和优美的旋律，歌颂齐国的强大富庶和舜帝的伟大功德。齐《韶》最后的乐章是《凤凰来仪》，在悬鼓滚奏、洪钟骤响、笙竽高鸣、琴瑟狂拨中，一对美丽的凤凰从天而降于舞台中央，整个乐舞在高潮中结束①。其美妙的乐声可谓“浸乎金石，润乎草木”（《淮南子·泰族训》）。齐国的《韶》乐一方面展现出无与伦比的艺术感染力，另一方面也体现出齐文化的开放性和创新意识，并集中体现了齐国宫廷音乐的成就与特色。

齐国宫廷燕乐特别是春秋战国时期，无论是表演内容还是音乐风格都摆脱了礼乐的束缚，在乐队的编制、表演形式、表演场合等方面也都突破了礼乐制度的规范。它从单人的表演到几百人的演奏，从器乐到歌舞，其音乐表演内容丰富而且形式多样，形成了规模宏大、内容丰富、形式灵活多变的艺术特色②。齐国燕乐有着异乎寻常的艺术感染力，《晏子春秋·内篇谏上》就记有这样一件轶事，齐景公的宠臣梁

① 王福银：《孔子在齐闻〈韶〉稽考》，《管子学刊》2010年第1期。

② 李笑梅：《雅俗共赏 泱泱大风——谈齐国宫廷音乐特色及其形成》，《艺术教育》2009年第2期。

丘据向景公进献了一名叫虞的善乐之人，创作并表演了优美动人的新乐，致使景公十分痴迷，竟然整夜未眠，以至于第二天不能上朝。晏子只能采取强硬手段拘捕了虞，并进谏景公不要沉迷于音乐以误国家大事，才使景公醒悟过来。一曲新乐竟然使景公陶醉其中不能自拔，置国事于不顾，足见齐国燕乐的迷人魅力。齐国统治者为了追求豪华的歌舞享受，宫廷内以优越的待遇供养着大量的乐人。《墨子·非乐上》就载有："昔者齐康公兴乐万，万人不可衣短褐，不可食糠糟，曰：'食饮不美，面目颜色不足视也；衣服不美，身体从容丑羸不足观也。'是以食必粱肉，衣必文绣。"这说明齐康公尤以《万》乐舞为兴，为此还专门供养了不少乐人，给他们吃精美的食物，穿纹饰华丽的衣服。可见，齐国统治者为满足宫廷燕乐的奢侈豪华，不惜人力物力。

齐国的燕乐除满足统治者的享用外，还作为国与国之间斗争的"武器"来使用。《史记·孔子世家》就载，鲁定公十四年，孔子任鲁国大司寇，仅用三个月便将鲁国治理得井然有序。齐国为保障自身安全，采用扰鲁国政的手段，以达到削弱鲁国力的目的，便"选齐国中女子好者八十人，皆衣文衣而舞《康乐》，文马三十驷，遗鲁君。陈女乐文马于鲁城南高门外。季桓子微服往观再三，将受，乃语鲁君为周道游，往观终日，怠于政事。……桓子卒受齐女乐，三日不听政"。孔子非常愤怒，但束手无策，只好辞职离开了鲁国。由此可见，齐国燕乐具有何等的魅力，竟然使鲁国的国君陶醉沉迷到不思国事的地步！从中也可以看出，齐国燕乐具有非凡的艺术魅力。

三、齐国乐器

乐器是音乐的载体，它虽然无法保留稍纵即逝的音乐，但通过文献记载和齐地出土的大量齐国乐器，对其中的制作材料、纹饰、形制、性能、音律、音域、音质等方面进行探索，从一定程度上可以揭示出当时齐国乐器的工艺制作水平，以及乐律观念、审美意识和整个音乐发展所处的水平。齐国乐器的大量出土，标志着齐国器乐艺术在当时已进入一个相当高的发展水平。依据制作材料不同的乐器分类法，现将齐国乐器的种类作简要论述。

金类乐器，是指用青铜制作的乐器，如钟、镈、镛、铃、钲、铎、铙等。其中影响最大、应用最广、考古实物中所见最多的当属钟。钟是古代打击乐器，分为特钟和编钟。单个的钟称为特钟，特钟又称镈，单独挂在木架上；编钟是指多枚大小不同的钟有次序地悬挂在同一木架上，编成一组或几组，用木锤或木棒进行敲击，可演奏出美妙的音乐。目前齐地考古发现的齐国青铜乐器大部分为战国时期，也有少量为春秋时期。20 世纪 90 年代中期，在山东海阳嘴子前村春秋墓出土了一组春秋时期的编钟，共 9 件，其中甬钟 7 件，钮钟 2 件。甬钟的形制与纹饰基本一致。最大的一件通高 34 厘米，舞部饰四组屈体呈“S”形的双首龙纹，鼓部为一对卷体龙纹，篆部饰重环纹和柱状纹。最小的一件钮钟通高 15.7 厘米，双面均饰一对浓密的“S”形勾线纹，舞面的纹饰是由龙纹变形的波曲纹[①]。这 9 件编钟经有关专家鉴定，均已校过音，说明这组编钟在陪葬之前对音律已经过校正。目前全国各地出土的编钟，对音律校正过的很少。山东章丘绣惠女郎山战国墓出土了铜质乐器 12 件，其中铜钮钟一组 7 件，铜镈钟一组 5 件。此外，还出土了铜木结构的钟架 2 副[②]。临淄商王墓地出土的战国时期编钟就达 14 件，共分两组，每组 7 件。最大者通高 29 厘米，最小者通高 11.4 厘米，依次相序，形制和纹饰相同。长方形钮，铣部内敛，呈弧形，枚突起，舞和钟腔为扁圆形。钮、篆及枚间皆饰三角云纹和卷云纹，枚上铸旋纹，舞、钲和鼓部饰变体凤鸟纹，羽尾勾卷，突出钟面，凤羽之内填以细线纹和羽状重环纹以及圆圈纹。在钟腔内壁也有模印的卷云纹和凤鸟纹，纹饰清晰可辨，与钟面纹饰毫无二致，其细微之处不差秋毫（图 3－1）。这两组编钟经有关专家鉴定，均属实用乐器，而且发音准确，音质优美动听[③]。这充分反映了当时齐国高超的青铜铸

① 烟台市文物管理委员会等：《山东海阳县嘴子前春秋墓的发掘》，《考古》1996 年第 9 期。

② 山东省文物考古研究所：《济青高级公路章丘工段考古发掘报告集》，齐鲁书社 1993 年版，第 126—128 页。

③ 淄博市博物馆等：《临淄商王墓地》，齐鲁书社 1997 年版，第 24—26 页。

图3-1　战国编钟

刻技术和乐器制作工艺。两组编钟以凤鸟纹为饰，正如《吕氏春秋·古乐》篇所说“听凤凰之鸣，以别十二律”。山东阳信城关镇西北村战国墓也出土了一套编钟，为钮钟，共9件，大小有序，最大者通高28厘米，最小者通高15.3厘米。9件编钟造型高度一致，鼓部为素面，钮部饰头尾相缠交的蛇形纹。该墓同时还出土造型相同、风格统一的镈5件，最大者通高32.5厘米，最小者通高23.2厘米①。

特别值得一提的是，20世纪80年代初，在临淄稷山石洞墓出土了一套金光粲然、精美绝伦的微型鎏金编钟，共14件，其中甬钟5件，钮钟9件，形体相似，大小有别。编钟通体鎏金，两面均饰旋涡纹，每面各有乳钉18枚，钲左右各排列三行，每行3枚，钲部还铸有文字符号。其中最高的一件16厘米，最重的一件341.1克，最小而又最轻的一件高6.6厘米，重75.2克。经专家考证，这套精美的编钟属战国时期所造，具有极高的艺术价值和考古价值。这组编钟的出土，曾引起国内外考古界和音乐界的高度重视，实属金类乐器中的珍品，全国罕见（图3-2）。编钟的出土，一方面反映了当时齐国器乐艺术的高度发达，另一方面也显示了战国时期齐国青铜冶铸业的工艺水平②。

① 惠民地区文物普查队、阳信县文化馆：《山东阳信城关镇西北村战国墓器物陪葬坑清理简报》，《考古》1990年第3期。

② 张越：《微型鎏金编钟》，《管子学刊》2001年第1期。

图3-2　微型鎏金编钟

石类乐器中，最具代表性的当属磬。磬是古代打击乐器，磬又分为特磬和编磬两种。特磬是古代祭祀天地和祖先时演奏的乐器，编磬是将若干个磬编成一组，挂在木架上进行演奏，主要用于宫廷音乐。编磬在齐地有大量出土。20 世纪 90 年代初，在临淄商王墓地出土了石磬 19 件，共分两组，一组 10 件，一组 9 件。最大者鼓长 35.7 厘米，最小者鼓长 13.5 厘米，大小相次（图 3-3）。造型古朴，制作精美，其形制与齐国著名工艺文献《考工记》中“磬氏为磬。倨句一，矩有半，其博为一，股为二，鼓为三。参分其股博，去一以为鼓博；参分其鼓博，以其一为之厚”的记载相符。经专家鉴定，这套编磬为墓主人生前的实用乐器。现在敲击，音质准确，乐律分明，其声音清脆悦耳，优美动听①。阳信城关镇西北村战国墓也出土了数枚编磬，最大者

① 淄博市博物馆等：《临淄商王墓地》，齐鲁书社 1997 年版，第 65—66 页。

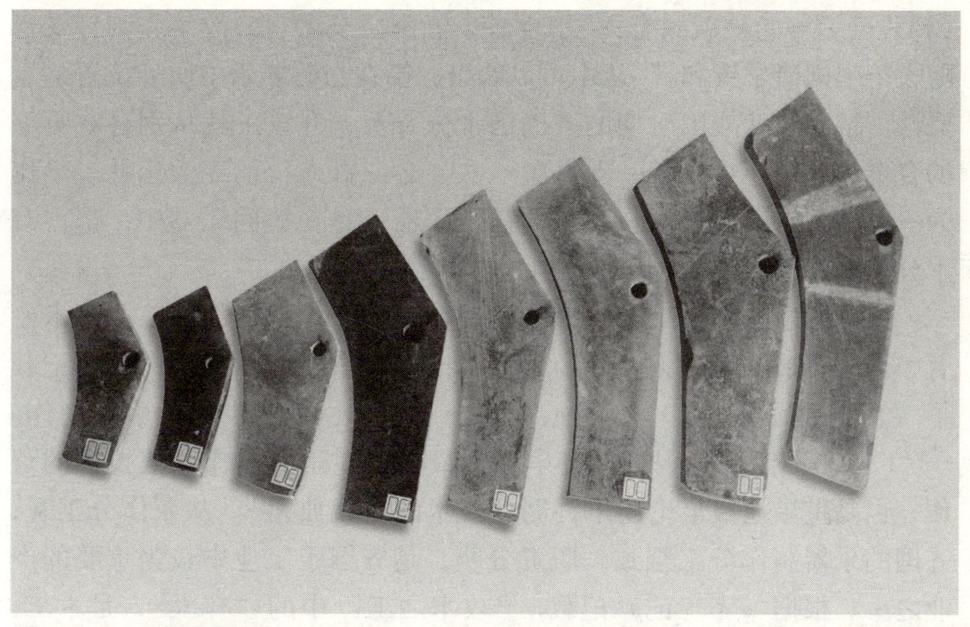

图3－3　战国编磬

通体长74.5厘米，最小者通体长18厘米，大小有序，敲击音质纯正。出土时磬表面还附有朱红色颜料[①]，但不知有何用意。特别是临淄韶院村发现的两枚在鼓博上阴刻清晰“乐室”字样的石磬[②]，充分表明了磬大量用于齐国宫廷音乐的历史事实。齐地编磬的出土，有力地佐证了二千多年前的战国时期，齐国的编磬制造工艺已经达到了非常高的水平。

在其他种类乐器中，最能代表齐国器乐艺术特色的莫过于筑和竽。据我国著名音乐史学家杨荫浏先生考证，春秋战国时期产生的新型乐器中，当属筝、筑和笛较为重要。筑，是用竹尺敲击发音的一种弦乐器。它早在公元前4世纪末就已在齐国民间广泛流行[③]。这说明齐国的器乐艺术要比其他地区更发达。竽则是春秋战国时期最受重视的乐器，

① 惠民地区文物普查队、阳信县文化馆：《山东阳信城关镇西北村战国墓器物陪葬坑清理简报》，《考古》1990年第3期。

② 《临淄文物志》编辑组：《临淄文物志》，中国友谊出版公司1990年版，第130页。

③ 杨荫浏：《中国古代音乐史稿》（上），人民音乐出版社2004年版，第84页。

《韩非子·解老》就载有："竽也者，五声之长者也，故竽先则钟瑟皆随，竽唱则诸乐皆和。"从中可以看出，竽在当时器乐中所处位置的重要性。竽在春秋战国时期的齐国已十分普及。齐宣王就特别喜欢听竽的合奏，并且还组建了一支每次"吹竽必三百人"的庞大乐队。竽作为一种新型乐器，无论在齐国的宫廷乐器还是在民间乐器中，都占有十分重要的位置。

齐国的乐器制作工艺，集中体现在我国古代第一部手工业技术专著、齐国官书《考工记》中。《考工记》成书于春秋战国时代，记载了六大技术门类的30个工种，其中四大技术门类涉及了乐器制作。《考工记》不仅是我国古代音乐史上最早记述乐器制作工艺技术的著作，也是世界上最早论述乐钟制作技术的古代典籍①。从制作分工看，齐国的乐器制作分工细致，职责分明，是齐国手工业中较为重要的产业之一。根据《考工记》记载，"攻木之工"中的"梓人"，是木工，专门负责制作乐器的悬架。"攻金之工"中的"凫氏"，是金工，专门制作青铜乐器钟。"攻皮之工"中的"韗人"，是皮工，专门制作鼓。"刮摩之工"中的"磬氏"，是专门制作石磬的。特别是《考工记》的乐器制作工艺理论，在"凫氏为钟"、"韗人为皋陶"、"磬氏为磬"节中体现得极为深刻。文献不仅对钟、鼓、磬各部位的名称及其位置以及各部分之间的比例关系作了详细的说明，而且从定性方面对其形状、大小不同所造成的声响差别及主要弊病都作了详细阐述，尤其对钟鼓的大小、形状不同与声音的强度和传播距离之间的关系作了极为精辟的分析。比如，"钟大而短，则其声疾而短闻；钟小而长，则其声舒而远闻。为遂，六分其厚，以其一为之深而圜之"，"鼓大而短，则其声疾而短闻；鼓小而长，则其声舒而远闻"。即是说，钟鼓的大小和发声响度及传声距离有密切关系，钟鼓大而短，振幅就小，声音的响度也小，传播的距离也就短；钟鼓小而长，振幅就大，响度也大，声音就传得很远。又比如"薄厚之所震动，清浊之所由出，侈弇之所由兴，

① 冯建辉等：《中国古代声学思想及其应用》，《高等函授学报》（自然科学版）1996年第4期。

有说。钟已厚则石，已薄则播，侈则柞，弇则郁”，清楚地说明了钟体厚薄、钟口钟腹宽窄大小与发音高低之间的关系。《考工记》反映的中国先秦时期的声学理论水平，无论在世界科学史上还是在音乐史上都占有一定的地位[①]。

需要特别指出的是，有专家学者曾对周初到秦灭六国为止800多年间山东境内出土的成套乐器作了详细统计，出土的成套编钟、铜镈、石磬，大约三分之二出自齐国、齐地，余下出自莒、郯、鄅等国，这三国也是东夷古国。而周的宗室姬姓鲁国则一套乐器不见[②]（统计列表如下）。这充分表明了齐国器乐艺术高度发达并领先于其他地域的事实。

山东境内出土成套乐器统计列表

乐　器	齐　国	莒　国	郯　国	鄅　国	鲁　国	合　计
编　钟	10套78件	6套44件	1套8件	1套9件		18套139件
铜　镈	5套26件	2套9件		2套9件		9套44件
石　磬	7套41件	1套12件				8套53件

第三节　齐国音乐理论及成就

如果说特色鲜明的民间音乐、恢弘灵变的宫廷音乐、工艺精美的器乐艺术是齐国音乐发展史上划时代的标志，那么齐国的音乐理论则是我国音乐史上又一项巨大成就，也是人类音乐文化史上的一大进步和重要里程碑。早在二千六百多年前的春秋时期，齐国就已经发明并掌握了我国最早的生律法——“三分损益法”，从而开启了世界乐律计算方法的历史，为以后齐国音乐文化的繁荣昌盛打下了坚实的理论基础。

① 戴吾三：《考工记图说》，山东画报出版社2003年版，第46页。

② 逄振镐：《从东夷人的音乐谈起——齐〈韶〉探源》，载资盟主编《韶乐》，山东友谊出版社1999年版，第10页。

一、齐国乐律理论

我国最早关于乐律的记载是在《世本·作篇》中的“伶伦造律吕”，但由于未被考古发现所证实，目前只能作为一种历史传说性质的资料[①]。我国最早的生律法，即确定乐音体系中各音的绝对准确高度及相互关系的方法，是齐文化的代表著作《管子·地员》所载的“三分损益法”。它采用数学方法计算五声音阶中各音的弦长比例，是我国乃至世界音乐史上记载最早的一种求律方法[②]。关于乐律理论，最早的计算方法是根据管的长度还是根据弦的长度，历来看法不一。但从音响的原理、从现在实际存在的琴上的音位看，或从管上从没有找到具体实例的这一事实看，则断定它为弦的长度而分，基本是不错的[③]。因此，“三分损益法”是弦律而非管律。《管子·地员》记载：“凡听徵，如负猪豕，觉而骇。凡听羽，如鸣马在野。凡听宫，如牛鸣窌中。凡听商，如离群羊。凡听角，如雉登木以鸣，音疾以清。凡将起五音凡首，先主一而三之，四开以合九九，以是生黄钟小素之首，以成宫。三分而益之以一，为百有八，为徵。不无有三分而去其乘，适足，以是生商。有三分，而复于其所，以是成羽。有三分，去其乘，适足，以是成角。”这是迄今为止古代典籍中对于五音名称及成音方法的最早记载，这种五声音阶在中国古代音乐中被称为“正声”，是古今中国民间音乐中最为常见的音阶形式。

“三分损益法”首先界定了五音的不同音色，接着叙述了以丝弦长度比率确定音律的基本方法。具体来说，要想求出五音，首先要求出一个标准音，即“黄钟”，把它作为“宫”音，确定其弦长为81；宫音的长度增加三分之一（三分而益之以一）为108，即为低四度的“徵”音；再用徵音的长度减去三分之一（三分损一）为72，可得徵音的高五度音，即“商”音；把商音的长度增加三分之一为96，可得

① 刘再生：《中国音乐史简明教程》（上），上海音乐学院出版社2006年版，第31页。
② 罗天全：《试论管子“三分损益法”》，《管子学刊》1995年第2期。
③ 杨荫浏：《中国古代音乐史稿》（上），人民音乐出版社2004年版，第85页。

商音的低四度音，即“羽”音；把羽音的长度减去三分之一为64，可得羽音的高五度音，即“角”音。这就是“三分损益法”。用“三分损益法”所生的各律，形成一种律制，称为“三分损益律”，也称“五度相生律”。[①] 使用“三分损益法”所求出的十二律实际上是一种不平均律，还存在“仲吕极不生”、“黄钟不能还原”的现象。尽管采用“三分损益法”求得的律制不是一种完美的律制，但它毕竟开中国律学理论之先河，是人类历史上最早将数学、物理学与音乐学有机结合的一种可贵探索，它比古希腊“数论之祖”毕达哥拉斯提出的乐律理论还要早140多年[②]。齐国乐律学在中国古代音乐史上占有极为重要的地位，“三分损益法”的数理律学所形成的中华律学的传统理论，不仅充分表明了齐国乐律理论在当时比其他地域先进、发达与成熟，而且在世界音乐发展史上也充分体现出它的先进性和科学性。

二、齐国音乐审美观

齐自立国之初，姜太公便实施了“因其俗，简其礼”的文化政策，从而为富有开放性和包容性特色的齐文化形成奠定了基础。齐国名相管仲对太公的治国思想更是进一步加以继承和发扬，并且从理论上进行了系统的论述。这对齐国音乐审美观产生了很深的影响，使得齐国音乐美学思想呈现出重功利、求实用、以和为美的特色。

齐国音乐审美观主要体现在管子和晏子的音乐思想之中。管子认为：“凡人之生也，必以平正。所以失之，必以喜怒忧患，是故止怒莫若诗，去忧莫若乐。”（《管子·内业》）管子还认为：“节怒莫若乐，节乐莫若礼。”（《管子·心术下》）这是管子从提高人的内心修养，排除一切事物的干扰，抵制欲利的诱惑，做到内心虚静、自然平和，来揭示音乐的美其实质在于自然这一美学观点。管子又认为：“所谓仁义礼乐者，皆出于法。”（《管子·任法》）管子认为礼乐的本质就是法，

① 宣兆琦、李金海：《齐文化通论》（下册），新华出版社2000年版，第401页。
② 罗天全：《试论管子“三分损益法”》，《管子学刊》1995年第2期。

礼乐是法的一种外在表现形式，礼乐是由法所规定的。其美的核心不是原初意义的自然，也不是美与自然之真的关系，而是美与法及道德之善的关系，法、美、善合一，亦即美的必须是善的、合于法的。这就是管子以法统礼、合法为美的音乐审美观。管子还高度重视音乐的社会作用，把五音看得比五行、五官还重要，认为创作、普及和谐的音乐是人际和谐、天人和谐的基础，“五声既调，然后作立五行，以正天时，五官以正人位。人与天调，然后天地之美生”（《管子·五行》）。管子从维护统治阶级的利益出发，强调音乐的政教作用和功利目的，将音乐作为治国的重要工具。不把音乐本身作为主要的审美对象，而是将其视为政治工具、教化手段，这也是管子重功利求实用的音乐审美观。可见，管子的音乐美学思想从一个侧面体现了齐文化的开放性与包容性。

晏子在继承先秦诸家音乐美学思想的基础上，充实并发展了前人乐论中“声一无听”、“和六律以聪耳”等音乐审美理论，对我国先秦时期“和”的音乐美学思想的形成作出了重要贡献。他所阐述的“和而不同”的音乐审美观，对当时和后世音乐美学思想的发展都产生了重要影响。“和”在我国古代音乐史上是一个重要的音乐美学范畴。《国语·周语下》载有：“夫政象乐，乐从和，和从平。声以和乐，律以平声。”古人认为，音乐的特征在于“和谐”，以声音的“和谐”为音乐的最高境界。在晏子之前，史伯曾对以“和”为美的音乐思想进行过比较系统的论述，《国语·郑语》载有：“夫和实生物，同则不继。……和六律以聪耳……和乐如一。夫如是，和之至也。……声一无听。”史伯认为，单一的乐音不是好听的音乐，要使高低、快慢、强弱、长短、清浊不同的各种声音统一起来，才能构成和谐美妙的乐曲。

晏子在继承前人“和”的音乐美学思想的基础上，进一步充实并发展了“和”与“同”音乐审美观。《左传·昭公二十年》载：“齐侯至自田，晏子侍于遄台，子犹驰而造焉。公曰：‘唯据与我和夫！’晏子对曰：‘据亦同也，焉得为和？’公曰：‘和与同异乎？’对曰：‘异。和如羹焉，水、火、醯、醢、盐、梅，以烹鱼肉，燀之以薪，宰夫和之，齐之以味，济其不及，以泄其过。君子食之，以平其心。……先王之济五味、和五声也，以平其心，成其政也。声亦如味，一气，二体，三类，四物，五声，六律，七音，八风，九歌，以相成也；清浊、小大，短长、疾徐，哀乐、刚柔，迟速、高下，出入、周疏，以相济也。君子听之，以平其心。心平，德和。故《诗》曰：德音不瑕。今据不然。君所谓可，据亦曰可；君所谓否，据亦曰否。若以水济水，谁能食之？若琴瑟之专一，谁能听之？同之不可也如是。'" 晏子同样认为"声一无听"，单一的乐音不好听，但更重要的是他明确提出了"和而不同"的音乐审美观。他认为音乐中各种因素既要有对比，又要协调统一，美妙的音乐效果只有在对比与调和中才能产生。这就是晏子主张的音乐要"和而不同"，即好听的音乐是由不同的音高、音律、结构组合而成的，是各种音乐要素的对比、配合，相辅相成，协调统一[①]。晏子将音乐的美具体到音乐的各种构成要素、表现手法等方面来考量和论述，认为音乐的各种基本要素只有经过对比、统一，才能达到音乐的美，充分揭示了音乐美的艺术规律，体现了音乐实践中的辩证关系。这种"和而不同"的音乐审美观，确立了东方音乐艺术美的基本准则，对我国后世的音乐实践和音乐美学思想的发展影响深远。

齐国的音乐美学思想还体现在以孟子、荀子为代表的先秦诸家中，也是齐国音乐理论的有机组成部分。齐国在文化方面，有长达一百五十多年历史的稷下学宫，在一百五十多年里聚集了天下最优秀的学者、艺术家，并给予优厚的政治与生活待遇，"皆赐列第，为上大夫，不治而议论"（《史记·田敬仲完世家》），受到齐国统治者的尊崇。诸子百家会集于稷下，这使得稷下学宫一度成为战国时期学术交流、文化传播和百家争鸣的文化学术中心。正如著名历史学家柳诒徵所说："《艺文志》所引诸书，国别而家析之……综计诸家之书，凡七十九家，千二百四十三篇。……以国籍言，则齐人为多。"[②] 由此可见，诸多先秦

① 石蔚：《晏婴音乐思想初探》，《管子学刊》2009 年第 4 期。

② 柳诒徵：《中国文化史》（上），上海古籍出版社 2001 年版，第 311 — 313 页。

诸子的音乐理论作为齐国音乐理论的一个有机组成部分，是符合历史实际的。孟子作为儒家的代表人物，曾长期在稷下学宫授徒讲学，并担任过齐国客卿之职，他的学术思想深受齐文化的影响。孟子在音乐上强调“仁言不如仁声之入人深也”（《孟子·尽心上》），明确指出乐教有别于说教，音乐对人的情感的感染力具有普遍性，认识到音乐具有强大的社会教化作用，可以潜移默化、深入人心。孟子还对“乐”进行了深刻的阐述，诉诸视听的音乐舞蹈实际上是人的内心“乐”的自然流露，这种“乐”是人的内心世界和谐愉悦的心理体验，“乐之实，乐斯二者，乐则生矣；生则恶可已也，恶可已，则不知足之蹈之，手之舞之”（《孟子·离娄上》）。孟子对外在“乐”的阐述同样深刻，他从人的生理和音乐的物理属性的相互作用中，感受到音乐美感的共性，提出“耳有同听”、“心有同悦”的审美思想①。孟子认为：“独乐乐”，不如“与人乐乐”；“与少乐乐”，不如“与众乐乐”（《孟子·梁惠王下》）。因而他提出了“与民同乐”的著名论题，冲破了以往在音乐审美上的等级观念②，强调了音乐的社会道德功能，对后世音乐美学思想的发展产生了深远的影响。

作为三次任稷下学宫祭酒的荀子，长期受到齐文化的浸染，其学术思想主要是在齐国的稷下学宫走向成熟的。荀子的音乐美学思想无疑是齐国音乐理论的重要组成部分，并集中体现在《荀子·乐论》中，也散见于《劝学》、《儒效》、《富国》等诸篇。在先秦诸家中，荀子的音乐美学思想最为系统，是真正的集大成者。他把先秦时期的音乐美学思想推向了一个更高的理论认识高度。荀子认为，音乐有巨大的教化作用，“夫声乐之入人也深，其化人也速，故先王谨为之文。乐中平则民和而不流，乐肃庄则民齐而不乱”，充分肯定了音乐可陶冶情操、感化人心的作用。荀子深刻地认识到音乐的情感特质，他指出：“夫乐者，乐也，人情之所必不免也，故人不能无乐。乐则必发于声音，形

① 付强：《试论荀子音乐思想》，《理论界》2008年第1期。

② 王保华：《先秦儒家在中国音乐美学史上的理论贡献》，《艺术教育》2006年第6期。

于动静，而人之道，声音动静，性术之变尽是矣。”（《荀子·乐论》）荀子认为音乐的本质是人的心理活动、思想感情的表现，是人真实情感的一种自然流露。他还说：“钟、鼓、管、磬、琴、瑟、竽、笙，所以养耳也。”荀子认为音乐有修身养性、化人身心的作用。

不仅如此，荀子还指出：“民和齐则兵劲城固，敌国不敢婴也。”（《荀子·乐论》）充分肯定了严肃庄重的音乐能起到鼓舞士气、提高战斗力的作用。他主张“以时顺修”，变革音乐，使之为统一天下、巩固政权服务。荀子还明确提出了“中和”的美学范畴，并指出：“乐之中和也。”（《荀子·劝学》）将“中和”视为音乐的根本特性。他还特别指出：“故乐者，天下之大齐也，中和之纪也，人情之所必不免也。”认为音乐是治理天下的工具，是中正和平的要领，是人的情感绝对不能缺少的。把“中和”看成音乐应具有的最高审美标准，认为只有提倡中和之音，才能“足以率一道，足以治万变”（《荀子·乐论》）。荀子的音乐思想作为齐国音乐理论的重要组成部分，对后世音乐艺术的发展产生过重要影响。

总体看来，齐国雄厚的经济实力和宽容的文化政策为其音乐艺术的发展创造了必要的条件，齐文化的开放与包容又为音乐艺术的发展创造了宽松的社会条件，最终形成了音乐艺术的繁荣局面，由此给后世留下了丰富多彩的齐国音乐文化。无论是独具特色的民间音乐、恢弘灵变的宫廷音乐，还是工艺精美的乐器及制作工艺理论，都充分体现了齐国音乐艺术的成就，并呈现出鲜明的地域特色。特别是系统的齐国音乐理论体系，作为中国古代音乐思想的重要组成部分，不仅成为中华音乐文化的重要源流，影响中国音乐思想与实践长达数千年，而且也为丰富和发展我国及世界传统音乐文化作出了重要贡献。因此，深入研究与探索齐国音乐艺术及其特色，必将对构建一部完整的中国古代音乐发展史、提高现代音乐艺术创作水平有重要的理论意义和实践意义。

第四章　齐国舞蹈艺术

舞蹈是人类最古老的艺术形式之一，是通过表演者的艺术表演，把人及其社会生活的丰富内涵，生动形象地展示在人们面前。从某种程度上说，自人类文明出现，就有舞蹈存在。中国舞蹈艺术从最蒙昧的上古时代起，经历了多个阶段的发展和演变，逐渐形成了具有独特形态和神韵的东方舞蹈艺术。作为华夏文明重要源头之一的齐文化，其丰富多彩的舞蹈艺术，无疑是人类早期舞蹈发展史中最重要的文化遗产和艺术精华之一。因此，对先齐时期和齐国的舞蹈内容形式以及成就进行深入的探索，不仅对完善我国传统舞蹈文化和齐文化研究有重要的学术价值，而且对当代舞蹈艺术创作也有重要的理论意义和实践意义。

第一节　先齐时期舞蹈艺术

生活在黄河下游的齐地先民东夷族人，历经数十万年的艰苦斗争、辛勤劳动，终于在距今7000~4000年间相继创造了北辛文化、大汶口文化、龙山文化等，这三大文化又称为东夷文化①。早期的齐地先民由于语言表达能力还不十分发达，主要用表情和手势来表达感情与交流思想，所以人们最早的“语言”不是声音语言，而是肢体语言，这种

① 李兆森：《齐国音乐史话》，《管子学刊》1987年第1期。

用肢体所表现出来的各种形式的动作语言，应该就是舞蹈的雏形。可以说，在我们先祖语言还欠发达时，就已经有了舞蹈。勤劳勇敢、富于创造精神的东夷人不但创造了丰富的物质文化，而且还创造了带有功利性和原始宗教意味的舞蹈艺术。

一、先齐时期舞蹈的形式与特点

在所有的艺术门类中，舞蹈是最古老的艺术形式之一。舞蹈的渊源与劳动有着密切的关系，舞蹈也像其他艺术一样，起源于劳动生活，即起源于人类与自然界的斗争和劳动实践。同时，原始人的生殖崇拜、图腾崇拜等的各种舞蹈，又说明原始舞蹈艺术的表现形式不仅仅是劳动，也包括原始人多方面的生活。由于当时的自然环境恶劣，齐地先民只有靠群居生活、集体觅食才能得以生存。在这种特定的条件下，舞蹈形式多以集体性为主要特征的群舞出现。从文献记载和考古资料来看，齐地的舞蹈形式鲜有单人方式出现。齐地最早的舞蹈多是齐地先民进行狩猎活动的再现，也有大量以部族为生存而进行战争为题材的舞蹈。毫无疑问，这些舞蹈的表演形式都是以群舞的形式出现。山东莒县陵阳河遗址大汶口文化层中出土的两件陶质牛角形号角，形似牛角①，吹奏时能发出洪亮悦耳的声音，从出土实物看，应是狩猎前的演奏乐器或用于军事乐舞。这从一个侧面印证了齐地早期舞蹈的群舞表演形式。齐地先民认为舞蹈有一种超自然的力量，能感动神灵。因此，先齐时期也有很多反映人与宇宙万物间相互关系内容的舞蹈，即原始宗教舞蹈，这些宗教舞蹈也多是以群舞的形式展现。

模仿与功利是先齐时期舞蹈最为鲜明的特点。一定历史条件下的社会关系既为艺术的产生和发展提供条件，也从根本上规定、制约着艺术的特征和基调。远在三千多年前，殷商甲骨文中就有“舞”的象形文字。甲骨文中的“舞”字尽管有多种写法，但均作一个正面的人体双手持对称的舞具而舞的形状，这表明了古代舞蹈的原始形态。在

---

①　山东省考古所等：《山东莒县陵阳河大汶口文化墓葬发掘简报》，《史前研究》1987 年第 3 期。

远古时代还没有发明专门的打击乐器之前，齐地先民就以击石方式打出节奏，披着各种兽皮，或头插羽翎，踏着强烈的节奏，摹拟各种鸟兽生动的形象而舞蹈，正如《尚书·虞书》所描述的“鸟兽跄跄”，“凤凰来仪”，“击石拊石，百兽率舞”。这种古朴、简单的舞蹈具有较强的象形性，因此，可以说模仿是先齐时期舞蹈艺术最突出的外在特征。齐地先民认为自然界的万事万物都有其灵魂，有某种神秘的力量支配着世界，这些神秘的异己力量被称为鬼或神，并认为这些鬼神有着和人相似的情感和欲望。人类要想获得食物或其他利益，必须娱神，满足鬼神，从而用这种方式也满足人类自身的欲望需求。正如马克思所指出的：“我们首先应当确定一切人类生存的第一个前提也就是一切历史的第一个前提，这个前提就是：人们为了能够‘创造历史’，必须能够生活。”[①] 只有当先齐居民具备了基本的生存条件，才能使原始舞蹈逐渐增加艺术与娱乐成分，所以功利性是先齐地区舞蹈艺术最本质的特点之一。

二、先齐时期舞蹈的题材内容

就舞蹈本身而言，它并不是人类所特有的艺术形式，动物也会舞蹈，二者的区别就在于人类所表达的是更为丰富的思想感情[②]。先齐时期，这种思想感情多与原始宗教的“万物有灵”思想相联系。具体来看，先齐时期舞蹈所反映的题材内容，最为突出的是对玄鸟的崇拜和对帝王或英雄的崇拜。先齐时期，东夷族人最显著的特征就是以玄鸟为图腾，并且以鸟为官名[③]。《左传·昭公二十年》记载的“昔爽鸠氏始居此地”，也就是现在的齐国故城临淄一带。这一地区在殷周以前就是以爽鸠为图腾，被称为爽鸠氏。《诗经·大雅》中的“牧野洋洋，檀车煌煌，驷骠彭彭，维师尚父。时维鹰扬，凉彼武王”，即是把太公比作雄鹰来歌颂，可见玄鸟崇拜对先齐东夷人影响之深。从考古发现

① 《马克思恩格斯选集》（第1卷），人民出版社2008年版，第79—80页。

② 史仲文：《中国艺术史》（舞蹈卷），河北人民出版社2006年版，第4页。

③ 宣兆琦、李金海：《齐文化通论》（下册），新华出版社2000年版，第389页。

来看，在大汶口文化、龙山文化、岳石文化中的陶器以鸟的形象作为器物造型的极多，纹饰亦多为鸟纹，尤其是龙山文化时期盛行的陶鬶，可谓是用鸟变形作为器物造型的代表。山东长岛大黑山北庄新石器时代遗址出土的夹砂红陶鸟图腾柱，也有力地印证了齐地先民鸟图腾崇拜的事实。我国著名音乐史学家杨荫浏先生认为，《吕氏春秋·古乐》所载"昔葛天氏之乐，三人操牛尾，投足以歌八阕：一曰载民，二曰玄鸟，三曰遂草木，四曰奋五谷，五曰敬天常，六曰达帝功，七曰依地德，八曰总万物之极"中，葛天氏"八阕"中的第二曲《玄鸟》就是东夷人崇拜玄鸟图腾的乐舞[①]。关于图腾，在我国大致可分西部地区以蛇为图腾、东部地区以鸟为图腾两大系统，是华夏民族龙、凤图腾的最初雏形。由此看来，齐地东夷先民对鸟的图腾崇拜具有相当久远的历史，其玄鸟崇拜情结，不仅成为先齐时期舞蹈艺术的重要内容，也是华夏舞蹈艺术的主要渊源之一。

先齐时期舞蹈艺术题材内容的另一个重要组成部分，是对帝王或英雄的崇拜。在人类早期文明中，囿于认识水平的限制，往往把帝王或英雄人物加以神化。"传言黄帝龙颜，颛顼戴午，帝喾骈齿，尧眉八采，舜目重瞳，禹耳三漏，汤臂再肘，文王四乳，武王望阳，周公背偻，皋陶马口，孔子反羽。斯十二圣者，皆在帝王之位，或辅主忧世，世所共闻，儒所共说"（《论衡·骨相》）。太昊伏羲氏是传说中东夷族最早的领袖，风姓。因为东夷族是以"凤凰"和诸多鸟类为图腾的古老部族，有学者认为"风"即"凤"。伏羲氏在位期间，创作了大型舞蹈《扶来》。对此，《通典》、《通志》、《汉艺文志考证》、《乐书》、《尚书通考》、《古微书》等古代典籍多有记载。《扶来》又名《凤来》、《立基》、《立本》。从《扶来》的众多别名中，我们可以推测这个上古舞蹈的大体内容是，人们为了欢庆渔猎丰收而载歌载舞，凤凰也飞来庆贺。由于这个歌颂太昊伏羲氏功德的舞蹈可以安定民心，团结天下民众，所以又称之为《立基》、《立本》。这种以鸟兽样式为装

---

① 杨荫浏：《中国古代音乐史稿》（上），人民音乐出版社2004年版，第8页。

扮形式的表演、以歌颂圣君功德为题材内容的《扶来》乐舞，对后来舜《韶》的形成起了很大的启迪作用。

少昊是继太昊之后东夷族的另一位领袖人物，对东夷舞蹈艺术的发展作出了巨大贡献。少昊的代表乐舞是《大渊》。《帝王世纪》载有“少昊作乐曰九渊”，《路史·后纪》也有少昊“立建鼓，制浮磬，以通山川之风。作《大渊》之乐以谐人神，和上下，是曰《九渊》”的记载。大渊、九渊，是指现在的渤海，也是当时先齐时期东夷人的居住地。因此，以齐地地名作为乐舞命名的《九渊》，源于先齐地区无疑，是先齐时期舞蹈艺术的重要成就之一。

先齐时期的舞蹈艺术，对后世影响最大的莫过于虞舜所创作的《韶》乐舞蹈。舜是东夷族人，并为东夷部落的首领。《孟子·离娄下》有“舜生于诸冯，迁于负夏，卒于鸣条，东夷之人也”的记载。后舜被尧举为继承人，摄行天子之政。舜帝是道德文化的鼻祖，《史记》有“天下明德，皆自虞帝始”的明确记载。他为了用乐舞教化民众，创作了乐舞《韶》，史称《箫韶》。《竹书纪年》载：“帝舜有虞氏……作《大韶》之乐。”《帝王世纪》也载：舜命“夔为乐正，神人以和，龙为纳言，出内惟允。……庶绩咸熙，乃作《大韶》之乐，《箫韶》九成，凤凰来仪，击石拊石，百兽率舞”。《吕氏春秋·古乐》也载有：“帝舜乃令质修《九招》、《六列》、《六英》，以明帝德。”由此可见，舜《韶》的主要内容是用来歌颂帝舜的圣德。由于舜《韶》的主要伴奏乐器用“箫”，所以称之为《箫韶》。乐舞《箫韶》因为有9个段落，又称为《九韶》；其中“歌”的部分包含多段，又称《九歌》；因结构复杂而又丰富多变，所以又叫《九辨》。也有学者认为舜《韶》的内容分为9个章节，是对黄帝至虞舜“九世功德”的歌颂。

《韶》乐演奏的时候，乐队演奏着形似凤翼的排箫、凤凰展翅的乐曲。人们头戴面具，装扮成鸟兽的模样，载歌载舞，寓意黄帝或虞舜以德治国，政治清明。整个乐舞的结尾，一只巨大的凤凰从天而降，堂上堂下，百鸟朝凤，展现出一个凤鸟的世界。鸟兽围绕凤凰翩翩起舞，跳跃狂欢，形成一个天人和谐、化育万物的神话般的壮丽场景，使整个乐舞达到高潮。《韶》乐舞以其丰富的内容和精湛的艺术形式，曾被视为乐舞艺术的最高典范，与歌颂黄帝的乐舞《云门》、颂扬帝尧的乐舞《咸池》并称“三代乐舞”。

第二节　齐国舞蹈艺术及特色

齐自姜太公封齐立国，到公元前221年秦灭齐，历经西周、春秋、战国，终汉而止，历经八百多年的历史，曾一度成为春秋五霸之首、战国七雄之一。齐国以其雄厚的物质基础、宽松的文化政策以及先齐时期丰厚的舞蹈艺术作为积淀，形成了具有鲜明地域特色的齐国舞蹈艺术。

一、齐国民间舞蹈

春秋时期，“礼崩乐坏”的社会现实在舞蹈艺术上反映出来。齐国的舞蹈艺术从内容到形式都充分反映了这一时代特征，原来视作权力与等级象征的乐舞逐渐向着世俗的乐舞转化，许多旧的内容或形式被重新改造，并创作出新的舞蹈种类。齐国的民间舞蹈正是这一背景下的产物。齐国上层统治者的喜好是齐国民间舞蹈发展与繁荣的重要因素。史有“景公中兴”之称的齐景公，是齐国历史上很有影响的一位君主，他不但“左为倡，右为优”（《晏子春秋·内篇问下》），而且会弹琴，能击缶，甚至对民间舞蹈达到了痴迷的程度。反映这一时期齐国民间舞蹈艺术的成就，文献中多有记载。《晏子春秋·内篇谏上》载有：“晏子朝，杜扃望羊待于朝。晏子曰：‘君奚故不朝？’对曰：‘君夜发不可以朝。’晏子曰：‘何故？’对曰：‘梁丘据扃入歌人虞，变齐音。’晏子退朝，命宗祝修礼而拘虞，公闻之而怒，曰：‘何故而拘虞？’晏子曰：‘以新乐淫君。’”这一记载充分说明了齐国民间舞蹈有着异乎寻常的艺术感染力，“歌人虞”的民间乐舞所具有的诱人艺术魅力竟致齐景公对这种新型的带有浓厚民间色彩的舞蹈迷恋到彻夜不归，以至于怠于政事。

春秋时期齐国民间歌舞中，最广泛流行的是反映男女爱情生活和生产劳动内容的题材。《诗经·齐风》正是这一时期齐国民间歌舞作品的代表。《诗经·齐风》共11首，其题材内容丰富，艺术风格鲜明，在艺术风格上有别于后世的诗歌，是诗、乐、歌、舞融为一体的综合性艺术[①]，真实地反映春秋时期齐国社会的生活现状。《墨子·公孟》载有："诵诗三百，弦诗三百，歌诗三百，舞诗三百。"这表明《诗经·齐风》具有浓厚的乐舞色彩。通过《诗经·齐风》所反映的社会生活内容，从某种程度上可以看出春秋时期齐国民间舞蹈艺术的状况。《诗经·齐风》中有大量篇章反映齐国普通百姓爱情生活和生产劳动的情景。比如反映爱情生活的《齐风·甫田》：

无田甫田，维莠骄骄。无思远人，劳心忉忉。
无田甫田，维莠桀桀。无思远人，劳心怛怛。
婉兮娈兮，总角丱兮。未几见兮，突而弁兮。

这首民歌是一位妇女对丈夫的深切呼唤，表达了对远在他乡的丈夫的思念。诗句以气恼的意象开始，到最后以甜蜜的意象结束。精炼生动的语言，表达了率真大胆的情感，加上摇摆的舞步，一个以艺术形似的生活瞬间充分展现在人们面前，令人充满了美好向往之情。再比如《齐风·东方之日》：

东方之日兮，彼姝者子，在我室兮。在我室兮，履我即兮。
东方之月兮，彼姝者子，在我闼兮。在我闼兮，履我发兮。

诗歌所反映的是一对青年男女间的情爱，陶醉在彼此欣赏和喜悦之中的婆娑起舞的生动形象，所再现的那种发自内心的依恋，让人不由为之心动。另有反映生产劳动的如《齐风·猗嗟》、《齐风·卢令》

① 史仲文：《中国艺术史》（舞蹈卷），河北人民出版社2006年版，第125页。

等。这些具有浓厚民间舞蹈色彩的民歌，全面反映了当时齐国社会生活的真实面貌，使齐国民间舞蹈的特质得到了充分体现。

战国时期是一个变革开放的时代。齐国的民间舞蹈艺术也顺应这一时代潮流，在内容和形式上发生了较大变化，并得到空前的发展，其民间舞蹈艺术也被宫廷观赏性乐舞广泛吸收。因此，从严格意义上来说，齐国民间舞蹈在内容和形式上与宫廷观赏性舞蹈并没有严格的界限。颇有作为的齐威王，以喜爱乐舞、善弹琴著称，甚至有“好为淫乐”而常疏于朝政的史料记载。还有齐宣王，不仅自己喜欢、欣赏民间歌舞，还直言摒弃礼乐而提倡俗乐。《孟子·梁惠王下》就载有齐宣王曾对孟子直言不讳地说：“寡人非能好先王之乐也，直好世俗之乐耳。”正是由于齐国上层统治者的审美情趣趋向民间歌舞，才大大推动了齐国民间舞蹈艺术的迅速发展和繁荣，以至于形成“临淄之中七万户……下户三男子，三七二十一万。……临淄甚富而实，其民无不吹竽鼓瑟，击筑弹琴”（《战国策·齐策》）的局面。通过这一记载，可以看出当时齐国都城中各种民间歌舞技艺表演广泛普及的情景。

反映浓郁地域特色的齐国民间舞蹈，《列子·汤问》载有：“昔韩娥东之齐，匮粮，过雍门，鬻歌假食。既去，而余音绕梁欐，三日不绝，左右以其人弗去。过逆旅，逆旅人辱之。韩娥因曼声哀哭，一里老幼悲愁，垂涕相对，三日不食，遽而追之。娥还，复为曼声长歌。一里老幼喜跃抃舞，弗能自禁，忘向之悲也。”这种既有舞蹈表演形式又有曼声长歌的哭调，使齐都雍门一带的百姓纷纷效仿，并形成一种民间歌舞传统。《孟子·告子下》也有“华周、杞梁之妻善哭其夫而变国俗”的记载，这种声调悲凉、曲折徘徊并带有舞蹈色彩的曲调，在齐国民间产生了深远的影响，以至于当时齐国百姓都模仿杞梁之妻带有舞蹈表演形式的哭调唱法。由此可见，齐国从平民到君臣，都对民间歌舞有着不同程度的喜爱，并形成了具有浓厚地域特色的齐国民间舞蹈艺术。

民间祭祀舞蹈也是齐国民间舞蹈的一个重要组成部分。由于齐立国后在文化上采取了“因其俗，简其礼”的政策，齐地东夷文化与中原文化得以融合，因此齐人的宗教观念也呈现出多样性，这也决定了齐地祭祀活动具有丰富多彩的特征。其中最有代表性的有专门求雨的“雩”祭，有祈祝丰收、酬谢神灵上苍的时节祭典，还有最接近民众的祭社活动和驱疫逐鬼的“傩”祭等等，这些祭祀仪式中都带有浓厚的舞蹈表演色彩。齐国的社祭活动颇负盛名,《墨子·明鬼》所载的“燕之有祖，当齐之社稷，宋之有桑林，楚之有云梦也，此男女之所属而观也”，就是描写齐国百姓男男女女聚集在一起，观看社祭活动中带有舞蹈表演形式的情景。“傩舞”是齐国另一种民间舞蹈形式。“傩舞”是为了打鬼辟邪，由舞人根据想象，把公认神奇而有威力的英雄或是一些动物形象进行艺术加工，扮演成各种异兽形象，由打鬼的头目“方相氏”率领进行驱打，这种仪式称为“傩”。“傩”就是带有舞蹈表演性质的打鬼仪式。在齐地沂南汉墓中，就出土有表现打鬼辟邪的画像石。画像石中雕刻着一个“怪物”，戴假面具，蒙兽皮，头戴弓箭，四肢皆执兵器，胯下还填一盾形，这就是打鬼的头目“方相氏”。在蒙兽皮、戴假面具、执五兵的“方相氏”上面，是十二神兽逐凶恶图。在十二神兽逐凶恶图中，不但有十二神兽，还有许多凶恶形象，如四头无身的怪物、三头一身的鸟、一头一臂的怪人、人首蛇身和人首鸟身等。此图比嘉祥武氏祠画像石中的大傩图表现的内容更为丰富，是难得一见的完整的“傩舞”打鬼图①。由此可见，齐地民间祭祀舞蹈从内容到形式都达到了一个很高的发展水平。

二、齐国宫廷舞蹈

齐国宫廷舞蹈是相对于民间舞蹈而言，主要用于郊庙祭祀、飨射以及各种宫廷典礼仪式，以庄重和谐、旋律舒缓为特点，表演形式则以疾徐适度、庄重神圣、中庸宁静为特色。齐国在立国之初，作为周王朝的一个诸侯国，尊周礼是不可避免的。西周初期的统治者吸取前

① 孙作云：《评“沂南古画像石墓发掘报告”——兼论汉人的主要迷信思想》，《考古通讯》1957年第6期。

代的经验教训，为了政权的需要，制定了一套完整的礼乐制度，这套礼乐制度实际上是治国手段，以相应的礼乐制度与当时的统治秩序相结合，并以法律的形式将这套乐舞礼仪制度确定下来，不能僭越。为了这种礼乐制度的实施，当时宫廷设立了相应的乐舞机构“春官”，专门掌管乐舞礼仪事宜。《周礼·春官》就有“凡国之大事，治其礼仪，以佐宗伯”的记载。周朝的乐舞等级化主要体现在不同阶层在享用乐舞时舞者人数和乐器多寡两个方面。《左传·隐公五年》明确记有:“天子用八，诸侯用六，大夫四，士二。”这里的单位是“佾”，是指乐舞的行列，一佾指一列 8 人。即天子可享用 64 人表演的乐舞，然后依次递减，诸侯用 48 人，大夫为 32 人，士为 16 人。按照周礼规定，只有天子才能用八佾，诸侯用六佾，卿大夫用四佾，士用二佾。这就形成了一套完整的乐舞礼仪等级制度，这样的等级规定是不可随意变更和僭越的。与此同时，在乐器的使用上也有严格的等级制度：“正乐县之位：王宫县，诸侯轩县，卿大夫判县，士特县。”（《周礼·春官》）即是说天子的钟磬可以四面悬挂、诸侯可三面悬挂、卿大夫可两面悬挂、士只能一面悬挂的规定。齐国作为西周初年的分封诸侯国，在立国之初，为了巩固政权的需要，必须依靠周王朝，并遵循周礼。因此，以“礼”为核心的乐舞礼仪制度，自然也就成为当时齐国舞蹈艺术的主要风格特征。

春秋战国时期由于“礼崩乐坏”，宫廷雅乐失去了统治地位，带有民间色彩的表演性舞蹈随之兴起。各诸侯国随着各自政治和经济实力不断增强，逐渐抛弃了原有的伦理道德约束，转而追求“耳目欲极声色之好”（《史记·货殖列传》）的感官享受，宴饮歌舞、自娱而舞的风气由此盛行。从整体来看，博大恢弘、以俗为美是齐国宫廷舞蹈艺术风格的主要特点，而曳地长裙、长袖交横、翩翩起舞则是齐国宫廷舞蹈造型艺术的鲜明特色。山东临淄郎家庄一号东周殉人墓、章丘女郎山战国墓、长岛王沟东周墓群出土的大量彩绘乐舞陶俑，充分反映了这一艺术风格特征和造型特色，从中可清晰地看出当时齐国宫廷舞蹈的发展水平和艺术风格。

根据史料记载，齐康公有偏爱《万》舞的喜好，为此还专门供养了大批乐舞人员，给他们吃精美的食物，穿纹饰华丽的衣服。《墨子·非乐上》就载有："昔者齐康公兴乐万，万人不可衣短褐，不可食糠糟，曰：'食饮不美，面目颜色不足视也；衣服不美，身体从容丑羸不足观也。'是以食必粱肉，衣必文绣。"因为饮食不好，舞者的面容则不佳，会影响舞蹈的观赏效果；穿着不美，则会影响舞蹈表演者的观赏性。足见齐国统治者为满足宫廷舞蹈奢侈豪华、庞大恢弘的场面而不惜人力物力。不仅如此，为了增加舞蹈的表演气氛，王室还设置了规模庞大的宫廷乐队，并且具有相当高的演奏水平。仅从乐队人数看，"齐宣王使人吹竽，必三百人"（《韩非子·内储说上》），这种规模宏大的演奏情景在当时各诸侯国中是独一无二的。

章丘女郎山战国墓出土的一批乐舞陶俑，有力印证了齐国宫廷舞蹈博大恢弘的艺术风格特点。这批彩绘乐舞陶俑共38件，其中人物俑26件，包括歌舞俑、演奏俑、观赏俑不同种类。姿态有坐有立，均为泥制黑陶捏塑而成，表面保留着鲜艳的彩绘服饰。在26件人物陶俑中，歌舞俑就达10件，并且均为女性，分为长袖舞俑和短袖舞俑两种。而5件演奏俑全为男性，头戴翘角高冠，面施粉红彩，身着黑衣长袍，双肩披挂红彩带。10件观赏俑全部为女性，由于服饰不同，分为两组①。章丘女郎山战国墓出土的大量陪葬乐舞陶俑，充分表明了齐国贵族阶层对乐舞偏好的事实。从出土乐舞陶俑的种类和数量看，当时齐国贵族已经拥有了专门的乐舞队。根据礼制要求，无论是现实生活中，还是陪葬礼器乐舞陶俑的使用规格，贵族的乐舞使用都无法与宫廷乐舞规模相比。因此，齐国宫廷舞蹈无论从表演规模还是参加人数看，无疑具有恢弘博大这一艺术风格特点。

齐国宫廷舞蹈艺术风格最为突出的还是以俗为美的特点。由于姜太公采取"因其俗，简其礼"的宽容治国方针，特别是管仲实施的"不慕古，不留今，与时变，与俗化"（《管子·正世》）的开明文化政

① 李曰训：《山东章丘女郎山战国墓出土乐舞陶俑及有关问题》，《文物》1993年第3期。

策，齐国舞蹈艺术更多地保留了东夷地区民间的舞蹈特色，并逐渐摆脱了礼乐制度的束缚，宫廷舞蹈与民间舞蹈得以充分融合，呈现出开放、包容、灵活的特色。对此，《战国策·齐策》就有“钟鼓竽瑟之音不绝……和乐倡优侏儒之笑不乏”的记载。即是说倡优、侏儒是主要为宫廷贵族演奏音乐和表演舞蹈的艺人，这些音乐舞蹈表演者大都来自民间，也正是他们把民间歌舞带进宫廷，大大丰富了宫廷舞蹈的题材内容，体现出以俗为美的宫廷舞蹈特色。

齐国宫廷舞蹈以俗为美的特点，在《史记·孔子世家》中体现得尤为突出：“定公十四年，孔子年五十六，由大司寇行摄相事，有喜色。……齐人闻而惧……于是选齐国中女子好者八十人，皆衣文衣而舞《康乐》，文马三十驷，遗鲁君。陈女乐文马于鲁城南高门外。季桓子微服往观再三，将受，乃语鲁君为周道游，往观终日，怠于政事。”孔子任鲁国大司寇，仅用三个月就把国家治理得井然有序，风正民顺。齐国为了削弱鲁国的力量以防鲁国强大称霸，侵吞齐国，便挑选了80名能歌善舞的美女准备献给鲁定公。他们把80名美女安置在城外，让她们身着华丽的衣裳表演《康乐》舞，吸引鲁国大臣季桓子“微服往观再三”，“三日不听政”。鲁定公也假托出巡，“往观终日，怠于政事”。通过这一记载可以看出，齐国宫廷舞蹈非凡的艺术魅力竟然使鲁国的国君迷恋到置政事于不顾，三日不理朝政。由此可见，俗化了的齐国宫廷舞蹈已经远远超越了传统宫廷舞蹈的礼仪观赏功能，进而具备了极强的感官享受和娱乐功能，并有极强的艺术感染力和摄人心魄的艺术魅力。

反映齐国宫廷舞蹈以俗为美的风格特点，还体现在齐景公与鲁定公在夹谷相会时会盟典礼的仪式中：“会齐侯夹谷。……献酬之礼毕，齐有司趋而进曰：‘请奏四方之乐。’景公曰：‘诺。’于是旍旄羽袚矛戟剑拨鼓噪而至。孔子趋而进，历阶而登，不尽一等，举袂而言曰：‘吾两君为好会，夷狄之乐何为于此！请命有司！’……有顷，齐有司趋而进曰：‘请奏宫中之乐。’景公曰：‘诺。’优倡侏儒为戏而前。孔子趋而进，历阶而登，不尽一等，曰：‘匹夫而营惑诸侯者罪当诛！请命有司！’有司加法焉，手足异处。”（《史记·孔子世家》）孔子认为，会盟是庄重严肃的外交场合，所用乐舞理应庄重肃穆，齐国把偏离正统、俗不足观、带有民间色彩的舞蹈以及矮小侏儒的滑稽歌舞用到会盟场合，是对鲁国国君的不敬。由此可见，齐国的宫廷舞蹈已经包含了许多民间和周边地区的舞蹈成分，已远远超出了周礼的范畴，并逐渐被俗化。这充分体现了齐国宫廷舞蹈艺术已经不拘泥于庄严肃穆、中正平和的礼乐制度规范①。以上这些都使齐国宫廷舞蹈以俗为美的风格特点得以充分展现。

曳地长裙、长袖交横、翩翩起舞是春秋战国时期齐国宫廷舞蹈造型艺术的主要风格特征，并呈现出东方大国乐舞的风范。齐地大量出土的乐舞陶俑就有力地证明了齐国宫廷舞蹈这一艺术风格特征。20世纪90年代初，出土于山东章丘女郎山战国墓的多件彩绘乐舞陶俑，是这一时期齐国宫廷舞蹈造型艺术风格的典范。这批彩绘乐舞陶俑共38件，其中人物俑26件，乐器及祥鸟十余件。10件乐舞俑均为女性，两件长袖舞俑，一件身穿浅红色白点长袍，后身外露黄色红点曳地内长裙；另一件身穿青灰色白点及黄色彩条长袍，后身外露黄色彩条曳地内长裙。两舞俑长衣广袖，翩翩起舞，舞姿优美（图4－1）。这些乐舞陶俑的舞蹈造型具有独特的华夏文化气息，是至今中国古典女子舞蹈造型的基本样式之一。据专家推测，这些乐

图4－1　长袖舞俑

① 李笑梅：《雅俗共赏　泱泱大风——谈齐国宫廷音乐特色及其形成》，《艺术教育》2009年第2期。

舞俑当初的排列情况大概是：两件长袖舞俑排在乐舞场面的中间，另外8件舞俑分别排列在长袖舞俑的两侧。10件观赏俑则分别排列在乐舞俑的两侧。居于乐舞表演中心位置的应是长袖舞俑，应该说长袖舞蹈形式是整个舞蹈表演的中心，其他舞俑则仅是她们的伴舞者①（图4-2）。临淄郎家庄出土的乐舞陶俑，也多数细腰，长裙曳地，举臂起舞，造型简洁生动②。这说明曳地长裙、长袖交横、翩翩起舞是这一时期齐国宫廷舞蹈艺术的主要造型风格特征。

图4-2　乐舞场面复原图

山东长岛王沟东周墓群出土的鎏金刻纹铜鉴，也反映了上述的风格特征。纹饰共分三个纹带，位于第二纹带上的纹样从左到右有9个人物，其中一人抛袖起舞；第三纹带上的人物分上下两排，上排7人中有5人作长袖舞蹈。从刻纹铜鉴上的纹饰看，长袖舞蹈者应为整个舞蹈表演场面的中心。该墓群同时出土的彩绘乐舞陶俑，上衣为窄长袖，下衣为长裙。人物多数作立姿，呈舒臂屈体舞蹈状③。特别值得一提的是，2001年在齐国故都临淄赵家徐姚战国墓出土的一批彩绘陶俑，其中5件舞蹈俑均为女性。3件身穿黄、浅灰两色长裙，领及前襟边用白底黑点的彩条嵌饰，长裙上饰白底黑点及红底白点的两种彩条，腰束红、白两色带；另2件身穿灰色长裙，腰束红、白两色带，长裙上饰红底白点的彩条，双臂侧伸作表演状④。从这5件舞蹈俑的服饰造型

① 李曰训：《山东章丘女郎山战国墓出土乐舞陶俑及有关问题》，《文物》1993年第3期。

② 山东省博物馆：《临淄郎家庄一号东周殉人墓》，《考古学报》1977年第1期。

③ 烟台市文物管理委员会：《山东长岛王沟东周墓群》，《考古学报》1993年第1期。

④ 淄博市临淄区文化局：《山东淄博市临淄区赵家徐姚战国墓》，《考古》2005年第1期。

看，均为长袖，并呈现长裙上饰不同颜色的彩条，腰束彩带，领及前襟边用彩条嵌饰，双肩披挂彩带，内着红、白底带黑格的垂地长裙的特点（图4－3）。毫无疑问，长袖交横、曳地长裙、翩翩起舞是春秋

图4－3 舞蹈俑

战国时期齐国宫廷舞蹈造型艺术最鲜明的特色。此外，齐国宫廷舞蹈从舞姿造型看，典雅别致，韵律独具，袖子的运用也有别常规，流动绵延，似行云流水，透露出一股难以言喻的艺术美感。

第三节 齐国《韶》乐舞艺术

源于五千多年前的《韶》乐舞是东夷族领袖舜帝所作，后来逐渐演变为宫廷乐舞，夏商周均把《韶》作为国家大典乐舞使用。《韶》乐舞是中国宫廷乐舞中等级最高、运用最久的雅乐，由它所产生的思想道德典范和文化艺术形式，一直影响着中国的古代文明。《韶》是我国古代

乐舞中一颗璀璨夺目的明珠，夔制《韶》乐堪称华夏第一乐章[①]。春秋时期的齐国乐舞《韶》，更是以丰富的内涵、优美动听的音乐、博大宏伟的舞蹈，集中展示了齐国舞蹈艺术的最高成就，是齐国舞蹈艺术的代表作。齐《韶》也是整个先秦时期乐舞艺术的巅峰之作，在中国古代舞蹈史上有着独特的文化艺术地位。

一、齐国《韶》乐舞的题材内容

齐国乐舞《韶》是由先齐时期的舜《韶》发展演变而来的。舜《韶》又称《箫韶》，其题材内容古代文献中多有记载。《尚书·益稷》载有："夔曰：'戛击鸣球、搏拊、琴瑟，以咏。'祖考来格，虞宾在位，群后德让。下管鼗鼓，合止柷敔。笙镛以间，鸟兽跄跄；《箫韶》九成，凤凰来仪。夔曰：'於！予击石拊石，百兽率舞，庶尹允谐。'"根据记载，其大致情景如下：作为担任乐舞表演总指挥、帝舜的大臣夔说："敲起玉磬，打起搏拊，弹起琴瑟，演唱起来吧。"随着乐舞表演总指挥的发令，乐舞活动正式开始，这时祖先的灵魂也好似隐隐约约降临，前代帝王的后裔，舜帝的宾客，各国诸侯、首领相互行揖让之礼后，各自就位。庙堂下吹起管乐，打起小鼓，敲柷击敔，笙和大钟交替演奏。扮演鸟兽的舞队闻乐起舞，《韶》乐变换演奏九次以后，扮演神鸟凤凰的舞队成双成对地出来。这时乐舞即将达到高潮，担任乐舞表演总指挥的夔又说："哎！我敲起石磬，扮演百兽的演员都跳起舞来！各位官员也一起加入礼乐队伍，跳起来吧。"[②] 通过这段记载可清晰地看出《箫韶》表演的整个过程，也可以看出夔是乐舞的总指挥。特别值得注意的是，"祖考来格，虞宾在位，群后德让"，说明舞蹈中显然包含了礼仪的内容[③]。《吕氏春秋·古乐》也载有："帝喾命咸黑作为声歌，《九招》、《六列》、《六英》。有倕作为鼙、鼓、钟、磬、吹苓、管、埙、篪、鼗、椎、钟。帝喾乃令人抃，或鼓鼙，击钟磬，吹

① 韩玉德：《〈韶〉乐考论》，《学术月刊》1997年第3期。

② 李民、王健：《尚书译注》，上海古籍出版社2004年版，第53页。

③ 史仲文：《中国艺术史》（舞蹈卷），河北人民出版社2006年版，第51页。

苓，展管篪。因令凤鸟、天翟舞之。帝喾大喜，乃以康帝德。”通过记载来看《韶》乐舞的大致内容，表现的应该是舜由尧的禅让而得天下的仁和景象，是用来歌颂舜之德政的。

《韶》乐舞历经夏商时期的不断修改完善，逐渐由祭祀性乐舞转向宫廷乐舞。到西周时期，统治者吸取商朝灭亡的历史教训，为了维护统治秩序，制定了一套完整的礼乐制度，建立起第一个明确的宫廷雅乐体系[①]，《韶》乐舞正是其中的主要内容之一。《韶》在齐国历经姜尚立国时期、管仲佐桓时期、晏婴相齐时期，得到创造性的发展，使内容更加丰富多彩。目前学术界对齐国乐舞《韶》的内容有多种见解，有学者认为，齐《韶》是舜《韶》的沿袭，其内容反映的是原始社会齐地先民的狩猎生活。其主要根据是《尚书·益稷》关于“《箫韶》九成，凤凰来仪”和“击石拊石，百兽率舞”的记载。也有学者认为，齐《韶》乐舞是为虞舜歌功颂德的。根据是《左传·襄公二十九年》中吴公子季札对《韶》的评价：“德至矣哉，大矣！如天之无不帱也，如地之无不载也。”还有学者认为，由“六府”、“三事”所构成的“九德之歌”便是齐《韶》乐舞的内容。依据是《周礼·春官》关于“九德之歌，九磬之舞，于宗庙之中奏之”的记载。而从孔子对齐《韶》乐舞的评价“《箫韶》者，舜之遗音也，温润以和，似南风之至。其为音如寒暑风雨之动物，如物之动人；雷动兽禽，风雨动鱼龙；仁义动君子，财色动小人。是以圣人务其本，乐动声仪”（《孔子集语·子观》）、“行夏之时，乘殷之辂，服周之冕，乐则《韶》舞”（《论语·卫灵公》）来看，齐《韶》乐舞的内容已远非先齐时期《箫韶》的内容那么单纯素朴。

姜尚立国时期，齐《韶》乐舞的内容受到西周礼乐文化的影响，使齐《韶》乐舞赋予了周礼的色彩，内容也体现出等级观念。到了桓管时期，由于齐国经济迅速发展，文化上“礼崩乐坏”和宫廷好“新声”、纵“俗乐”已经成为一种主流文化基调。这种社会政治、经济、

① 刘再生：《中国音乐史简明教程》（上），上海音乐学院出版社2006年版，第21页。

文化上的“礼与变俱，乐与时化”对齐《韶》乐舞的内容必然产生深刻的影响。因此，这一时期齐《韶》乐舞在早期内容的基础上，必定会赋予新的内容，其主要内容应该是歌颂齐国的强大富庶和历代齐国君王的功德，在艺术形式上因俗乐的浸润也会更加具有观赏性。至晏婴相齐时，晏婴为了应对“礼崩乐坏”后日益尖锐的社会矛盾，提出社稷重于君主、持中尚和的思想，在对待乐舞的态度上，他主张“去同上和”、“平心成政”，[①] 这又为齐《韶》乐舞的内容增添了劝谏国君“平心成政”、“为国以礼”的大德大善的内涵。因此，齐《韶》乐舞的内容既有遵礼奉祖的礼制传统，也有劝人向善、持中致平的德育教化，更有贴近齐国现实生活的实际，极富观赏性之美。简而言之，集礼、德、美于一体，是齐国乐舞《韶》最鲜明的内容特色，以至于连孔子也发出“《韶》尽美矣，又尽善也”的由衷感叹。

二、齐国《韶》乐舞的结构形式

关于齐《韶》乐舞的结构形式，不妨从舜《韶》乐舞的基本结构中进行探寻。根据《尚书·益稷》记载：“夔曰：‘戛击鸣球、搏拊、琴瑟、以咏。’祖考来格，虞宾在位，群后德让。下管鼗鼓，合止柷敔。笙镛以间，鸟兽跄跄；《箫韶》九成，凤凰来仪。夔曰：‘於！予击石拊石，百兽率舞，庶尹允谐。’”其中的大体结构，可以推断齐《韶》乐舞的结构形式大致可分九个乐章、三大部分。具体来看，第一部分应为乐舞的序幕，包括三个乐章。首先敲击钟磬，打起搏拊，在肃静的气氛中，隐隐约约好似有神灵降临。随后乐工击柷，弹弦乐器琴瑟和吹奏乐器笙竽加入，曲调悠扬，乐声增强，歌声顿时响起，紧接着是齐国君臣和贵宾祭祖神灵，互相行揖让之礼及就座的礼仪场面。第二部分乐舞进入正式表演阶段，也包括三个乐章。装扮成百种鸟兽的众多舞蹈者逐渐登场，刚柔相间，翩翩起舞，由鼓、镛、管、笙等乐器伴奏。乐章的内容反映的是人与自然的斗争精神，感谢大自然赐

---

① 李纯一：《先秦音乐史》，人民音乐出版社1994年版，第139页。

予的万物与天人合一的精神，歌颂齐国的强大富庶。第三部分为乐舞的高潮部分，也由三个乐章构成。在欢快的乐歌烘托下，装扮成众鸟兽的舞蹈者纷纷登场，热情起舞，一派欢乐祥和的气氛。紧接着，在热情奔放的乐曲伴奏下，一对美丽的凤凰从天而降，落于舞台中央，众鸟兽围绕着凤凰欢乐起舞，将整个乐舞推向高潮。乐章反映了人们成功后的喜悦，对英明的齐国君主以及先帝的崇敬之情。简言之，层次清晰，结构严谨，主题突出，是齐《韶》乐舞的主要结构特点；轻盈舒缓，欢快祥和，奔放热烈，是整个乐舞的主要风格特征①。像这种规模宏大、风格独特的乐舞，从一个侧面反映了齐国雄厚的物质基础和浓厚的文化氛围。

三、齐国《韶》乐舞的艺术特色

齐《韶》乐舞是齐国舞蹈艺术的代表作，是继舜《韶》乐舞之后出现在我国舞蹈艺术发展史上的又一高峰，也是中国古代舞蹈史上光辉的一页。绚丽灿然的齐《韶》乐舞蹈艺术显示了我国古代音乐舞蹈文化的丰富内涵。综观春秋战国时期各个诸侯国的舞蹈艺术，论其艺术特色，没有比齐国的乐舞《韶》更鲜明、更独树一帜的了。无论是从舞蹈的场面、演员的人数、乐队的规模、乐器的种类，还是从舞蹈服饰上看，都具有鲜明的艺术特色，对后世影响深远。

首先，从舞蹈的场面和表演人数来看。齐《韶》乐舞在整体结构上包括了九个章节，整个舞蹈不仅内涵丰富，过程繁复，而且在艺术形式上由乐、舞、歌三部分构成。当演奏《韶》乐舞时，必须由庞大的歌、乐、舞队伍相互协调配合，三者融为一体，组成统一完美的综合艺术形式，才能达到一种很高的艺术境界。正所谓："诗言其志也，歌咏其声也，舞动其容也，三者本于心，然后乐器从之。"（《礼记·乐记》）在齐《韶》乐舞"百兽率舞"的场景中，为了表现天人合一，歌颂齐国的强大富庶，赞美齐国君王德政治理下的太平盛世场面，仅

① 黄丽莉、宋会群：《韶乐的结构、风格、乐器、舞蹈的研究》，《音乐创作》2009 年第 1 期。

扮演百兽的舞蹈者就至少达上百人之多。时至今日，作为齐《韶》乐舞遗存的大型民间乐舞《百鸟朝凤》，其中舞鸟者33人，每位舞鸟者前面又有两位各持两盏花瓶灯的伴舞者，计66人[①]，仅从舞蹈表演者来看就有99人之多。按此推算，齐《韶》乐舞中"百兽率舞"的舞蹈者可能达到200人左右，其舞蹈场面博大恢弘，可见一斑。在齐国乐舞《韶》的高潮部分"笙镛以间，鸟兽跄跄;《箫韶》九成，凤凰来仪"，应是全体舞蹈表演者最后的集中展现。此时，钟磬齐鸣，鼗鼓频击，排箫喤喤，琴瑟箫管共谐，金声玉振，百兽欢跃，百鸟朝凤，这时整个舞蹈也在高潮中结束。从参加整个舞蹈表演人数上看，至少应在500人以上，由此构成一个恢弘壮丽的场景。

其次，从乐队的规模看。乐器是舞蹈艺术的重要组成部分，也是构成舞蹈艺术的重要因素之一，乐器与舞蹈具有密不可分的关系。无论是古代舞蹈还是现代舞蹈，如果没有乐器进行伴奏，用美妙的乐曲加以烘托渲染，就难以达到很高的艺术境界，这也是古代把音乐和舞蹈统称为乐舞的原因。据考证，齐国乐舞《韶》的伴奏乐队可分为打击乐器组合、弦乐器组合和吹奏乐器组合等。从乐器的种类看，所有乐器均采用八种材料制成，即金、石、丝、竹、匏、土、革、木八种材料，更为重要的是，雅乐演奏必须使用源自华夏中原的乐器，尤其重视钟、磬的使用，以突出展示古人"金声玉振"之理念[②]。根据伴奏乐器的种类和数量分析，乐器的伴奏者最少也应在38人以上。由此看来，齐国《韶》乐舞的伴奏乐队规模也比较宏大。

再次，从舞蹈表演者的服饰看。舞蹈服饰承载着既定舞蹈形象的塑造使命和特定舞蹈内涵的阐示功能[③]。舞蹈服饰不仅是舞蹈整体构成的重要组成部分，也是舞蹈内涵的重要表达手段。齐《韶》乐舞为了表现不同的内容和情节，舞蹈者身着端庄文雅、庄重大方的服饰，伴

---

① 秦吟:《孔子在齐闻〈韶〉考》，载资盟主编《韶乐》，山东友谊出版社1999年版，第40—48页。

② 黄莉丽:《韶乐研究现状述评》，《人民音乐》2009年第4期。

③ 张琬麟:《舞蹈服饰论》，中国社会科学出版社2005年版，第1页。

着优雅的舞姿，用来歌颂齐国君主的德政；身着色彩鲜艳、花纹美丽的服饰，长袖交横，翩翩起舞，则用来表现齐国强大富庶、欢乐祥和的太平景象。齐《韶》乐舞为了展现不同的精神风貌，在服饰造型上，有的装扮成鸟兽样式，是为体现生动活泼的气氛；有的身着端庄华丽的服饰，扮成帝王贵胄的形象，则为体现严肃庄重的气氛，正所谓“绅端章甫，舞《韶》歌《武》，使人之心庄”（《荀子·乐论》）。从中可以看出，服饰是齐乐舞《韶》艺术形式的重要因素之一，也是体现其丰富内涵和艺术风格的重要手段。因此，庄重沉稳与华丽生动是齐《韶》乐舞服饰造型方面最鲜明的特色。

此外，齐国《韶》乐舞在道具的使用上也别具特色。《汉书·礼乐志》载有：“殷殷钟石羽籥鸣。”师古曰：“殷殷，声盛也，石谓磬也。羽籥，《韶》舞所持者也。”即是说，齐《韶》乐舞的表演者“左手执籥，右手执翟”（《五代史·乐志》）。羽籥，是指舞者所持的舞具和乐器，也就是舞蹈者一手持舞具一手持乐器，随着音乐的节奏边舞边奏。以舞具和乐器作为舞蹈表演时的道具，是齐《韶》乐舞艺术的重要特色之一。作为构成舞蹈形式美重要元素的服饰和舞具，不仅使齐国独具艺术特色的《韶》乐舞的内涵得到充分的体现，而且也给人以强烈的视觉冲击力和艺术感染力。

四、齐国《韶》乐舞对后世的影响

齐国《韶》乐舞由于在内容与形式上得到了完美的结合，达到了“金声玉振”、“肃雍和鸣”的艺术境界，因而对中国舞蹈艺术尤其是对其宫廷舞蹈的发展产生了深远影响。《韶》作为夏、商、周军国大事演奏的重要乐舞，在当时的政治和文化生活中占据了相当重要的位置，也是当时宫廷乐舞的重要组成部分。齐《韶》乐舞格外引人注目，则是从孔子在齐闻《韶》始，这是齐《韶》乐舞成为中华几千年宫廷乐舞重要内容的肇始。秦灭齐后，齐《韶》乐舞并没有随齐国的灭亡而消失，相反，秦始皇亲自选定《韶》、《武》为文、武二舞，确定了其庙乐地位。而秦二世胡亥在秦始皇死后，又正式把《韶》乐舞作为庙乐专用于祭祀先帝。可见，秦汉以降，齐《韶》乐舞就演变为当朝专用以祭祀先帝之庙乐，也成为中国古代宗庙和皇帝制度的重要成分。由此，齐《韶》乐舞的地位也升至极致。

古代典籍中对孔子之后齐《韶》乐舞流传的历史多有记载。《隋书》载有："秦始皇灭齐，得齐《韶》乐；汉高祖灭秦，《韶》传于汉，高祖改名《文始》，以示不相袭也。"秦汉时期均把《韶》定为祭祀之乐。曹魏时期，魏文帝曹丕将《文始》复称《大韶》，以为庙乐[①]。至南朝梁武帝，自定郊庙祭祀之乐，以《大韶》名《大观》。《韶》乐虽不断改换名称，但仍居于帝王用乐之列，在祭天、祭祖时，《韶》乐舞是表演的重要内容之一。直至清朝顺治帝，到康熙、雍正、乾隆等帝，祭天地、太庙、社稷、孔子时都一直沿用《中和韶乐》。说明齐《韶》乐舞虽历经二千多年，其艺术精髓一直根植于中国舞蹈的发展历史之中，由它所产生的礼乐舞蹈典范和雅乐艺术形式，一直影响着几千年来的中国舞蹈文化的发展与演进。

总的来看，宽松的文化政策、雄厚的物质基础以及齐文化的开放性，为齐国舞蹈艺术的发展创造了宽松的社会条件，由此才给后世留下了独具特色的齐国舞蹈文化。无论是齐国的宫廷舞蹈还是民间舞蹈，都取得了令人叹服的成就，尤其是"尽善尽美"的齐国《韶》乐舞，是先秦舞蹈艺术中的巅峰之作，并被历代充作国之典章，影响中国舞蹈艺术创新与实践长达二千多年，成为具有独特形态和神韵的东方舞蹈艺术经典之作，在中国古代舞蹈史上占有极为重要的地位。因此，深入探索齐国舞蹈艺术的渊源和演变发展过程，借鉴其精华，不仅对丰富和完善中国舞蹈发展史有重要的学术价值，而且对当代舞蹈艺术创作与实践也有重要的现实意义。

---

① 韩玉德：《〈韶〉乐考论》，《学术月刊》1997年第3期。

第五章　齐国陶瓷艺术

中国是世界著名的陶瓷古国，我国陶瓷的产生、发展特别是精湛的制作工艺和悠久的历史传统，不仅是中华灿烂文化的重要组成部分，而且也对人类文化作出了卓越的贡献。齐地制陶历史悠久，是我国古代陶器的发源地之一。据最新考古发现，至迟在距今8500年的后李文化时期，就已经烧制出比较成熟的陶制器皿[①]。这时的陶器制作工艺较原始，器类也比较简单。尤其是在早期阶段，陶器常采用分段手工制作，器壁厚薄不匀，部分器形也不尽规整，口部的圆度也较差。在晚些阶段，才在制作中使用慢轮修整器口的工艺。齐建国后，齐地的制陶业又有了新的发展，从业者多，制陶作坊分布广。西周初年，齐国始设“陶正”，管理陶器的生产。齐地的陶瓷工艺，不论是从种类、器形、装饰看都具有浓郁的地域特色，不仅是中华陶瓷文化的重要源头之一，而且对我国后世陶瓷工艺的传承和发展也有着深远的影响，时至今日，淄博仍是我国重要的陶瓷生产基地之一。

第一节　先齐时期陶器艺术

陶器制作的成功，不仅对当时人们的经济生活有着巨大的影响，也为后来铜器、铁器的出现创造了条件。陶器的发明是人类发展史上

① 济青公路文物考古队：《山东临淄后李遗址第一、二次发掘简报》，《考古》1992年第11期。

划时代的标志。关于陶器的制作，在原始社会，除了主观上的生活需要以外，客观上还因为有了“火”。正是人们掌握了人工取火的方法，才具备了制造陶器所必需的条件。齐地的制陶业在大汶口文化时期就已经日趋成熟，为以后齐地在龙山文化时期达到制陶史上的巅峰奠定了坚实的基础。

一、齐地大汶口文化时期的陶器艺术

大汶口文化的齐地制陶业处于陶器生产历史上一个飞速发展的时期，大汶口文化陶器的成就不仅表现在器类的增加、复杂的器形、丰富的色彩、成熟的制作工艺与烧制技术，更为突出的是这一时期出现了陶瓷发展史上具有划时代意义的白陶。

陶器发明之初，不仅器物种类很少，造型也极为简单，随着时代的推移与社会发展，社会需求日趋复杂，除了实用目的外还出现了原始的审美方面的需求，同时陶器生产技术的进步也为这种需要变为现实提供了可能。所以在大汶口文化时期，陶器的生产规模不断扩大，器物种类逐渐增多，造型也渐趋复杂。从出土实物和相关资料分析，北辛文化的陶器种类较少，大汶口文化则是陶器种类迅速增多的时期。大汶口文化早期新出现了觚形杯、高足杯、鬶、壶、豆等种类，鼎的种类也明显增多，出现了盘形鼎、盂形鼎等。中期则新产生了背壶、圈足尊、管状流的盉、筒形杯等。晚期则又出现了黑陶高柄杯、瓶、圈足盘等新器类。在器类增加的同时，这一时期的陶器在造型上也日趋复杂，形制更为复杂的三足器、圈足器的数量明显增多。更为值得一提的是，在许多器物上出现了各种或实用或装饰的附件，如耳、鼻、饼、突、流、把等，这种造型复杂化是大汶口文化以前极为少见的。器物种类的增多和形制的复杂，与这一时期制陶工艺的进步是有密切关系的。在北辛文化时期，已经产生了将陶器置于轮盘上，再慢慢转动陶轮以修葺陶器外形的技术，通常称为慢轮修整。到大汶口文化早期，这种慢轮修整技术已经运用得越来越熟练和普遍。利用陶轮旋转的势能来提高陶器生产的效率和质量，是制陶技术方面的一个巨大进步。大汶口文化中期，又出现了用陶轮快速旋转生产陶坯的新技术。由于轮制技术有着极高的生产效率，可以数十倍提高陶器的产量，并且利用这种新技术成型的陶器器壁厚薄均匀，器形规整。所以，这种新技术得到了迅速的推广应用。到大汶口文化晚期，采用快轮拉坯成型技术生产陶器已经成为比较普遍的现象①。如山东广饶地区大汶口文化时期遗存的陶器多数为轮制②。

齐地大汶口文化时期陶器的成就还体现在色彩方面。这个时期陶器色彩的进步，则更多的是依赖于烧制工艺水平的不断提高。一般来说，史前陶器的颜色主要是红、灰、黑三大类。陶器颜色方面的不同，是因为器物入窑后采用了不同的烧制技术所致。烧制时不封窑或封窑不严密，陶器在烧制过程中就会产生氧化还原，烧制出的陶器就是红陶。在大汶口文化早期，烧制技术相对简单，因而陶器的颜色多以红色或红褐色为主，灰陶和黑陶的数量很少；如果烧到一定程度时对陶窑进行密封，烧成的陶器就会呈现灰色，即灰陶；在烧制灰陶的基础上，再进行渗炭处理，即把炭或含炭物置于窑内，使其渗透到陶器壁中，烧成的陶器就变成了黑陶。从大汶口文化晚期墓葬出土的随葬品看，红陶的比例下降，黑陶和灰陶的数量明显增多，黑陶的数量已经超过红陶占据主导地位。胶州三里河出土的大汶口文化代表性陶器黑陶高柄杯，制作时先用细泥陶分别制成杯、柄、座，再相互黏合，杯身则经过刮、削、轮修、磨光等工序，使器壁薄而略带光泽。特别是烧制时，必须受温均匀，火候适宜，才会陶色纯正，陶质坚硬。黑陶高柄杯的出现，标志着当时的陶工已有着丰富而熟练的制陶经验③。齐地临沂大范庄遗址也出土了多件大汶口文化晚期的黑陶镂孔高柄杯，均为细泥黑陶，烧成温度较高，表面乌黑发亮，轮制技艺精湛，造型

① 栾丰实：《大汶口文化》，山东文艺出版社2004年版，第83—86页。

② 山东省文物考古研究所、广饶县博物馆：《山东广饶新石器时代遗址调查》，《考古》1985年第9期。

③ 中国社会科学院考古研究所：《胶县三里河》，文物出版社1988年版，第52页。

优雅美观，器壁仅1毫米~1.5毫米，口沿更薄，只有0.5毫米左右[①]。这说明齐地大汶口文化时期的陶器，无论是色彩表现、制作工艺，还是烧制技术，都已经达到比较成熟的阶段。

齐地大汶口文化时期陶器的成就，还突出表现在陶色的多样、镂孔的应用和彩陶的装饰上。齐地大汶口文化时期陶器的一个显著特点，就是陶色丰富多样，有红、灰、青灰、褐、黄、黑、白等数种。大量镂孔的出现，则是齐地大汶口文化时期陶器的另一个显著特点。镂孔主要见于豆和高柄杯上，有三角形、圆形、方形、长条形、菱形等，这是齐地大汶口文化时期明显有别于其他地域陶器的一大特征。齐地大汶口文化时期彩陶数量并不多，但齐地的彩陶有着自己独特的艺术风格。颜色主要有红、黑、白三种，有的三种颜色同施于一个器物上，用彩手法有单彩和复彩之分。彩绘一般都在器物的外部，大多数器形先在器表绘上图案，然后再入窑烧制，这样生产出来的彩陶器皿色彩艳丽、坚固耐用。还有少数器形的花纹是在陶器烧好后才绘制而成的，因而颜色极容易脱落；也有的在画前先施一层红色或白色陶衣，然后再进行彩绘。彩纹别具风格，有着强烈的地域色彩。纹饰主要有圆点纹、圆圈纹、窄条纹、三角纹、水波纹、菱形纹、旋涡纹、弧线纹、连弧纹、花瓣纹、平行折线纹、带状网格纹等。花纹以使用地色的两层或三层图案最具特色，技法十分娴熟。其中以白地绘黑、红两色纹样和红地绘黑、白两色纹样所构成的图案最具代表性。

白陶的发明是陶瓷史上一项突破性成就。白陶是用白黏土作胎烧制成的陶器，其胎中氧化铁含量低，仅为1.6%左右，所以烧成后胎呈白色。大汶口文化时期的白陶颜色主调为白色，但因胎土和烧制技术的差别，烧成后也有浅黄、橙黄、橘红、粉红或黄色。此时白陶基本采用轮制成型，器形复杂者采用分部位制坯，然后用泥浆粘接成型。如筒形柄豆，豆盘与柄先分制，然后粘接，修坯，经修饰后不见接痕。器形主要有袋足鬶、三足盉、宽肩壶、筒形豆、高柄杯等。这个时期

---

① 中国硅酸盐学会：《中国陶瓷史》，文物出版社1982年版，第21页。

的白陶以素面为主，个别鬶、盉腹部贴有附加堆纹，既起加固作用，又有一定的装饰效果。大汶口文化时期的白陶一般以坩子土为原料，胎土有的较粗，烧成后呈白色或粉红色，也有的呈黄色。商代晚期白陶得到较大的发展，胎土选料精，胎质细腻，个别白陶以高岭土为原料。器物成型均为轮制，器壁厚薄均匀。西周以后各地几乎均不见白陶，白陶虽然在中国陶瓷发展史上昙花一现，但因它独特的风格并为瓷器的出现奠定了技术基础，故成为中国陶瓷史上的一枝奇葩[①]。

二、齐地龙山文化时期的陶器艺术

齐地龙山文化时期的陶器，无论在制法、陶色上，还是在某些器形上，都具有明显继承大汶口文化的迹象。如轮制技术在大汶口文化时期已经开始出现，到龙山文化时期则被大量采用；黑陶的比例也由少到多以至于大量出现；器形的承袭演变也相当清晰，龙山文化的某些类型的鼎、鬶、豆、单耳杯、高柄杯等，都可以从大汶口文化时期同类器物中找到渊源。

齐地龙山文化时期的制陶业，在大汶口文化的基础上又有了进一步的发展。首先是陶器的制法上有了很大的进步，主要表现在轮制技术的普遍应用上。这时除了部分陶器及耳、鼻、嘴、流、把、足等附件外，器身一般都用轮制，因而器形相当规整，器壁的厚薄也十分均匀。从山东姚官庄遗址出土的实物看，手制陶器多用泥条盘筑，但用这种制法的仅见于鬶和盉两种器形。由于普遍使用了轮制技术，所以这一时期的陶器无论在数量还是质量上都比过去有明显提高。

齐地龙山文化时期的陶器以黑陶为主，其次是灰陶，还有少量的红陶、黄陶和白陶，后三种陶多用来制作陶鬶。陶器表面多为素面磨光，有的陶器表面有压划纹、划纹、堆纹和利用快轮旋转形成的各种弦纹，有的还有绳纹、篮纹、方格纹、窝纹及镂孔等纹饰。在山东日

① 《中国古陶瓷图典》编辑委员会：《中国古陶瓷图典》，文物出版社1998年版，第41页。

照两城镇出土的蛋壳黑陶陶片上，还划有近似铜器纹饰的云雷纹①。器形以平底器最多，三足器次之，足的种类丰富，变化也比较复杂，圆足器较多的同时圆底器则基本不见，各种陶器都流行盖、耳、流、鼻、鋬等附件，说明龙山文化时期齐地的陶器从功用到审美比大汶口文化时期都有明显的进步。常见的器形主要有罐、鼎、豆、鬶、盉、甗、杯、壶、盆、鬲、匜等。齐地龙山文化时期的陶器不仅种类丰富，而且在功用上也突出呈现出形态多样、设计合理的特点。

齐地龙山文化时期的生活用陶，在大汶口文化的基础上又细化出炊具陶器、烧水用陶、盛食器、酒器和陶响器等功能更为明确的种类。从传承看，陶鼎是齐地典型的炊具，到龙山文化时期，鼎的种类更多，样式变化也很大，更多地体现在器形的审美方面。比较引人注目的是鸟首形鼎，这种鼎足非常生动地表现了鸟首的形象。如山东邹平丁公遗址中就出土了一件鸟首形足鼎，该器物为夹砂灰陶，折腹盆形，沿下饰四组齿形纹，器物高 21 厘米，口径 32.5 厘米②（图 5－1）。在日照两城镇遗址中也见到了盆形腹鸟首足鼎（图 5－2），反映了齐地陶器艺术风格的共同特征。龙山文化时期的另一种炊具陶鬲，则从功能上体现了当时齐地炊用陶器的进步。陶鬲由于其下部为袋足，与火的接触面积大，因而

图 5－1　鸟首形足鼎

① 山东省文物管理处：《山东日照两城镇遗址勘察纪要》，《考古》1960 年第 9 期。

② 山东大学考古系、山东大学博物馆：《山东大学文物精品选》，齐鲁书社 2002 年版，第 23 页。

图5-2　鸟首形足黑陶鼎

更利于食物煮熟，这从设计与功能上就更趋于合理与科学。从器形看，甗的出现则是龙山文化时期陶器造型设计的典型代表。甗是龙山文化中晚期产生的炊具，它是罐与鬲结合在一起而形成的，因而同时具有蒸、煮两种功能。甗的造型一般是由盖、甑、鬲三部分构成，最下部的鬲是三个空心袋足，用于盛水，鬲上承甑，甑底放箅，箅子上盛放食物，甑上加盖。甑的出现，不仅体现了龙山文化的陶器与大汶口文化的传承关系，更重要的是从设计的科学、功能的完善上充分说明了龙山文化时期陶器的发展与进步。

齐地龙山文化时期烧水用的陶器主要是鬶，这一时期出土的鬶不仅数量多，而且有的鬶内部还有很厚的水垢，说明龙山文化时期的齐地先民已经比较普遍饮用开水。齐地的陶鬶多为红陶和白陶，一般由流、颈、袋足、把手等组成，带盖的较多（图5-3）。这个时期鬶的形制与大汶口文化时期有所不同，主要变化是颈部扩大变粗，有的甚至与腹部连成一体，两者的界限不十分明显。鬶是山东地区特有的陶器，在其他文化区域则极少出现。陶鬶的造型以鸟的形象为基本特征，反映了齐地崇尚鸟的习俗（图5-4）。20世纪60年代初，潍坊姚官庄遗址出土的鬶形器达46件。口部多呈椭圆形而稍向外侈，有的长流向上伸，颈部较长。足呈圆锥形实足或袋状空足，其中两条较直，三足位置呈等腰或等边三角形。与流相对的一侧，各有一个较大的把手。一般在流与口、把手和颈部连接处的两侧及腹前部都有乳钉纹的装饰。该遗址出土的一件橙黄色的陶鬶，就是这类器物造型和装饰的典型代表。鬶高29.2厘米，长流高颈，腹下有三个袋状足，背置绳索状鋬手。器物的表面普遍饰有乳钉纹，腹部还饰有凸弦纹和盲鼻①，充分体现了这一时期齐地陶器造型的地域特色。

图5-3　临淄桐林田旺遗址出土的白陶鬶

齐地龙山文化时期，还出现了专门用于盛放食物的陶器——豆。

① 文物编辑委员会：《文物资料丛刊》（5），文物出版社1981年版，第14页。

图5－4　临淄桐林田旺遗址出土的红陶鬶

山东邹平丁公遗址出土的陶豆，盘足之间有较高的柄，当人们席地而坐进食的时候更方便于取食，是盛食器中的典型器物。与盛食有关的器皿还有盘、盆、碗等，这与大汶口文化时期以陶钵为主要盛食器的现象相比较，从种类、数量、功能上均能体现龙山文化时期盛食陶器的进步。齐地龙山文化时期陶器中的另一个特色种类是盛酒器。齐地陶器专门用于盛酒的器皿主要有罍、尊等。其中陶罍的形体较大，应是用来储藏酒的器皿。章丘城子崖遗址988号灰坑出土的一件陶罍为泥制黑陶，有平顶盖。通高79厘米，口径36.5厘米，腹径66厘米，是目前发现的最大的陶罍。这一时期更多的则是酒杯的出土。龙山文化时期齐地的酒杯种类已经较多，但以蛋壳黑陶质地的为多数，大小差异也比较明显。从形制看，有鼓腹杯、直腹杯、曲腹杯，还有少量的蛋壳黑陶高柄杯，杯大多为平底，少量为圈足器形。1977年山东临沂大范庄龙山文化遗址出土的单把鼓腹杯为泥质黑陶。杯高10.5厘米，口径5.9厘米，足径5.2厘米。这件黑陶单把杯外形规整，纹饰简洁，器壁厚薄均匀，造型端庄大方，古朴典雅，对后世杯形器的设计制作有着深远的影响①。除上述陶器外，齐地龙山文化时期还有陶纺轮、陶拍、陶垫、陶镞、陶弹丸、陶网坠等陶制工具。明显不同于大汶口文化的是，这一时期还出现了用于装饰和娱乐的工艺品，如陶环、陶球、陶塑人面、陶响器等。齐地龙山文化时期的陶器虽然在种类、数量、功用、造型等方面都取得了长足的进步，但这个时期最具特色的则是黑陶工艺。

三、齐地龙山文化时期的蛋壳陶

蛋壳黑陶的前身是大汶口文化时期的薄胎黑陶，主要流行于山东地区龙山文化时期，龙山文化以较多的黑陶为特征，所以龙山文化又被称为“黑陶文化”。据测定，黑陶的烧成温度达1000℃左右，显示出极高的工艺水平。黑陶有细泥、泥质和夹砂三种，其中以细泥薄壁

---

① 王守功：《山东龙山文化》，山东文艺出版社2004年版，第22—26页。

黑陶的制作工艺水平最高，这种黑陶的陶土经过精细淘洗、轮制，胎壁厚仅0.5毫米~1毫米左右，造型精美，表面乌黑发亮，胎壁较薄，有的薄如蛋壳，故有“蛋壳陶”之称。黑陶的原料是中砂性黏土、河流沉积土，经过精细的淘洗、充分的提炼和陈腐，陶坯成型后要仔细修刮和打磨。在陶窑中焙烧时，开始用氧化火焰，使胎体硬结，在烧窑即将结束时，火焰控制为还原火焰，并用浓烟熏翳，经过相当时间的渗炭，即烧成黑陶。渗炭使胎体孔隙含有相当多的炭微粒，这些炭微粒很细，表面面积大，能把照射到胎体上的所有光波全部吸收，从而导致胎体变黑。至于黑陶表面呈现的光亮，主要是陶坯制成后尚未干透前用鹅卵石或兽骨做成的光滑工具在上面细细打磨的结果。所以黑陶通常具有“黑、薄、光、钮”四个特点。黑是指色泽黑；薄是指器体很薄，蛋壳陶是齐地龙山文化时期黑陶技术成就的典型代表；光是指器表光鉴照人；钮是指器物多有穿绳或手持的器耳或盖钮[①]。制作这种薄如蛋壳的精品，不仅需要丰富的经验和熟练的技术，陶窑的构造和烧封窑技术也需要有相当高的水平才能制成。因此，蛋壳陶本身就是齐地龙山文化时期制陶技术与工艺进步的标志，显示了齐地当时已有极高的制陶工艺水平。

蛋壳黑陶高柄杯是齐地龙山文化时期一种特有的代表性器物，也是我国古代制陶工艺的巅峰之作，被誉为“黑如漆、亮如镜、硬如瓷、声如磬、薄如纸”的东方艺术珍品。由于蛋壳陶的器壁太薄，因而极易破碎，从1928年考古学家首次在章丘城子崖龙山文化遗址发现始，在很长一段时间内，人们都不曾看到过完整的器物。20世纪60年代初，在潍坊姚官庄遗址中出土了两件造型精美的蛋壳陶豆形器，均为细泥黑陶，轮制，壁厚仅0.5毫米，为龙山文化首次可复原完整的蛋壳陶器。其中一件高12.4厘米，口径14.2厘米。豆盘为大敞口，腹壁较直，圜底，套入筒形器座内。器座上有镂孔和纤细的三角形、长

---

① 史仲文：《中国艺术史》（工艺美术卷），河北人民出版社2006年版，第17页。

方形、斜线等划纹[1]，其外表之精美，令人赞叹。1975 年，山东日照东海峪龙山文化墓葬出土的一件蛋壳黑陶镂孔高柄杯，更是以造型奇巧令人称奇。杯高 22.6 厘米，口径 9 厘米，为泥质黑陶，器表乌黑光亮。宽斜口沿，深腹杯身，细管形高柄，圈足底座，杯腹中部装饰六道凹弦纹，细柄中部鼓出部位中空并装饰细密的镂孔，好似笼状，其内放置一粒陶丸，将杯子拿在手中晃动时，陶丸碰撞笼壁会发出清脆的响声。杯子站立时，陶丸落定能起到稳定重心的作用，其造型设计十分巧妙[2]（图 5－5）。出土于山东桓台李寨、现藏于桓台县博物馆的蛋壳黑陶镂空高柄杯，可以说以造型精巧、典雅华贵而著称。该杯高 15 厘米，口径 10.6 厘米，底径 4.6 厘米。整个器形可分为两段，上部为一敞口杯，下部为一筒形镂空座。矮圈足，整个器物有四层弦纹，两层镂空。口沿最薄处仅 1 毫米，杯体最厚处 3 毫米，是典型的龙山文化蛋壳陶[3]。该器物整体造型显得玲珑剔透、端庄秀丽，而且整件器物烧成后没有丝毫变形，可见当时制陶技术的高超，代表了龙山文化制陶艺术的最高水平（图 5－6）。这类器物在我国同时代诸原始文化中都

图 5－5　蛋壳黑陶镂孔高柄杯

---

① 文物编辑委员会：《文物资料丛刊》（5），文物出版社 1981 年版，第 37 页。

② 王守功：《山东龙山文化》，山东文艺出版社 2004 年版，第 26—27 页。

③ 张越：《蛋壳黑陶镂空高柄杯》，《管子学刊》2007 年第 3 期。

图5-6　蛋壳黑陶镂空高柄杯

很罕见，堪称我国原始手工业制陶工艺中的杰作。时至今日，这种以黑、光、亮、薄见长的蛋壳陶的工艺技术仍难以掌握，由此足见制作蛋壳陶的工艺之高超，因而可用“不可企及的艺术”来概括齐地蛋壳陶的工艺精湛及制作方法之独特。

第二节　齐国陶器艺术

齐建国后，齐地的制陶业有了长足的发展，这为齐国陶器种类日趋丰富提供了坚实的社会基础和技术支持。首先是齐国专设“陶正”，管理从业人数众多的制陶业。从出土的陶文看，战国时仅临淄就有十多个乡、五十多个里从事制陶业，从业者达数百人，这从一个侧面反映了临淄乡、里制陶业的盛况。其次是原始青瓷器即石灰釉的出现，这说明齐国的制陶技术发展到了一个崭新的阶段。从20世纪六七十年代山东益都苏埠屯、济南大辛庄商代遗址出土的青釉瓷豆、瓷片来看，表明远在三千多年前的商代，齐地就已掌握了原始青釉瓷器烧制工艺技术。经现代科学手段对这些原始瓷器作定量定性分析，烧成温度在1200℃以上，基本达到烧熔状态，已经具有现代瓷器的某些特性。釉的出现在制陶史上具有划时代的意义，它预示着严格意义上的瓷器即将诞生[①]。考古资料表明，西周时期齐国的原始瓷器已达到较高的发展水平。20世纪80年代末，在齐国故都临淄河崖头村发现了西周时期的青釉瓷豆，从釉色到形制与商代原始瓷器相比都有了较为明显的进步。春秋时期的原始瓷器和西周时期的原始瓷器相比，质量又有明显提高。从商代、西周到春秋各个时期原始瓷器的发展可以看出，它的工艺发展过程是一脉相承的。再次是烧制技术的发展进步。齐国陶窑与以前相比呈现出规模更大、设计更加合理的特点。比如山东章丘宁家埠遗址就发现了三座东周时期的齐国窑址。其中的一座是利用断崖的自然地势建成的，窑的构造由窑室、窑床、火膛和火门四部分构成。窑室

① 李英森、程刚、王秀珠：《齐国经济史》，齐鲁书社1997年版，第394页。

为圆形筒状，直径为1.7米，残存最高处0.28米。窑壁是用草拌泥抹平后烧成，极为坚硬，窑床的大部分已塌陷，只有一个火眼保存完好。火眼成长条形，上窄下宽[①]。这反映了东周时期齐国的制陶与烧制技术的进步。从业人员多，技术进步，势必使陶器的数量大幅增加，因而为陶器因功用不同而形成不同的类别提供了可能。从功用角度看，齐国的陶器主要分为日常生活类陶器、陶俑、陶礼器、陶冥器、陶制工具以及各种工艺品、建筑陶器等。

一、齐国生活类陶器

齐国日常生活类陶器是在先齐地区陶器造型的基础上，因社会经济发展和生产力水平的不断进步而逐步演进过来的。在龙山文化时期，齐地的陶器以平底器最多，三足器次之，圈足器也较多，但圆底器则基本不见。常见的器形主要有罐、钵、鼎、豆、鬶、盉、甗、杯、壶、盆、鬲、匜等。西周时期齐国陶器的基本特征是袋状足、圈足和平底，器形以罐、鼎、豆、鬲、簋、甗、罍等最为常见。春秋时期的齐国陶器更多继承了前期的传统，器形仍然以平底器和三足器为主，并兼有少量圈足器。其质料以泥质灰陶为主，夹砂灰陶次之，并有一些夹砂红陶和夹砂灰褐陶。常见的器形有用作炊器的鼎、鬲、釜、甑，用作食器的豆、簋、盂、碗、盘，用作盛用器的钵、盆、罐、瓮等。战国时期的制陶业随着工商业的快速发展，出现了更为集中和专业化的倾向，器形与春秋时期相比，并未出现大的变化。日用陶器中的质料主要是泥质灰陶、泥质褐陶、泥质灰褐陶等，只有釜之类的炊器多为夹砂陶。这个时期常见的器物有用作炊器的釜和甑，盛放食物的罐、壶、钵、盆、瓮，饮食用的碗、豆、敦、舟、盘等，盛酒用的有罍、壶、尊等。其中，用作食器的豆是这一时期齐国最具特色的生活类陶器之一，以造型别致、形式多样、产量巨大而在当时各诸侯国中闻名。盛

① 山东省文物考古研究所：《济青高级公路章丘工段考古发掘报告集》，齐鲁书社1993年版，第48—50页。

放食物的豆，豆盘或深或浅，或敞口或带盖，喇叭形圈足上有高高的豆把，对当时席地而坐的饮食习惯非常适宜。盖舟也是当时齐国流行的一种特色食器，在其他地区极为少见。盛酒器中的陶罍，有的形体较大，应是专门用来储藏酒的器皿。如齐国故城临淄淄河店二号战国墓出土的一件陶罍，器高达38厘米，肩部两侧还有对称横置的绳索状半环形钮①。

战国时期，各诸侯国的日用陶器，由于区域的不同，在器形方面也呈现出不同的风格特征。比如秦国的以蚕形壶、折腹盆，三晋地区的以鸟柱盘，赵国的以莲瓣式盖壶，韩、赵交界地区的以鸟头盉，燕国的以桶形实足鬲、弯颈壶，中山国的以鸭形壶，越国的以原始青瓷兽头鼎为特色，而齐国的盖舟、高把环钮豆最具特色②，这反映了不同地区各诸侯国之间器物造型的不同地域特色。

二、齐国陶俑

人殉在齐立国后已明显减少，尤其是战国时期人殉已十分少见，用陶俑和木俑随葬的风俗日盛，用陶俑等随葬可以说是对人殉的替代。齐国的陶俑胎质一般较粗，陶土不经过淘洗，火候也较低，胎质疏松。齐国的陶俑一般形体较小。20世纪70年代初，临淄郎家庄一号东周殉人墓出土了一批陶乐舞俑。有侍俑和杂技俑两类，杂技俑有说唱俑和骑俑二种，说唱俑为男俑。该墓出土的这批陶俑是目前我国发现最早的陶俑，且和人殉共存。它不仅印证了齐国制陶业的高度发达，也为研究我国人物雕塑史和古代俑殉制的发生、发展提供了重要的实物资料③。2001年，在齐国故都临淄赵家徐姚战国墓也出土了一批彩绘陶俑，有人物、动物等。人物多数作立姿，少数作跪坐姿，还有的作双臂侧伸舞蹈状。这批陶俑组合有序，造型优美④（图5－7、图5－8）。

---

① 山东省文物考古研究所：《山东淄博市临淄区淄河店二号战国墓》，《考古》2000年第10期。

② 中国硅酸盐学会：《中国陶瓷史》，文物出版社1982年版，第96页。

③ 山东省博物馆：《临淄郎家庄一号东周殉人墓》，《考古学报》1977年第1期。

④ 淄博市临淄区文化局：《山东淄博市临淄区赵家徐姚战国墓》，《考古》2005年第1期。

图5－7　跪坐陶俑

特别是1990年在山东章丘女郎山战国墓出土的一组彩绘乐舞陶俑，对研究齐国陶俑的造型、内容、艺术风格及制陶工艺甚为珍贵。这批彩绘乐舞陶俑共38件，由26件人物俑、4件乐器、8只祥鸟组成。其中，人物俑包括歌舞俑、

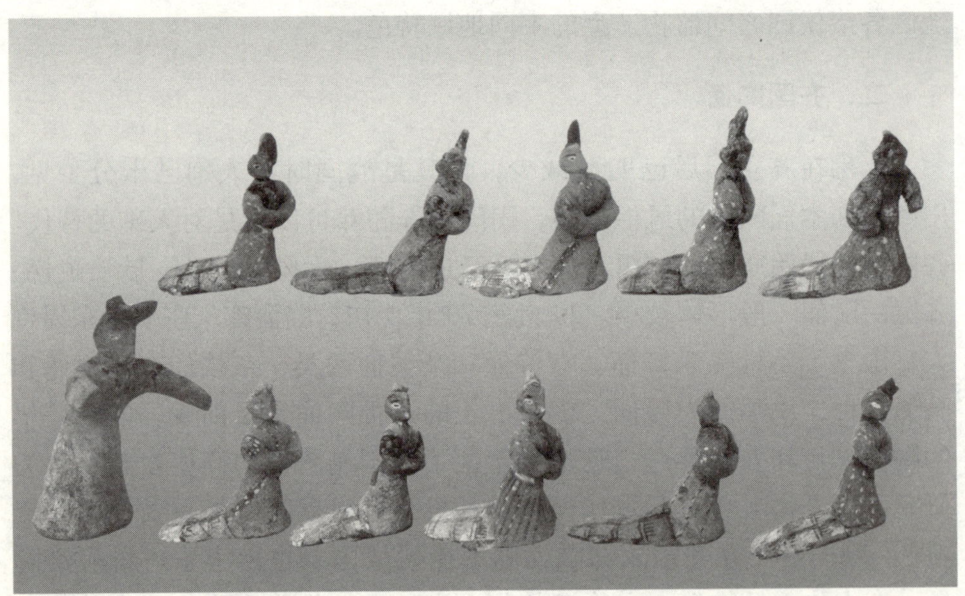

图5－8　站立陶俑

演奏俑、观赏俑不同种类，姿态有坐有立，身高7.6厘米～8.8厘米，均为泥制黑陶捏塑而成，表面保留着鲜艳的彩绘服饰[①]。这组彩绘乐舞

① 李曰训：《山东章丘女郎山战国墓出土乐舞陶俑及有关问题》，《文物》1993年第3期。

陶俑以保存完整、组合有序、造型生动、风格写实而引人注目，为迄今发现的东周陶塑中难得一见的珍品，无疑是形神兼备、生活气息最为浓郁的战国陶塑佳作。这些陶俑的出现标志着齐国陶器用途已从实用器向娱乐、观赏或冥器的方向发展，对秦汉殉葬陶俑的制作与发展有着重要的影响与启示。齐国的陶俑应该与先齐地区的陶塑有着密切的传承关系，先齐地区在龙山文化时期就已经有了陶塑人面像。

20 世纪 60 年代初，山东潍坊姚官庄遗址发现一件龙山文化时期的陶塑人面像，泥质为橙红陶，是用手捏塑而成的。整体呈扁圆形，额面低窄，眉脊隆起，眼球外凸，鼻子扁低，颧骨较高，嘴部不甚明显，背面呈不规则形内凹，穿有未透的小孔，长 6.5 厘米，最宽处 5.9 厘米[①]。整个造型古朴稚拙。值得一提的是，这件陶塑从造型上看不像是华夏人种。20 世纪 80 年代末，在山东章丘宁家埠遗址东周墓中也出土了一件战国时期的陶塑人面像，整体造型为人面兽身，两目平视，面部还涂有红彩[②]。这说明齐国此类陶塑造型明显继承了先齐时期齐地的造型传统。事实上，从商周青铜器的造型来看，也是以兽面为多，人的形象很少，即使有也多为神人的形象。因此，齐国陶塑中的人面造型不摹仿本族人的形象应该具有规律性。齐国的陶俑，无论是从临淄郎家庄，还是长岛王沟、章丘女郎山出土的来看，其服装的样式十分相似，都身着彩条衣裙，反映出齐国陶俑造型与纹饰的共同特点，也充分体现了齐国陶俑的鲜明艺术特色。

三、齐国陶礼器

礼器可分为祭器与冥器两类。齐国的陶礼器，其渊源最早可追溯到龙山文化时期。20 世纪 80 年代初期，临淄桐林遗址出土了一组陶器，器形有鼎、鬶、甗、罐、杯、豆、盆、鬲等，其中的鸟喙足黑陶鼎和黑陶平底盆各三件，形制相同，大小依次递减，具有清晰的组合

---

① 文物编辑委员会：《文物资料丛刊》(5)，文物出版社 1981 年版，第 36 页。

② 山东省文物考古研究所：《济青高级公路章丘工段考古发掘报告集》，齐鲁书社 1993 年版，第 73 页。

图5－9 陶礼器

关系。我国已故著名考古学家苏秉琦先生看过之后，将其视为礼器，认为是中国最早的等级制度的见证物[①]。在桓台前埠葵丘遗址的一座房址中，也出土了一套龙山文化陶器，其中有橙色陶鬶一件、陶盘一件，不同造型的黑陶杯三件、黑陶豆一件、黑陶尊两件和大小陶鼎各一件。这些器物造型精致，小巧玲珑，出土时多数放于陶盘之上，其中一件高柄杯还用麻制品包裹，显然是一套组合礼器[②]（图5－9）。由此看来，齐地早在龙山文化时期，一部分陶器就已脱离了其实用器范畴，成为表示等级身份的礼器。

齐建国后，由于当时的社会环境已比较稳定，统治秩序也已较为完善，因而宗法思想渐次浓厚，宗法制度也逐渐完备，除日用饮食陶器外，鼎、罍等祭祀所用之物最占优势，其器多为陶制，上面多用象征天威的云纹和雷纹装饰[③]。齐国的陶礼器，除了一部分作为祭祀之用外，还有相当数量的作为冥器随葬之用。冥器是齐国陶礼器中的一个种类，无论形制还是纹饰都颇具特色。战国时期，丧葬制度发生了变化。齐国的贵族大墓自战国早、中期起逐渐用陶礼器代替铜礼器陪葬，而且这种风气渐次浓厚。不仅如此，在一些小型墓葬中也普遍存在这种现象。所以陶礼器制造迅速发展起来，仿照青铜器形式的器形等成套成组地生产，把陶器的制作工艺推进到一个新的阶段。20世纪90年

① 解维俊：《齐都文物》，百花文艺出版社2006年版，第8—10页。
② 张连利、贾振国、徐龙国：《山东淄博文物精粹》，山东画报出版社2002年版，第17页。
③ 吴仁敬、辛安潮：《中国陶瓷史》，团结出版社2006年版，第12页。

代初期，山东章丘绣惠女郎山战国墓出土了一批仿青铜陶礼器，器形有鼎、豆、盖豆、壶、提梁壶、盘、匜、敦等[①]。从中可以看出这种仿青铜陶礼器的风气在当时齐国的盛行。临淄单家庄墓地、相家庄墓地、淄河店墓地出土的战国时期仿青铜陶礼器多达二百余件。器形有鼎、簋、豆、盖豆、敦、舟、壶、盘、罐、盆、罍、匜等。陶质以泥质灰陶最多，也有少量泥质红褐色陶[②]，充分反映出战国时期齐国生产仿青铜陶礼器在当时的盛况。因此可以说，仿青铜器形的陶礼器是冥器的一个重要组成部分。齐国冥用陶器极为发达，从制作到使用，对齐地后世的丧葬风俗产生了深远影响。20 世纪 80 年代中期，在山东临淄金岭镇一号东汉墓中出土了一套陶制冥器，其中的一件泥质灰陶陶楼分为上下两层，上层通面阔 135 厘米，进深 17 厘米，下层通面阔 131 厘米，进深 16. 4 厘米，楼通高 37 厘米。同时出土的还有陶仓、陶灶、陶享堂、陶井、陶马厩、陶猪圈等[③]。可见，齐国的陶冥器对后世影响深远。

四、齐国陶工具和工艺品

齐国的制陶业在发展繁荣的同时，也适应社会生活的需要而不断创新，出现了许多新的、用途广泛的陶制品。其中最具代表性的是齐国的陶制工具。齐国陶制工具，典型的代表器物是模具和量具。1958 年，临淄齐故城出土了一批陶器，其中不但有钵、罐、盆、豆、鬲、盘、碗等生活用具，而且还有钱范、三角形范、量形器、陶轮盘等陶器[④]。其中的钱范、三角形范就是铸造刀币或其他器物的模型，是一种典型的标准工具。量形器则是用来度量散状物品多少的计数工具。陶轮盘则可能是制造陶器的依托或辅助工具。钱范、三角形范和陶轮盘的出土，反映出战国时期齐国陶制品的用途已经扩大到标准工具和实

① 山东省文物考古研究所:《济青高级公路章丘工段考古发掘报告集》，齐鲁书社 1993 年版，第 135 — 137 页。

② 山东省文物考古研究所:《临淄齐墓》(第一集)，文物出版社 2007 年版，第 144、167、225、313、389、410 页。

③ 山东省文物考古研究所:《山东临淄金岭镇一号东汉墓》,《考古学报》1999 年第 1 期。

④ 山东省文物管理处:《山东临淄齐故城试掘简报》,《考古》1961 年第 6 期。

用量器两方面。20世纪60年代中期，北京大学师生在临淄齐故城阚家寨进行田野发掘实习时，发现了一件带陶文戳印的陶杯，经考证，这件陶杯为战国时期齐国的标准量器。器高7.4厘米，复原口外径7.6厘米，底径6.2厘米，最大腹外径8.6厘米，容水量约209毫升。该杯为泥质灰陶，内壁光洁，留有轮制痕迹。外壁经磨压修整，下腹至底留有刀削修整的痕迹，削痕每条高2厘米，宽约1.5厘米，排列有序，约有12处，应该有一定的用意。上腹有陶文戳印两处，刻划符号一处。现藏于临淄齐国历史博物馆的一件陶量器，无论器形、尺寸，与上述的这件陶量器基本相仿，陶杯为单把状，器形完整，腹部有陶文戳印。杯高约7.8厘米，口径8.2厘米，底径4厘米。容水量约210毫升[①]。这些陶量器的发现，充分表明战国时期齐国的量器已经达到标准化的程度。

与实用工具不同的是，齐国还有着相当数量的陶制工艺品，这些器物通常并非生活必需品。齐国的陶制工艺品，以各种造型生动的动物及鸟类制品最具特色。山东章丘宁家埠东周墓、山东临淄赵家徐姚战国墓、山东平度东岳石村战国墓出土的陶马、陶狗、陶兽、陶鸭、陶喜鹊等，就是这类陶器工艺品的最好代表。其中的陶马双耳竖起，或昂首站立，或回首张望；陶兽弓腰跨足，回首似奔跑状；陶喜鹊则昂首展翅，双尾上翘，好像振翼欲飞。这些形神兼备、生动有趣的工艺品给人带来浓厚的生活气息和艺术美感。乐器也是其中的一个种类，尤其是齐国的陶埙，可说最具特色。1990年出土于章丘女郎山战国墓的一件战国时期的陶埙，就代表了这一时期齐国陶埙的造型风格。该埙为泥质灰陶，质地坚硬，制作精致，音孔修饰规整。器体呈上窄下宽的鸭蛋形，有四个指孔，前面两孔上下斜开，好像倒“品”字形，是一个上口和一个下口，后面的两孔基本上为平行横排。吹孔有明显的使用痕迹。埙通高5.8厘米，腹径3.2厘米[②]。今藏于山东省博物馆

① 魏成敏、朱玉德：《山东临淄新发现的战国齐量》，《考古》1996年第4期。

② 山东省文物考古研究所：《济青高级公路章丘工段考古发掘报告集》，齐鲁书社1993年版，第130页。

的六件战国时期的太室埙，均为泥质灰陶，外观呈黄灰色，捏制。形似鹅卵，上端较尖，下端为小平底。吹孔有前后对开的“V”形凹口，共有五个指孔，前三后二，前面三孔按品字形排列，后面两孔为上下纵列。这六件陶埙，较大的一件已残破，其余五件大小略有不同，通高在 9 厘米 ~10 厘米之间。埙的下腹部还有阴刻“令司乐作太室埙”陶文七字，字体和行款皆同[①]。此埙出土于临淄，为齐国的宫廷乐器。韶埙也是齐国之器，北京故宫博物院、上海博物馆均收藏各一件。韶埙因器的腹部有陶文“令作韶埙”而得名。其中的“韶”字，古文字学家于省吾先生认为，即用于演奏《韶》乐之埙。由此看来，韶埙是专门用于演奏齐国《韶》乐的一种乐器。齐国的《韶》乐由孔子闻韶“三月不知肉味”的典故而风靡古今，韶埙也是目前唯一能见到的演奏《韶》乐的实物，更显得弥足珍贵。

值得一提的是，齐地还出土了一件龙山文化时期泥制黑陶陶响器，这件出土于山东章丘龙山镇城子崖遗址的陶响器，长 8.8 厘米，宽 7.8 厘米，厚 3.5 厘米，体积刚好适合握于手中。它的外形酷似一个缩头乌龟，扁圆的器身分制成阴阳两面，阳面磨光凸起似龟背，阴面粗糙略凹似龟腹，环绕器身捏塑出六个长条形的突，恰似龟的头尾与四条短腿，突的两侧有细长方形的镂孔，透过小孔可以看到“龟”的空心腹中数颗直径约 4 毫米的泥丸。在“龟”的腹部也有四个直径约 3 毫米的圆形小孔，这些孔应为出声孔。当摇动“龟”体时，其腹中的泥丸就会滚动撞击器壁，发出清脆悦耳的响声，也正因为如此，一般被称为“陶响器”[②]。此器充满了生活情趣，制作工艺匠心独运。由此看来，早在龙山文化时期，齐地就能设计制作陶制工艺品，充分说明齐国的陶制工艺品有着久远的发展历史。

五、齐国建筑用陶

春秋战国时期，齐国在烧制日用生活陶器的同时，也越来越多地

① 方建军：《太室埙、韶埙新探》，《中央音乐学院学报》2009 年第 3 期。

② 王守功：《山东龙山文化》，山东文艺出版社 2004 年版，第 30 页。

烧制建筑陶器。齐国所生产的建筑用陶多见灰砖、空心砖、铺地砖、板瓦、筒瓦、水道管头等种类。齐国故城曾出土了大量的陶制瓦当、水管、花纹砖等[①]。可见，这些建筑用陶在当时齐国城市建筑中已经被广泛使用。上述建筑用陶最具代表性的是瓦当，其时代特征明显，所见出土量大，为齐故城所仅见[②]。瓦当是古代建筑屋檐上的构件，主要是为了保护檐椽免受风雨侵蚀，同时它也是一种装饰艺术，尤其是采用美丽花纹的瓦当，可以使建筑物更加绚丽多彩。根据考古发现，瓦当最早出现在西周时期，春秋战国时期被广泛应用。瓦当最初为素面，然后由素面瓦当发展为花纹瓦当，后又发展为以文字瓦当为主，其形制也由半圆形瓦当发展为圆形瓦当。齐国瓦当最有代表性的纹饰是以树木纹为母体，左右两边配以各种动物或人物等其他形象，形成显明的齐瓦当艺术特色[③]（图5－10）。瓦当多为混质灰陶，陶质细腻。齐瓦当的制作一般分为五个步骤：制坯、续制筒瓦、切割、晾干、烧成[④]。齐国的瓦当以临淄齐故城出土量为最多，制作也最精。从总量上看，至今出土的瓦当数量约为万枚之多，而以形状、大小、纹饰归类，也达五百余种。战国时期是瓦当纹饰的发展繁荣期，由于各国政治、经济、文化的相对封闭，各国的瓦

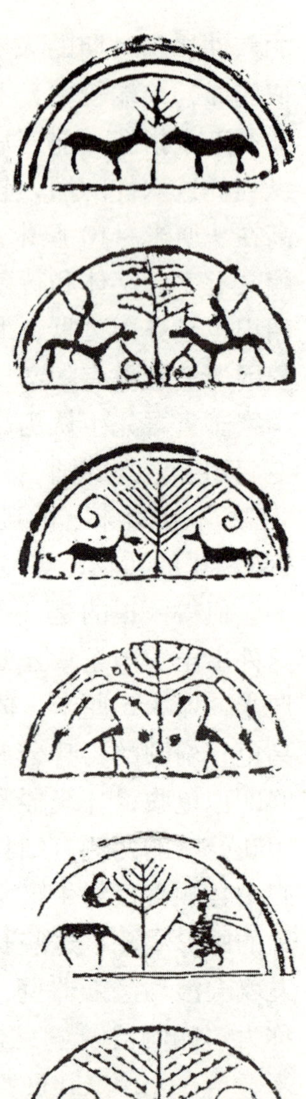

图5－10　齐瓦当

① 山东省文物管理处：《山东临淄齐故城试掘简报》，《考古》1961年第6期。
② 张光明：《齐文化的考古发现与研究》，齐鲁书社2004年版，第90页。
③ 张越：《齐瓦当艺术表现手法初探》，《管子学刊》1991年第2期。
④ 李发林：《齐故城瓦当》，文物出版社1990年版，第188页。

当无论在形式还是内容上都有很大的不同。齐国瓦当纹饰以树木纹数量最多，变化也最丰富。以树木纹为中心进行布局，成为齐半瓦当最基本的构图特征，与燕国沿袭商周青铜器上的纹饰而给人以庄严和神秘感的半瓦当、以各式云纹为特色的洛阳周王城半瓦当（主要以单一动物为题材）以及纹饰布局有强烈动感的秦圆瓦当相比，有着明显的不同。瓦当的纹饰虽然内容朴实，但能反映当时的社会生活、信仰以及图腾崇拜，极具装饰性和艺术性，方寸之间融入了丰富的社会观念和思想意识，成为探讨古代社会生活的珍贵资料。

第三节　齐国陶瓷造型艺术

齐国的陶瓷业在其社会发展过程中，一直占有十分重要的地位。随着烧制技术的进步，陶器的品种也不断增多。这种品种的增多，实质上是反映了其器物造型的不断丰富和变化。造型的变化虽然在很大程度上出于实用的需要，但在满足实用功能造型的同时，在一定程度上也反映了人们的审美意识，体现了人类艺术的创造性和欣赏水平。齐国陶瓷在发展过程中，呈现出既豪放又沉稳的造型特色。

一、先齐时期齐地陶器造型艺术

先齐时期最初的陶器造型，基本上是依照或模仿自然界固有的形态，主要采用模拟的手法完成，所以原始社会的陶器几乎全是实用器。从器物造型手法看，所有的陶器都是用手工制作而成。手制成型的方法主要有三类：一是捏塑法，一般小型陶器多用手捏塑成形，器壁上常留有指纹，器形也不大规整。二是模制法，某些特殊的器形往往采用局部模制的方法，如龙山文化中的圆锥形陶模，是作为袋形足的内模，与鬶足相吻合。这种局部内模的制法，至今在台湾高山族中还保留着[1]。三是泥条盘筑法，即将坯泥搓成一条条的形状，然后按照构

① 〔日〕鸟居龙藏：《鸟居龙藏全集》（第11卷），朝日新闻社1976年版，第559页。

思，从下往上一层层垒叠。当垒叠成预先设计好的器形后，就将陶坯内外抹平，并在器物表面拍打、压印，使陶坯结实耐用。后来逐步发展到采用轮制法进行制陶。我国云南边境的傣族制陶技术迄今还处在泥条盘筑和慢轮修整阶段，这对研究我国古代制陶工艺提供了颇具说服力的例证①。从出土的器具造型来看，最有代表性的是临淄后李村出土的、距今约8500年的大口陶尊，此器高60厘米，口径35厘米，为泥质粗加砂。器形制作不甚规整，敞口，直腹，圜底，颈部饰凸弦纹，弦纹下对钻两系孔②（图5－11）。此器物的制作尚处于原始阶段，与轮制技术使用后的器形在精细程度和烧制技术上明显不同。

图5－11 大口陶尊

齐地进入大汶口文化和龙山文化时期后，陶器造型得到进一步发展，器物种类明显增多，器形也更加精致规整。除突出表现在以鬶为代表的少量白陶外，更具特色的是以黑、薄、光、钮见长的大量黑陶，其中最引人注目的是蛋壳黑陶。在器形设计方面，更是突显出实用、合理、美观的特点，呈现出浓郁的地域特色。其中最有代表性

① 中国硅酸盐学会：《中国陶瓷史》，文物出版社1982年版，第38—39页。

② 张连利、贾振国、徐龙国：《山东淄博文物精粹》，山东画报出版社2002年版，第28页。

的是齐地胶州三里河出土的大汶口文化时期的猪形鬶和狗形鬶，以造型生动、形象逼真而著称。猪形鬶为夹砂灰褐色陶，高 18.7 厘米，长 21.5 厘米。其整体构思是将一件具有实用性的器物塑造成猪的形象。在这种设计思想指导下，器物被塑造得传神可爱。猪的脊背平直，腰臀肥壮，体形接近现代的猪，尾巴短而上翘，鼻子微向上拱，眼窝深陷，嘴宽且长，做贪食之状，形象生动逼真，十分可爱。臀部上竖漏斗状器口，口沿后部斜出喙状流，颈后部与流口之间的背上有横出的扁圆形把手，以便作提携之用[①]。如果说猪形鬶的造型体现的是实用与审美的结合，那么狗形鬶则展示了设计的合理、实用与审美的完美结合。狗形鬶为夹砂褐色陶，其造型设计巧妙之处在于利用狗的身体结构，将狗的嘴部做成出水口即流嘴，背部的筒形口为进水口，狗的腹部自然成了盛水的容器，狗腿则作为器物的四足，狗的背部偏后有一提梁，以方便提携[②]。整个狗形鬶造型昂首张嘴，作吠状，四足稳健有力，生动有趣，使实用与审美得到了完美结合，具有很高的艺术欣赏价值，足见齐地先民在陶器方面高超的造型能力。

出土于山东泰安、现藏于中国国家博物馆的大汶口文化时期的白陶背水壶，也是这一时期齐地陶器造型艺术的典范。此器为细白陶，侈口、粗颈、圆肩、深腹、肩部有双耳。该陶器的基本形为两个重叠的倒三角形，两侧的轮廓线为凹形弧线，从而构成了器形的轻巧特征，造型大方、开朗。器肩轮廓线为圆弧线，与口颈、腹部形成对比，使整体造型在统一中富于变化，集刚柔、曲直、饱满、挺拔于一体。肩部双系比例适中，视觉上把器肩向横向延展，增大肩与底的对比，使造型更富于层次及细节变化[③]。这些造型上的特色为齐国陶器造型特点的形成与演变提供了丰富的设计与艺术营养。

---

① 朱和平：《中国工艺美术史》，湖南大学出版社 2004 年版，第 36 页。

② 中国社会科学院考古研究所：《胶县三里河》，文物出版社 1988 年版，第 56 页。

③ 朱和平：《中国设计艺术史纲》，湖南美术出版社 2003 年版，第 62—63 页。

二、西周时期齐国陶瓷造型艺术

西周时期的齐国陶瓷造型在商代的基础上有了一定的变化，与商代相比，特别是与商代后期相比没有太多区别，其陶器造型以袋状足、圈足和平底为主要基本特征。比较典型的器物有鬲、豆、簋、罐、甑、盆等。其中，鬲的造型基本特征为束颈卷沿，深腹圆鼓，袋状足较矮；豆为侈口深盘，喇叭形圈足，粗短把，把中间有凸棱；甑为敞口方唇，斜腹小平底；罐分为圆唇外卷、鼓腹平底罐和敞口短颈、尖圆唇、深腹圆鼓圜底罐以及直口、扁圆腹平底罐等几种形式；簋主要为方唇、敞口宽沿、腹深微鼓、圜底高圈足和口微敞、圆唇窄斜沿、浅腹微鼓、平底高圈足等主要样式；罍为小口卷沿，短颈圆肩，鼓腹平底；盂分为侈口窄沿、方唇圆肩平底盂和敛口沿外翻、方唇圜底盂两种。20 世纪 70 年代中期，山东昌乐岳家河周代墓群出土了一批西周时期的陶器，其中的五件圆锥形袋状三足鬲、六件圈足豆、两件平底簋、四件平底罐、各一件平底和圜底盂[①]，就是这一时期齐国陶器造型的代表性器物，为充分了解西周时期齐国陶器造型特征提供了实物资料。山东高青陈庄遗址出土的多件西周时期袋状形三足鬲、圈足豆与簋、平底罐和甑等[②]，为这一时期齐国陶器造型的艺术特征提供了更加有力的佐证，同时也反映了齐地西周时期陶器造型的共同艺术风格。

值得一提的是，这个时期的许多器物，即使是同一种类型的器物，在形制上也出现了不同程度的变化，形成了多种样式。比如罐，仅以肩、腹、底部的形态特征就可分为圆鼓肩弧折、斜直腹、平底式，斜肩、圆弧腹、小平底式，斜肩锐折、斜直腹、平底式，宽折肩、斜腹、圈足等多种样式。20 世纪 80 年代中期，山东济阳刘台子西周六号墓出土的一件西周早期的青瓷四系壶，就是宽折肩、斜腹、圈足式。该壶高 18.7 厘米，口径 10.1 厘米，圈足径 10.7 厘米。胎质灰白，质地坚

---

① 山东省潍坊市博物馆、山东省昌乐县文馆所：《山东昌乐岳家河周墓》，《考古学报》1990 年第 1 期。

② 山东省文物考古研究所：《山东高青县陈庄西周遗存发掘简报》，《考古》2011 年第 2 期。

硬，豆绿色釉。斜沿，束颈，宽折肩上饰有四个桥形钮，斜腹，圈足。颈部饰弦纹，通体施釉，可见开片①。尤其是宽折肩上充满灵动之感的四个桥形钮，使实用与审美得到了有机结合。其造型之美，工艺之精，极为罕见。又比如豆，西周前期齐国的豆与后期在造型上也有明显的变化。前期的豆，浅盘并呈弧形，盘足之间无柄，足又小又矮。到了西周中后期，盘足之间有了矮粗柄，豆盘变得有深有浅，圈足有大小之分。1988 年临淄齐故城河崖头村出土的两件西周早期的原始青瓷豆，就代表了西周前期齐国陶豆的造型风格。其中一件豆高 8.5 厘米，盘口径 17 厘米，圈足高 3 厘米，足径 9 厘米。另一件豆高 8.7 厘米，盘口径 18.3 厘米，圈足高 3.5 厘米，足径 9.5 厘米②。这两件豆的形制大小基本相同，其造型与众不同之处，在于又大又浅的豆盘与又矮又小的圈足形成强烈的对比，给人以极强的视觉冲击力（图 5－12）。

图 5－12　原始瓷豆

三、春秋时期齐国陶器造型艺术

春秋时期，齐国陶器造型在前期的基础上发生了明显变化，器形以三足器和平底器为主，兼有少量的圜底器，也有相当数量的圈足器。代表这一时期的器形特征的主要有鼎、鬲、豆、盂、罐、钵、簋等器物。由于政治、经济、文化的原因，陶器造型也呈现出明显的地域特色，许多器种的造型给人以全新的感觉，出现了多种变化形式。比如

① 山东省文物考古研究所：《山东济阳刘台子西周六号墓清理报告》，《文物》1996 年第 12 期。

② 《临淄文物志》编辑组：《临淄文物志》，中国友谊出版公司 1990 年版，第 140 页。

鬲，西周早期的鬲裆较高，袋足特征明显，无足根；到春秋前期，整体器形呈扁体，矮联裆，足外撇。春秋晚期的鬲，整体近方形或稍扁，窄沿，窄肩，直腹，弧裆近平，但仍保留袋足特征。又比如簋和豆，是春秋时期齐国陶器中最富特色的器物。簋指的是豆式簋，是由商代晚期齐地的斜腹碗式簋发展演变而来，到春秋时期极为流行。春秋时期的豆，与前期相比也发生了明显的变化。西周前期的豆呈浅弧盘矮座形，盘座之间仅有凸棱而无柄，进而产生圆筒形矮柄，并逐渐加高而成为春秋中期的中柄豆，柄部几乎均有凸棱。自春秋中期，圆筒形豆柄向实心圆柱形豆柄转变，而且越来越粗壮，形成春秋晚期到战国时期的浅盘高柄豆，柄部多有二三周凹弦纹①。再比如罐，与前期相比也有明显的变化，西周时期的罐为短颈平底或圜底，而春秋时期的罐则多为侈口高颈、折肩浅腹凹底或侈口长颈、折肩鼓腹圜底等。出土于山东昌乐岳家河周代墓地中的多件陶罐，就代表了春秋时期齐国罐形器的造型艺术特征。

四、战国时期齐国陶器造型艺术

战国时期，齐国陶器造型比较典型的器物主要有鼎、豆、敦、壶、敦、簋、甗、盘、匜、牺尊等。整个器物的造型发生了较大变化，一些旧的形制被重新改造后也以新的样式出现，许多器种的造型给人以全新的感觉，出现了丰富多样的变化形式，代表着新的时尚和审美趣味的造型由此诞生，涌现出许多前所未见的新款器种。同时，这个时期由于不同地域审美标准和文化的不同、不同器物的用途功能不同等复杂因素，导致了这一时期各诸侯国陶器造型艺术出现不同的特征。即便是同一种类型器物的造型，在各诸侯国中也有一定差别。比如壶，秦国的多为平底，带圈足的很少；韩国的壶颈很长，底和圈足都很小，各部分比例不够协调；楚国的壶器形修长，底部的圈足或假圈足很高；燕国的壶则多为圜底矮圈足，器盖上的钮高高竖起；赵国的壶盖沿常

① 张学海：《张学海考古论集》，学苑出版社 1999 年版，第 397 — 398 页。

装饰外翻的莲花瓣；齐国的壶则多为敛口，鼓腹或椭圆腹，器形大方，有的肩部装有活动的环钮。又比如豆，齐国的豆造型丰富，形式多样，豆柄特别高，有的在豆盘和盖上装有环形钮；韩国和魏国的器身似盆，豆把较矮，盖顶附喇叭形捉手；楚国通行高把的浅盘豆；赵国的豆则有器身作罐状，形制独特①。

战国时期，齐国陶器造型一改前期器形严谨、规整、呆板的格局，变得生动、活泼、自由，不拘一格。许多器种与前期相比，给人以全新的感觉。比如豆，一改前期造型单一的局面，出现了盖豆、方豆、环钮豆、莲花盘豆等，其中环钮豆、莲花盘豆最具特色。20 世纪 80 年代初，临淄东夏庄墓地出土的一批战国时期的陶豆，就是这类陶器造型艺术风格的代表。尤其是其中的两件莲花盘豆，构思巧妙，造型奇特，可谓佼佼者。器高 34. 8 厘米，口径 25. 2 厘米，足径 20 厘米。豆盘口造型为六瓣莲花形，敞口浅盘，平底微凹，矮粗柄，中有细孔，柄中间饰一周粗凸棱纹，喇叭形大圈足。另两件莲花形盖豆造型也别具特色，器通高 48 厘米，口径 23. 4 厘米，足径 18. 8 厘米。盖作莲花瓣造型，直口微侈，深盘圜底，高粗柄，中有细孔，柄中部饰一周粗凸棱纹，喇叭形圈足。战国时期，齐国陶甗的造型也发生了很大变化。临淄东夏庄墓地出土的一件大型陶甗，堪称这一时期齐国这类器物造型的代表器物。其构思奇巧，造型独特，前所未见。整个器形由上下两部分构成，上部分为甑，下部分为鼎。鼎作罐形，直口方唇，短颈，球形腹，三兽蹄足。甑呈盆形，敞口折沿，圆唇，底略内折，上置有一活动箅子，有七排辐射形透气孔，口沿下有一对长方形耳。鼎高 47 厘米，口径 18. 7 厘米，腹径 41. 6 厘米；甑高 15. 6 厘米，口径 33. 2 厘米，底径 15. 4 厘米；甗通高 61. 4 厘米。簋虽为传统器形，但与春秋时期的簋相比，器形发生了深刻变化，给人以面目一新的感觉。临淄东夏庄墓地、相家庄墓地和淄河店墓地出土的多件战国时期的方座簋，可谓这一时期此类器物造型特征的代表。其中临淄东夏庄墓地出土的一

① 中国硅酸盐学会：《中国陶瓷史》，文物出版社 1982 年版，第 97 — 98 页。

件方座簋，通高 26.6 厘米，口径 17.9 厘米，座边长 20 厘米，底座高 18.1 厘米。器呈钵形，直口微敛，圜底近平，口下有一对称圆孔，纳兽形鋬榫，兽的造型呈回首状，张口怒目，竖耳卷尾。器盖呈弧形，上有莲花形捉手，底座为方形[①]。整体造型庄重大方，气势开张，变化多端，充分体现出战国时期齐国簋形陶器造型的鲜明特色。

壶是战国时期齐国陶器中最具特色的器种之一，其器形多样，变化丰富，数量之多，在其他各诸侯国实属罕见。齐地大量出土的战国时期造型各异的陶壶，为研究这一时期齐国此种器物不拘一格的造型风格提供了有力的实物资料。山东昌乐岳家河周墓群出土的壶就达 20 件。造型有的作长颈，圆鼓腹矮圈足，平顶式盖；有的作短束颈，鼓腹矮圈足，盖为平顶式；有的作高束颈，高圈足，弧形盖；有的作短束颈，鼓腹矮圈足，颈部附两个对称衔环，平顶式盖；有的作侈口高直颈，扁圆腹，高直圈足，盖呈平顶式。还有的以鸟的形象作为器物的造型，成为齐国陶器造型艺术的一大特色。这一方面反映了齐地对鸟的一种崇拜意识，另一方面也是受先齐时期陶器造型的影响。昌乐岳家河周代墓群出土的一件鹰形壶，就是这一时期以鸟的形象作为器物造型的代表性器物。这件鹰形壶通高 45.5 厘米，为泥质褐色陶。整个器形呈展翅欲飞状，通体饰红色羽状图案[②]，造型生动，形象逼真。该壶设计独具匠心，巧妙地将实用性与艺术性、自然形态与器物功能有机地结合在一起，使器物的造型稳重不失轻巧，简约不失华丽，整个器形设计浑然天成。

敦是战国时期的一种新器形，是用作盛食或蒸食的器皿。这种器形最早产生于春秋中期，是作为青铜器而出现的。敦的基本特征为上下内外皆圆，盖与器相合而成为球形或椭圆形，有上下对称或不对称两种。从敦的整体造型来看，各诸侯国的敦在形制上也不尽相同，呈现出明显的地域特色。战国时期齐国的敦，从整体造型看，器身呈扁

① 山东省文物考古研究所：《临淄齐墓》（第一集），文物出版社 2007 年版，第 63—69 页。

② 山东省潍坊市博物馆、山东省昌乐县文馆所：《山东昌乐岳家河周墓》，《考古学报》1990 年第 1 期。

圆形，有环形足、兽蹄足两种。临淄相家庄墓地和淄河店墓地就出土了多件这两种造型的陶敦。其中相家庄墓地出土的一件战国时期的扁圆体环形足敦，通高 17.7 厘米，口径 10.8 厘米，腹深 8.4 厘米。盖与器相合略显扁圆形，使用时盖和器则为两个半球形器皿。器腹两侧各有一环耳，盖上有三环形钮，器三足也呈环形①。这种敦的造型在其他地域极少见到，反映了这一时期齐国敦形器独特的造型风格。

齐国的陶瓷造型与其他各诸侯国陶瓷造型相比，之所以出现明显的差异，呈现不同的造型艺术风格，究其原因，这种差异性形成的原因是多方面的，但不同文化圈之间审美意识上的差异无疑是最重要的因素之一。因为陶瓷造型艺术风格上的差异，主要体现在器物形体的曲直平凹、方圆高扁等方面，不同的造型会给人不同的视觉感受。总体来看，齐国的陶瓷造型具有恢弘大气、精巧细致的特点，给人以豪放又不失沉稳的印象，同时也体现出较强的创新和融合意识。

第四节　齐国陶瓷装饰艺术

所谓陶瓷装饰艺术，是指通过造型以外的装饰设计，使装饰与器物形体巧妙地结合成完美而又和谐的整体，并赋予整个器物以独特的文化内涵和艺术风格，给人带来更多的视觉美感。陶瓷装饰艺术还反映了人们的精神世界，通过对器物的装饰来表达人们的某种情感和寄托某种愿望。各个诸侯国不同历史时期的陶瓷器，表现在装饰上，也都呈现出不同的审美趋向与艺术风格。齐国陶瓷装饰艺术正是体现了上述特征，不同历史时期的陶瓷器装饰也都体现出鲜明的艺术特色和时代特征。

一、先齐时期齐地陶器装饰艺术

最初的陶器原来为素面，毫无装饰，只是人们在生活问题基本解

① 山东省文物考古研究所：《临淄齐墓》（第一集），文物出版社 2007 年版，第 287 页。

决后，感觉只有实用目的的陶器不美观甚至略显丑陋，才渐渐施加装饰以达到审美目的[①]。齐地先民当时以食物为最重要，大凡与食物有关的往往被视为最宝贵和最有意义的，因而眼中所见、心中所悦均会刻划于陶器。那时与食物关系最密切、易存世的莫过于食用陶器，所以当时齐地先民的装饰工艺悉萃于陶。作为以实用为主要目的的陶瓷器，通过造型以外的装饰，使其富于变化，给人以整个器物装饰美的感觉；而在艺术陶瓷器中，装饰则反映人的精神世界，以装饰来表达人们的某种情感[②]。齐国陶瓷装饰艺术除具有上述特征之外，还有着鲜明的地域装饰风格。

从装饰艺术形式上看，先齐地区的装饰艺术主要有表面修饰和纹饰装饰两大类型。表面修饰的主要方法是表面磨光和加施陶衣。从出土的大量器物分析，表面磨光应该是在陶坯即将干时，用石或骨等硬器在表面压磨，烧成后就会出现表面光亮的装饰效果。加施陶衣一般是用成分不同、粒度较细的陶泥浆施于陶器表面形成陶衣，烧成后，陶衣不仅掩饰了器物表面的瑕疵，同时会因成分不同而呈现不同的颜色，从而使陶器更加光洁美观。从装饰艺术成就上看，先齐地区最具代表性的是丰富多彩的彩陶装饰艺术，其主要特征是在陶胎上描绘红、黑、赭、白等各种颜色的图案，然后用火烧结。彩陶从一定意义上说不仅是实用器，而且还是具有很高艺术欣赏价值的工艺品。彩陶上的彩绘形式，基本上可分为图案和写实绘画两大类。图案主要是植物花纹和几何纹样。齐地先民在农业劳动时从植物中得到启示，创造出了变化多端的植物花纹，枝、叶、花、果等通过巧妙的布置构成了丰富多彩的图案。几何线条的形状多是自然现象和日常生活的片断，如水波纹、平行条纹、弧形三角纹、圆圈纹、人字形纹、方格纹、锯齿纹、葫芦形纹等等，图案结构优美，富有韵律感。彩绘中的写实形象很少，但艺术价值很高，已经发现的有奔驰的野鹿、独立的云鹄、长嘴啄鱼

① 吴仁敬、辛安潮：《中国陶瓷史》，团结出版社2006年版，第6页。
② 朱和平：《中国设计艺术史纲》，湖南美术出版社2003年版，第86页。

的猛禽等。

在山东桓台李寨大汶口文化遗址出土的一件彩陶簋，侈口，鼓腹，圈足，平底。唇绘条纹，口沿与圈足绘水波纹，颈下、腹下部、圈足上部绘三道条纹，腹部主纹为两组相向弧边三角纹，弧边内各绘一目纹，纹饰皆为红色绘成。这种纹饰在其他大汶口文化遗址出土的器物中鲜见，带有明显的地域特征。更值得一提的是该遗址还出土了一件彩绘双耳罐，为泥质红陶，圆唇，敞口，短颈，球形腹，平底，两耳立于腹中上部。唇口部及颈下绘黑色条纹一周，腹中部绘四周黑线，肩部绘以鸟、人物等图案①（图5－13）。此外，齐地山东莒县陵阳河遗址还出土了带有符号文字的陶器，而其他地域大汶口文化遗址出土有符号文字的陶器甚少，这足以说明齐地先民在陶器装饰艺术方面的创造力，也成为研究我国史前社会史与美术史的重要资料。作为齐地制陶工艺典型代表的“蛋壳陶”，其装饰艺术别具一格。从出土器物看，以素面为最多，弦纹、划纹、绳纹、篮纹也能见到，但装饰艺术最具特色的通常是以镂孔来增强器物的美感。

图5－13　彩绘双耳罐

二、西周时期齐国陶瓷装饰艺术

西周时期，齐国的陶瓷装饰艺术在继承先齐时期陶器装饰的基础

① 张连利、贾振国、徐龙国：《山东淄博文物精粹》，山东画报出版社2002年版，第31—32页。

上得到了进一步发展。这个时期陶瓷的花纹装饰主要是纹理粗细不同的绳纹，此外，还有刻划的凹弦纹、三角形纹、回字形纹、“S”形纹以及刮磨的凸棱纹、瓦棱纹等。比如山东高青陈庄遗址出土的多件西周时期的鬲、簋、豆、罐、甗、甑、罍、盆等，就是用这类纹饰装饰的代表性器物。其中的一件罐，肩部先压划三周等距离凹弦纹，然后磨光，最后刻两个“回”字形纹。两周一组。另一件甑的纹饰也极有特点，口沿下饰两周弦纹，腹上部饰竖向的绳纹，底部还刻有四个三角形镂孔①。临淄齐故城出土的西周早期的原始青瓷豆，昌乐岳家河、淄博南阳村出土的西周晚期的鬲、簋、豆等，也具有上述纹饰的特征，充分显示出这一时期齐国陶瓷装饰艺术的特色。

三、春秋战国时期齐国陶器装饰艺术

春秋战国时期，齐国陶器装饰艺术的一个突出成就，是新的装饰工艺的出现。暗纹工艺和彩绘工艺就是这一时期新出现的两种装饰手法。暗纹装饰大约始于春秋晚期，盛行于战国时期。暗纹装饰的具体方法，是用尖端圆滑的工具，在半干的陶坯器壁上轻轻划、压、刻出各种较浅的纹饰，然后打磨器表。这样就使烧成后的陶器表面在一定的光线下，呈现出隐隐发亮的暗纹。因此，人们将这种陶器称之为“暗纹陶”。从大量出土的战国时期齐国的陶豆、壶、盆、罐等器物之上，可以看到这种暗纹工艺在当时齐国陶器装饰中的盛行。采用暗纹装饰的器物，常见的纹饰有网状纹、锯齿纹、三角纹、水波纹、圆圈纹、植物纹、树木纹等。山东长岛王沟东周墓群出土的一件战国早期的陶壶，就是采用暗纹工艺装饰的代表性器物。该壶为高直领，鼓腹，圈足。器表磨光，腹中部以上饰有暗纹。颈部为纵横相间的水波纹，上腹部为两周由三角内填以水波纹和树木纹构成的带状纹饰。壶高22.4厘米②。山东昌乐岳家河周代墓地出土的两件战国早期的陶壶，

① 山东省文物考古研究所：《山东高青县陈庄西周遗存发掘简报》，《考古》2011年第2期。

② 烟台市文物管理委员会：《山东长岛王沟东周墓群》，《考古学报》1993年第1期。

也是采用暗纹工艺装饰的代表性器物。其中一件通高29.2厘米，口径14厘米。该壶为平顶式盖，长颈，鼓腹，矮圈足。颈和腹下部饰绳纹，腹上部饰暗弦纹和连角纹，角纹内填饰短线、圆圈纹和水波纹①。整个纹饰若隐若现，使该壶彰显出典雅华贵之感，给人以含蓄之美。暗纹工艺是战国时期齐国陶器普遍流行的一种装饰手法，也是这一时期齐国陶器装饰的重要特征之一。

彩绘装饰工艺，最早可追溯到先齐时期的大汶口文化，但在齐国真正获得发展并流行是在战国时期，尤其到了战国中晚期，在齐国陶器装饰中广泛流行。这个时期的彩绘工艺不同于先齐时期的彩绘装饰。春秋战国时期的彩绘工艺，其装饰方法是在器物烧成之后再进行绘制纹样，而先齐时期的彩绘装饰是在陶坯上绘制纹样后再进行烧制。彩绘陶一般作为陪葬用的冥器，而非生活实用器。由于其鲜艳的色彩和华丽的纹饰富有极强的装饰效果，因而备受青睐。彩绘陶多为灰色和褐色的泥质陶，泥质灰陶一类器物在彩绘前大多先敷一层黑色陶衣，再涂一层白粉，然后绘制纹样。纹样多以黑、红两色绘成。泥质褐色陶器物在彩绘前一般先涂一层白粉或黄粉，然后再用红色或其他颜色绘成纹样②。

彩绘纹样是战国时期齐国陶器装饰中最为丰富的纹饰题材，概括起来，大致可以分为几何纹、云雷纹、鸟兽纹、水波纹、波浪纹、鱼纹、花瓣纹等。几何纹是这一时期齐国陶器装饰中最常见也是形式最丰富的纹饰。齐国彩绘陶上的几何纹主要有弦纹、三角纹、回纹、云雷纹、圆圈纹、涡纹、菱形纹、锯齿纹等。鱼纹和花瓣纹具有写实性较强的特点，这两种纹饰在其他地域的彩绘陶中极少见到。尤其是鱼纹，体现出较强的写实绘画特性，更增添了彩绘艺术手法的感染力。山东昌乐岳家河周代墓地出土的大量战国时期的彩绘陶，可以说把这一时期齐国彩绘陶的纹饰特征表现得淋漓尽致。其中四件彩绘陶豆的形制大小相同，均为泥

① 山东省潍坊市博物馆、山东省昌乐县文馆所：《山东昌乐岳家河周墓》，《考古学报》1990年第1期。

② 史仲文：《中国艺术史》（工艺美术卷），河北人民出版社2006年版，第103—104页。

质褐陶。豆为敞口，浅平盘，盘壁稍内凹；实心柄细高，大圈足。这四件陶豆通体彩绘，彩绘纹样由红、黄、白三种颜色组成，图案大小一致。豆盘内壁为两周点线纹，盘底绘有写实性较强的三鱼纹，豆盘外壁绘三角雷纹，柄和圈足图案为以圆周作间隔的回形雷纹和三角雷纹。另外三件彩绘陶盖豆，不但纹饰特征明显，造型也极有特色。豆盘为敛口，鼓腹，弧形盖，盖与盘相合后呈圆球形；高柄，大圈足。整个盖豆彩绘清晰，盖顶图案是以同心圆作间隔的连弧纹和水波纹，弧纹之间填饰圆点；豆盘外壁上部饰二方连续的三角雷纹图案，下部饰垂三角纹；柄和圈足自上而下依次饰回形雷纹和三角云雷纹，其间隔处填以线纹。该墓地同时出土的两件平盖彩绘陶鼎，也是这一时期纹饰风格的典型代表。器身由红、黄、白三色绘成华丽图案，腹部以凸弦纹为界，上饰回形纹带，下饰一周锯齿纹。器耳及足部饰有三角和花瓣纹。盖顶以三圆孔为界，内外分别饰环形纹和角纹带；盖口周边饰三角雷纹构成的二方连续图案。这两件彩绘陶鼎色彩艳丽，彩绘清晰，纹饰与造型相得益彰，充满了艺术感染力。不仅如此，山东平度东岳石村战国墓①、山东阳信西北村战国墓②、山东章丘宁家埠东周墓③、临淄相家庄墓地、淄河店墓地出土的一批彩绘陶④，也充分反映了这一时期的纹饰特征。从中也可以看出这种彩绘装饰工艺在当时齐国各地的流行。

特别值得一提的是，齐国在当时还专设管理陶瓷生产的工官“陶人”、“旊人”，对各种不同用途的器物形制、规格尺寸等都有相当明确的规范。齐国著名工艺文献《考工记》中对部分陶器的规格就有明确记载，比如所制陶器形体歪斜、损伤、破裂或突起不平，都不能进入官市交易，即所谓“髻垦薜暴不入市”，这从制度上保证了齐国陶瓷

① 中国科学院考古研究所山东发掘队：《山东平度东岳石村新石器时代遗址与战国墓》，《考古》1962年第10期。

② 惠民地区文物普查队、阳信县文化馆：《山东阳信城关镇西北村战国墓器物陪葬坑清理简报》，《考古》1990年第3期。

③ 山东省文物考古研究所：《济青高级公路章丘工段考古发掘报告集》，齐鲁书社1993年版，第69—74页。

④ 山东省文物考古研究所：《临淄齐墓》（第一集），文物出版社2007年版，第189—391页。

装饰艺术的发展与规范。总体来看，齐国陶瓷装饰艺术与其他诸侯国相比具有明显的地域特色，显现出极高的装饰工艺水平，这与齐国当时实行的宽松文化政策和雄厚的物质基础有密切关系。

综上所述，齐国的陶瓷艺术源远流长，并因其独特的器物造型和装饰艺术以及丰富多样的陶器种类，在我国陶瓷发展史上占有重要地位。特别是独树一帜的齐地“蛋壳陶”，代表了先齐时期我国制陶工艺的最高水平。齐国陶瓷造型与装饰艺术不仅是齐文化的重要组成部分，也是中国陶瓷文化的重要内容之一，而且对我国现代陶瓷业的发展与创新也有着重要的启示和借鉴意义。

第六章 齐国服饰艺术

齐国靓丽的服饰艺术，在中国服饰史上留下了灿烂而厚重的篇章。齐国的服饰艺术是齐文化的重要组成部分，也是我国传统服饰文化的重要源头之一，在中国服饰史上占有重要地位。随着齐文化研究的深入，出现了许多优秀成果，但对齐国服饰艺术还缺少系统性的研究。因此，深入挖掘齐国服饰艺术的发展脉络，探索其形式美特征和审美观，不仅对构建一部完整的中国服饰文化史起到重要作用，而且对促进我国当代文化艺术事业的发展也具有重要的现实意义。

第一节 齐国服饰演进的自然与社会条件

齐地气候湿润、温暖，土地适宜于桑麻的种植，这为丝织业的发展提供了得天独厚的自然条件。“齐带山海，膏壤千里，宜桑麻，人民多文采布帛鱼盐。”（《史记·货殖列传》）齐地的染织工艺自远古时代起就非常发达，远古时代的齐地主要包括兖州、青州的大部分地区。《尚书·禹贡》载，兖州“厥贡漆丝，厥篚织文”。“织文”是指绫罗一类的丝织品。青州“厥贡盐絺，海物惟错。……莱夷作牧，厥篚檿丝”。其中的“絺”，即细葛布，而“檿丝”即指柞蚕丝。以檿丝织成的丝绸早在三千年前就已成为贡品了。齐国生产的“冰纨、绮绣、纯丽”等高档精细丝织品，不仅做到了国内“人民多文采布帛”，能够充分自给，而且还大量输出，畅销各地，以至于“天下之人冠带衣履皆仰齐地”，即《史记》、《汉书》所称道的“齐冠带衣履天下”[①]。齐国的服饰之所以能具有自己独特的艺术风格，与齐国所处的地理位置和当地的物产有相当大的关系。正是由于当地有适宜服饰制造的大量物产，才为齐国的服饰发展提供了可靠的物质基础。另一方面，由于齐国历代的统治者有着自己独到的治国方式和治国理念，从社会条件方面为齐国的服饰艺术发展进行了有意无意的引导，因而才最终形成了在中国服装发展史上占有重要地位的、独特的齐国服饰艺术。

齐地大汶口文化时期的缝纫技术已具有一定的水平。20 世纪 50 年代末，在泰安大汶口文化遗址中出土的缝纫工具骨针就达 20 枚。其中最长的有 18. 2 厘米，粗者有 7 毫米，最细者仅有 1 毫米，针鼻只能穿过细线，粗细与现代妇女纳鞋针相当[②]。山东章丘王官遗址大汶口文化层出土的骨针还要精细，其中最小者只有 5 厘米[③]。可见，大汶口文化时期，齐地的缝纫技术水平已经达到了一定高度。到龙山文化时期，齐地的缝纫技术水平有了进一步提高。山东潍坊鲁家口龙山文化遗址出土的骨针，磨制技术水平已非常精细，其中最小的一枚长仅 4 厘米[④]。山东牟平照格庄遗址出土的岳石文化时期的骨针，比鲁家口出土的骨针更加精制，有的骨针磨制之精巧可与现代相比，其针鼻的微小程度和现代钢针相差不多[⑤]。这种精巧骨针的出现，说明早在三千五百多年前的岳石文化时期，齐地的缝纫技术已经达到比较高的水平。从岳石文化时期至西周初期，齐地的纺织技术水平不断提高。在岳石文化的墓葬和遗址中，发现许多遗留在陶器底部上的织物印痕。这个时期所生产的织物，已不再局限于简单粗糙的产品，而开始出现较多较细致的品种。根据文献资料，中国冠服制度大约在夏商已初步建立，

① 于孔宝：《古代最早的丝织业中心——谈齐国“冠带衣履天下”》，《管子学刊》1992 年第 2 期。

② 山东省文物管理处、济南市博物馆：《大汶口——新石器时代墓葬发掘报告》，文物出版社 1974 年版，第 47 页。

③ 中国考古学会：《中国考古学年鉴》（1991），文物出版社 1992 年版，第 202 页。

④ 中国社会科学院考古研究所山东工作队等：《潍县鲁家口新石器时代遗址》，《考古学报》1985 年第 3 期。

⑤ 赵朝洪：《有关岳石文化的几个问题》，《考古与文物》1984 年第 1 期。

到周代得到逐步完善。从《诗经》、《周礼》的记载看，周朝不仅有服饰制度，而且还专门设“司服”一职，掌管服制的实施，安排统治者的穿着，自天子以至卿士，服制各有等级①。这表明当时的织物已有品级高低的区分。社会生产力的进步尤其是纺织业的快速发展，为当时齐地服饰的发展及以后齐国服饰的发展与繁荣奠定了坚实的物质基础。

自太公封齐建国开始，便“劝其女功，极技巧”(《史记·货殖列传》)。太公在重视农业的同时，制定了以发展工商业为主的经济方针，即“通商工之业，便鱼盐之利”(《史记·齐太公世家》)。春秋时代，商人出身的管仲为辅佐桓公成就霸业，继承并发扬了太公工商富国的思想，把发展工商业当成富民强国的重要途径。他为了促进齐国工商业的迅速发展，首先提出了“四民分业定居”的思想，主张四民按职业分区定居，即“处士必于闲燕，处农必就田野，处工必就官府，处商必就市井”(《管子·小匡》)。其次就是鼓励、引导和发展家庭手工业。齐国历代统治者都很重视手工业发展，特别是管仲，他不仅从理论上提出了手工业发展对国家强弱的重大影响，提倡“求天下之精材，论百工之锐器”，强调“毋乏耕织之器”(《管子·幼官》)，而且在实际生产中对手工业的技术和质量都有明确的规范。这些措施都大大促进了齐国家庭手工业的发展，使之成为齐国发达的工商业中不可缺少的组成部分②。

不仅如此，为促进工商业的发展，管仲还积极开展对外贸易，采取“关市讥而不征”的新赋税政策，即对过往关卡的商品只检查不收税；“为诸侯之商贾立客舍”，修建宾馆，并根据商人所带车马商品的多少提供更优质服务③。这一系列政策的实施，使齐国的工商业得到了迅速发展，并达到了很高的水平，为齐国当时主要贸易品之一的服装业的发展与繁荣提供了良好的社会条件，最终使“齐冠带衣履天下”。

---

① 陈茂同：《中国历代衣冠服饰制》，百花文艺出版社2005年版，第6页。

② 张越：《富民思想——齐文化的价值内核》，《东岳论丛》2006年第6期。

③ 黄宝先、王德敏：《齐国的工商业论纲》，《管子学刊》2001年第2期。

第二节 齐国服饰艺术的形式美特征

服饰的形制、色彩、纹饰、质料、佩饰等是构成服饰艺术形式美的主要元素。以服饰审美文化现象形态作为审美对象，主要是以其形制、色彩、纹饰、质料及其佩饰等形式美因素，作为在一定程度上满足人的审美需要、给人以审美享受来体现其审美价值的。中国的服饰审美文化在先秦时期已经发展得比较成熟，并具有很高的审美价值。这是讨论齐国服饰艺术形式美特征的基础和起点。春秋战国时期，由于连年战争，各种礼仪逐渐废除不用。战国七雄齐、楚、燕、赵、韩、魏、秦各诸侯国的服饰，由于政治、经济、文化的差异以及受到风土人情所限，表现在服饰的艺术形式上，相应会产生一些变化，也带有鲜明的地域性特征，具体可从以下几个方面对齐国服饰艺术的形式美进行分析与探讨。

一、齐国服饰的形制

在中国服饰文化遗存中，由于佩饰品的质料坚固而遗留下来的比较多，出土的实物资料也较为丰富，但是衣服的特殊材质决定了其很难长时间留存，因而目前对古代服饰形制方面的研究，多以其他类型的出土实物为基础进行分析。在甘肃半山彩陶器上有散落的人形，从剪影形象上看，其穿着的是连衣裙式的衣服。这就是中国、日本乃至欧美一些国家原始人都穿过的“贯口衫”。即用一块相当于两个衣长的布，中间挖洞或切口，以使头部从中伸出来。这种前一片后一片的衣服被拦腰一系，便成了早期的服饰造型[①]。齐国作为人类文化发展史中的一个有机组成部分，其服饰的造型自然不可能超越人类服饰发展的一般规律，但这并不妨碍它基于独特的地理与社会环境而形成的地域特点。

---

① 华梅、要彬：《中国工艺美术史》，天津人民出版社2005年版，第16页。

齐国未立国之前，齐地东夷人的服饰形制，其主要特点是“左衽”，即衣襟向左。《论语·宪问》载：“微管仲，吾其被发左衽矣。”即是说，假若没有管仲，我们都会披散着头发，衣襟向左开，沦为落后民族了。由此可见，“左衽”是先齐时期齐人服饰造型的一大显著特色。事实上，在中国上古时代，衣服的形制是有左衽和右衽之分的。衣襟向左，是为左衽；反之，衣襟向右，则为右衽。从出土的资料看，尤其是安阳殷墟出土的人像雕塑，交领右衽或直领对襟衣最为常见，绝少见到衣襟向左开者，表明左衽并非中原华夏族所风尚。但对于周边少数民族来说，情况不一样。《战国策·赵策二》说：“被发文身，错臂左衽，瓯越之民也。”《后汉书·南蛮西南夷列传》也说：“西南夷者，在蜀郡徼外……其人皆椎结左衽，邑聚而居。”可见，左衽成了包括先齐地区在内的周边少数民族的一大服饰特色，也是夷夏之别的标志之一[①]。这种服饰的造型形式一直沿用到太公治齐后，将中原服制带到东夷。这表明先齐地区在没有融入中原文明之前，在文化与习俗方面还存在着一定的独立性，也说明服饰的形制与社会文化基础密切相关。

齐国在立国之初，由于太公在文化上采取了“因其俗，简其礼”的治国方针，这就为齐国服饰在造型方面能演变出不同于其他地区的特点创造了良好的社会环境。齐国的服饰虽然至今尚未发现实物，但对于这一时期齐地服饰形制的研究，可以从考古发现的一些陶俑、瓦当、漆器等资料来加以分析探讨。从目前所见山东临淄郎家庄一号东周殉人墓、章丘女郎山战国墓、长岛王沟东周墓、临淄商王战国墓出土的大量彩绘人物陶俑中，可比较清晰地反映出当时齐国男女服饰的基本形制。特别是山东章丘女郎山战国中期墓葬中出土的一组彩绘乐舞陶俑，对研究齐国服饰的形制、色彩、纹饰甚为珍贵。这批彩绘乐舞陶俑中有人物俑 26 件，包括歌舞俑、演奏俑、观赏俑不同种类。姿态有坐有立，身高 7. 6 厘米 ~8. 8 厘米，均为泥制黑陶捏塑而成，表面

① 陈高华、徐吉军：《中国服饰通史》，宁波出版社 2002 年版，第 74 页。

保留着鲜艳的彩绘服饰。在26件人物陶俑中，仅有的一件歌唱俑为女性，身穿浅红色白点长袍，后身外露红点曳地内长裙。而10件歌舞俑均为女性，分为长袖舞俑和短袖舞俑两种。其中的两件长袖舞俑，一件身穿浅红色白点长袍，后身外露黄色红点曳地内长裙；另一件身穿青灰色白点及黄色彩条长袍，后身外露黄色彩条曳地内长裙。两舞俑长衣广袖，翩翩起舞。在8件短袖舞俑中，有的身穿浅红色红点长袍，后身外露黄点曳地长裙；有的身穿青灰色红点长袍，后身外露彩条曳地长裙，双肩披挂红彩带。而5件演奏俑全为男性，头戴翘角高冠，面施粉红彩，身着黑衣长袍，双肩披挂红彩带。10件观赏俑全部为女性，由于服饰不同，分为两组。一组5件，身穿浅红色白点长袍，后身外露彩条花内长裙。另一组5件，身着服饰有两种，一种为披肩式浅红色翘边长袍，后身外露红点曳地内长裙；另一种为青灰色红点长袍，后身外露黄色红点内长裙[①]（图6－1）。

通过对章丘女郎山这批陶俑服饰的观察，歌舞俑与观赏俑均着被体深邃的长衣，其右衽有向后拥掩的续衽勾边，与湖南长沙仰天湖楚墓出土的战国彩绘木俑的服装形式颇为相似，属战国时期广泛流行的“深衣”，其主要造型特点是上衣下裳连在一起。这组陶乐舞俑，或身穿红地白点深衣，或穿灰地红点深衣，或在深衣下露出彩条、花点长裙。临淄郎家庄出土的陶乐舞俑也残留着彩条衣裙，反映了齐国服饰形制的共同特点。相比之下，楚国服饰显得较为华丽，齐国服饰则以朴素典雅为特色[②]。

临淄郎家庄出土的乐舞陶俑，身高约10厘米左右，以红、黄、黑、褐色等条纹描绘衣裙，胸部丰满，多数细腰，长裙曳地，举臂起舞，造型简洁生动，年代属战国初期[③]。同属于战国早期长岛王沟东周墓出土的彩绘乐舞陶俑，最高者11厘米，最矮者5厘米。上衣为窄长袖，交领右衽，多为淡青色，亦有黄色和红色。下衣为长裙，长裙多

① 李曰训：《山东章丘女郎山战国墓出土乐舞陶俑及有关问题》，《文物》1993年第3期。

② 汤池：《齐讴女乐　曼舞轻歌——章丘女郎山战国乐舞陶俑赏析》，《文物》1993年第3期。

③ 山东省博物馆：《临淄郎家庄一号东周殉人墓》，《考古学报》1977年第1期。

1. 歌唱俑　2－3. 长袖舞俑　4－5. 舞俑　6－9. 观赏俑

图6－1　章丘女郎山乐舞陶俑线描图

饰红、黑色竖条，间加白点，有红白色腰带。人物多数作立姿，呈舒臂屈体舞蹈状；个别作跪姿，似为奏乐者[①]。这批乐舞陶俑的服饰造型与临淄郎家庄出土者极为相似。这批实物的出现，为印证齐国服饰的基本形制提供了有力的佐证，即上衣与下裳连成一体的深衣样式占据主导地位，是当时齐国服饰造型的主流。需要说明的是，齐国的衣式与中原地区有别。如临淄郎家庄出土的一批女性陶俑，其长裙收腰曳地，窄长袖，与中原地区女式深衣不同。同出土的漆盘上几组人物形象，有梳双高髻者，腰部佩剑，衣式曲裙向后斜掩垂地展开，亦有宽舒之感，似男性，这也不同于中原地区的男式深衣[②]。总的来看，无论是临淄郎家庄，还是长岛王沟、章丘女郎山出土的陶乐舞俑，其服装的样式十分相似，也都身着彩条衣裙，反映出齐国服饰造型与纹饰的共同特点，也充分体现了齐国服饰造型的艺术特色。

二、齐国服饰的色彩

周朝等级森严，服饰的色彩必须与其身份地位相适应，这是政治的需要，也是礼制的规定。按照礼制要求，色彩有尊卑贵贱之分："衣正色，裳间色，非列采不入公门。"（《礼记·玉藻》）孔《疏》："正谓青、赤、黄、白、黑，五方正色也；不正谓五方间色也，绿、红、碧、紫、骝黄是也。"列采指有彩色而不贰之正服。由此可见，古代以正色为尊贵，以间色为卑贱[③]，并十分注重衣之纯，贵一色而贱贰彩[④]。按周代奴隶主贵族的传统，色彩有尊卑的区别，青、赤、黄、白、黑是正色，象征高贵，正色是礼服的色彩。绀（红青色）、红（赤之浅者）、缥（淡青色）、紫、骝黄是间色，象征卑贱，只能作为便服、内衣、衣服衬里及妇女和平民的服装颜色。由于色彩有尊卑之分，故统治阶级要按照礼制规定，根据地位高低和政事活动的内容，选配相称

① 烟台市文物管理委员会：《山东长岛王沟东周墓群》，《考古学报》1993 年 第 1 期。
② 陈高华、徐吉军：《中国服饰通史》，宁波出版社 2002 年版，第 102 页。
③ 吕思勉：《先秦史》，上海古籍出版社 2005 年版，第 318 页。
④ 宋镇豪：《中国春秋战国习俗史》，人民出版社 1994 年版，第 185 页。

的服装色彩。《礼记·玉藻》说："始冠缁布冠，自诸侯下达。冠而敝之可也。玄冠，朱组缨，天子之冠也。缁布冠，缋緌，诸侯之冠也。玄冠，丹组缨，诸侯之齐冠也。玄冠，綦组缨，士之齐冠也。缟冠，玄武，子姓之冠也。"《荀子·富国》也说："天子袾裷衣冕，诸侯玄裷衣冕，大夫裨冕，士皮弁服。"《礼记·玉藻》还记载："韠，君朱，大夫素，士爵，韦。……天子素带，朱里，终辟。""（诸侯）而素带，终辟。大夫素带，辟垂。士练带，率，下辟。居士锦带。弟子缟带。"从以上文献记载可以看出，无论是冠服，还是蔽膝、束带，均以颜色的分别来指示着衣者的身份[①]，其中赤（大红）、朱（朱红）居最高之地位。

公元前6世纪，春秋时期的第一位霸主齐桓公却喜欢穿紫袍。据《韩非子·外储说左上》记载："齐桓公好服紫，一国尽服紫。当是时也，五素不得一紫。"《史记·苏秦列传》也载："齐紫，败素也，而贾十倍。"齐桓公作为名声显赫的一国之君，竟然穿间色的紫袍，这在当时是对传统色彩观念的逆反行为，无疑会对社会产生重大影响，是对传统礼教的沉重打击。从《左传·哀公十七年》卫浑良夫"紫衣狐裘"而被罪的事情来看，那时的紫色可能已代替了朱色而成为诸侯衣服的正色了。而孔子为了维护传统礼教，还重申自己对紫色抱有恶感："恶紫之夺朱也。"（《论语·阳货》）这是因为紫色夺走了朱色的地位。但是，色彩作用于人的生理和心理的美感是基于色彩具有美的自然属性为前提的。由于紫色具有稳重、华贵的特征，在色彩心理学上被视为权威的象征，所以，后来紫色一直上升为富贵的色彩[②]。唐代贞观四年规定：黄、紫、朱、绿、青、黑、白作为法定的等级序列服饰颜色，将官秩最高的一、二、三品的服色定为"紫色"，[③] 就是最好的明证。可见，齐桓公这种服紫的喜好对后世服饰色彩等级制度的变革有着极大的影响。

---

① 翟同祖：《中国法律与中国社会》，中华书局1981年版，第140页。

② 黄能馥、陈娟娟：《中国服装史》，中国旅游出版社2001年版，第55页。

③ 蔡子谔：《中国服饰美学史》，河北美术出版社2001年版，第26页。

三、齐国服饰的纹饰

齐国服饰不仅在形制、色彩方面特色鲜明，在纹饰方面也极有特点。《国语·齐语》载有齐桓公对管仲说："昔吾先君襄公……唯女是崇，九妃六嫔，陈妾数百。食必粱肉，衣必文绣。""文绣"是指带有花纹的丝织品或服饰。《晏子春秋·内篇谏下》还记载，齐景公为满足衣饰华丽，"公衣黼黻之衣，素绣之裳，一衣而五采具焉"。即是说景公穿着绣有华美花纹的礼服，绣着白色花纹图案的下衣，一身衣服五彩俱全，鲜艳无比。《考工记》说："白与黑谓之黼，黑与青谓之黻，五采备谓之绣。"这说明齐国人喜欢穿丰富多彩、纹饰精美的服装。齐国服饰的花纹图案以"错采镂金、雕绘满眼"为美，注重衣服的装饰，一般衣服上都有花边，并且非常注重衣服的颜色搭配。这时候的服饰由于衣料比较轻薄，为了防止薄衣缠身，所以采用平挺的锦类织物镶边，边上再装饰云纹图案，即"衣作绣，锦为沿"，将实用与审美巧妙地结合。

齐国在春秋战国时期的服饰纹样，是从商周奴隶社会装饰纹样传统的基础上演化而来的。商周时期的装饰纹样造型强调夸张和变形，结构以几何框架为依据作中轴对称，将图案严格布局在几何框架之内，特别夸张动物的头、角、眼、鼻、口、爪等部位，运用以直线为主、弧线为辅的轮廓线条，表现出一种整体划一、严峻狞厉的美学风貌，象征着奴隶主阶级政权的威严和神秘，这也是奴隶社会特定的历史条件形成的时代风格。春秋战国时期，随着奴隶制的崩溃和社会思潮的活跃，服饰图案与其他装饰图案一样也发生了很大变化。其中，装饰艺术风格由传统的封闭式转向开放式；造型由变形走向写实；轮廓结构由直线主调走向自由曲线主调；艺术格调由静止凝重走向活泼生动。在骨骼框架方面，商周时期的矩形、三角形几何骨骼和对称手法在这一时期仍继续运用，但是已经不受几何骨骼的拘束，而往往把这些几何骨骼作为统一布局的依据，但并不作为"作用性骨骼"。也就是说，图案纹样可以根据创作意图超越几何框架的边界，灵活处理。在题材方面，除龙凤、动物、几何纹等传统题材外，具有时代特征的写实与变体相结合的穿枝花草、藤蔓纹新题材已出现。穿枝花草、藤蔓可以顺着图案骨骼——矩形骨骼、菱形骨骼、对角线骨骼铺开生长，起着"非作用性骨骼"（即不是死板显露的几何骨骼）的作用。它们穿插自由，有的顺着骨骼线反复连续，有的将图案中转隔断，有的作左右对称连续，有的作上下对称连续，有的按上下、左右错开的位置作移位对称连续。穿枝花草、藤蔓既起装饰作用，又起骨骼作用。在枝蔓交错的大小空位，则以鸟兽动物纹填补装饰。动物纹样往往头部写实，而身体经过简化，有的直接与藤蔓结为一体，有的彼此蟠叠，有的写实形与变体形共存，有的数种或数个动物合为一体，有的动物体与植物体共生，以丰富优美和多样的形式，把动植物变体与几何骨骼结合，反映了春秋战国时期齐国服饰纹样设计思想的高度活跃和成熟。值得一提的是，战国时期服饰纹样的题材具有一定的象征含意。当时最为流行的龙凤纹，既寓意宫廷昌隆，又象征婚姻美满。鹤与鹿都与长寿神话有关，象征长寿。翟鸟是后妃身份的标志，鸱鸺（猫头鹰）象征胜利之神。以上题材多用于刺绣中①。丝织纹样因受提花工艺的限制，战国时多限于菱形纹、方棋纹、复合菱形纹及在这类几何纹内填充人物、车马、动物等变体纹样。

四、齐国服饰的质料

春秋战国时期，由于周室衰微，各诸侯国纷纷变法，争雄称霸，提倡耕织，官营作坊与富商大贾的城市作坊并存，农村男耕女织已初步形成封建经济的模式。当时，纺织业发达的地区主要集中在黄河中下游，即以临淄为中心的齐鲁地区，经"太公劝其女功，极技巧……故齐冠带衣履天下"，"齐带山海，膏壤千里，宜桑麻，人民多文采布帛鱼盐"（《史记·货殖列传》）。齐国的经济除农业外，纺织业也得到了很大发展，临淄在当时成了我国著名的纺织中心。根据考古资料与

① 朱和平：《中国服饰史稿》，中州古籍出版社2001年版，第87—89页。

史书记载，齐国在春秋战国时期的服装原料有丝帛、麻布、葛布等，而以丝麻最为常见。我们从文献记载中可以知道齐国当时生产的丝绸品种非常丰富，至战国时期丝绸品种已经形成绢、罗、绮、锦、绣、缀、编的完整体系，为齐国服饰的发展与繁荣奠定了雄厚的物质基础。

绢是平纹类丝织品的通称，由于密度、细度、捻度与其他结构参数的变化以及加工工艺的不同，织物风格特点差异很大，因此，可又细分为纱、纨、缣、縠、缟、绡等品种。纱是经纬丝纤细、经纬密度最小的丝织品，织物稀疏、轻薄。周代，纱已经作为礼服衣料在宫中使用。纨是平纹类织物中较为细密的丝织品，光泽极好。《汉书·地理志下》注："冰纨，纨细密坚如冰者也。""冰纨"是指细致、鲜洁、纯白的丝织品，是平纹类织物中的上品。缣也是一种细密的丝织品，但它是用双根丝线并合，以增加丝线的宽度来达到致密的效果。缣不但致密，而且增加了织物的厚度。縠与纱相似，也是一种轻薄、有孔眼的丝织品。縠的特点是织物表面有细微的皱纹，且形成孔眼。这种皱纹是将丝线加以强捻，并通过丝织物的脱胶使丝线产生退捻时形成的。这种工艺技术较复杂，具有一定的难度。绡、缟属于织后不湅的生丝织品。

罗是较为轻薄透孔的丝织物，经丝互相纠结，孔眼疏朗，与纱、縠相比，孔眼稳定、牢固，不会产生滑移。罗是丝织品中的上品，迄今所知的商周罗织物皆为四经绞的素罗。绮是平纹地起经浮花的提花织物，以不同浮长的经线反射光线的能力不同，形成暗花图案。绮与罗、縠一样，同属于较高档的丝织品。《战国策·齐策》说："下宫糅罗纨，曳绮縠，而士不得以为缘。"锦是"织彩为文"的彩色提花丝织物，是丝织品中最为精致、绚丽的珍品。锦因制作工艺复杂，耗时费力，技术含量高，故《释名》有"其价如金"的评语。

20 世纪 70 年代初，在齐国故都临淄对郎家庄一号东周殉人墓进行发掘时，发现了一批纺织品及编织物，为研究齐国服饰的质料提供了宝贵的资料。根据 1977 年第 1 期《考古学报》发表的《临淄郎家庄一号东周殉人墓》，现重点介绍该墓出土的几种丝织品如下：

绢：平纹组织，每平方厘米经丝 76 根，纬丝 36 根。此外，在铜镜等器物上和填土中也发现有已腐朽的绢纹。

锦：标本为经二重组织，每平方厘米约经丝112根，纬丝32根。每根经丝又是双头合股的，捻度是很不均匀的。测其径向投影宽，经丝为0.2毫米~0.25毫米，纬丝为0.13毫米~0.2毫米。残片完全炭化，外观黯黑，但组织结构还十分清晰，因而可以确定，锦标本是一件典型的两色织锦残片。它在织造工艺方面已臻于成熟。该锦与辽宁朝阳西周早期墓中出土的织锦相比，质地要细密、精致得多[①]。

刺绣：该墓出土的刺绣残片，是在绢地上以丝缕用锁绣针法刺绣，以二至三道并成块面花纹。绣工风格比较粗放疏朗，针脚长短不甚整齐。用丝也略分粗细，目的在增强纹饰的表现力。绣花的绢地密度为每平方厘米经丝48根，纬丝43根。经碾砑加工，织物不仅表面平滑，而且看不出明显的孔隙，王充由此称道："齐郡世刺绣，恒女无不能。"(《论衡·程材》)

五、齐国服饰的首饰、佩饰

首饰和佩饰是服装中最具光彩的组成部分。从服饰艺术的历史来看，首饰和佩饰比衣服渊源更早，在原始社会就有材质优良、富有装饰美的首饰、佩饰，除实用美化的目的之外，已渗透着特定的精神内涵。商周时期，随着阶级的分化，首饰、佩饰除赋予宗教性的内涵之外，更赋予了阶级的内涵。奴隶主阶级对首饰、佩饰极为重视，专门设立了手工作坊来生产。当时的首饰、佩饰有骨、角、玉、蚌、金、铜等各种制品，以玉制品最为突出。周代以玉衡量人的品格，正所谓"古之君子必佩玉"、"君子无故，玉不去身。君子于玉，比德焉"(《礼记·玉藻》)，玉就成为贵族道德人格的象征。春秋战国时期继承商周社会的传统，首饰和佩饰除形式的装饰美和材质的珍贵之外，也带有礼教表征德操和社会等级地位的内涵，至于工艺技巧，则发展到更加

① 赵丰：《中国丝绸通史》，苏州大学出版社2005年版，第64页。

精美的程度[1]。

根据考古发现与文献记载，齐国的首饰和佩饰与其他各诸侯国相比，由于文化、地域等方面的不同，也呈现出鲜明的特色，以工艺精湛、形式华美著称于世。从目前大量出土的发饰、耳饰、颈饰、臂饰、腰饰带钩、佩玉、佩璜等首饰、佩饰品来看，这些大批精美的佩饰品的发现，在一定程度上反映了齐国手工业生产的繁荣景象，为研究齐国服装的佩饰提供了有力的实证。这些大量的佩饰品，以带钩格外耀眼。带钩是革带上的钩，是饰物。在古典文献中也常提到带钩，比如《管子·小匡》说："管夷吾亲射寡人，中钩，殆于死。"《史记·齐太公世家》也说"射中小白带钩"等。它的形制一般为一端曲首，背有圆钮。带钩长的尺余，短的寸许。一般来说，短小的带钩既可以正置，又可以反置，使用方便。但大的带钩只有正面有华丽雕饰，因此只有正置才能使用。带钩的主要用途是系连革带，使革带牢固地系住衣袍，另外还用来佩挂印章、铜镜等随身的小物件[2]。目前，在山东临淄郎家庄一号东周殉人墓、长岛王沟东周墓群、临淄商王墓地都有大量带钩实物出土。这些带钩材质高贵，工艺精美，制作工艺十分考究，形式多种多样，而且富有变化（图6－2）。其中，仅长岛王沟东周墓群出土的铜带钩就达46件。这些铜带钩多数造型独特，纹饰精美，做工精良，并且式样丰富。尤其是临淄郎家庄出土的两件金带钩，是难得的珍品。

图6－2　临淄商王墓地出土的战国晚期孔雀形铜带钩

① 黄能馥、陈娟娟：《中国服装史》，中国旅游出版社2001年版，第71页。

② 陈高华、徐吉军：《中国服饰通史》，宁波出版社2002年版，第132页。

在临淄商王墓地中出土的一大批战国时期的首饰、佩饰中，一副金耳坠令人叹为观止。这副金耳坠由金丝、金片、绿松石坠、珍珠和牙骨之类的串饰等组成。上部是以线纹金丝组成的网状锥体，锥体上端有横穿可以佩戴，四周镶嵌四颗圆形绿松石片。锥体下悬挂一金环，金环之下为一颗较大的三瓣金叶，三者以金线相连，金线中穿珍珠数颗，现已破碎脱落。金叶之中包一颗较大的绿松石坠，每瓣金叶又各嵌一绿松石片。在锥体周围和金环两侧，都有以金线和骨环组成的串饰，串饰下端也有较小的三瓣金叶，金叶之中各包一颗绿松石坠。在锥体、金叶和金环上都饰以金珠纹。这副金耳坠制作工艺精湛，装饰华丽，可与现代金饰相媲美（图6－3）。此外，该墓地出土的一组玉佩也特别引人注目，其中的一件龙凤玉佩，主体造型为双首龙形，龙首背向，引颈高昂。整个器物通过雕、琢、镂、刻、切、磨、钻、磋等各种工艺，制作成玲珑剔透的龙凤佩。该玉佩双龙双凤，构思巧妙，布局合理，艺术价值极高[①]，是古代玉佩中难得一见的珍品（图6－4、图6－5）。

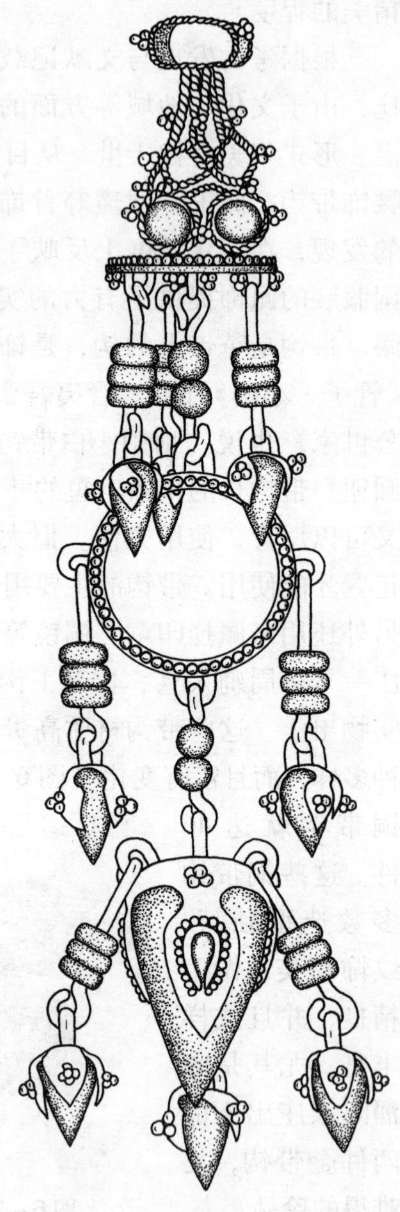

图6－3　金耳坠线描图

① 淄博市博物馆、齐故城博物馆：《临淄商王墓地》，齐鲁书社1997年版，第46—56页。

图6－4　白玉透雕龙凤佩

图6－5　白玉透雕龙凤佩线描图

第三节　齐国的服饰审美观

春秋战国时期，诸子百家在学术领域展开了激烈的思想交锋，这对当时的社会生活包括衣冠服饰习俗和审美观念都产生了一定的影响。儒家提倡“宪章文武”，崇尚古代礼制，维护西周社会的等级观念，主张一切言行包括衣冠服饰都必须“约之以礼”。墨子从“节用”和“非乐”的思想出发，提出了“衣必常暖，然后求丽”的主张。之后的荀子则严守等级观念，提倡“修冠弁衣裳，黼黻文章，雕琢刻镂，皆有等差”（《荀子·君道》）。战国末期的韩非则主张崇尚自然，反对修饰。而齐国的稷下学宫，因为开放的政策使群贤毕至，成为当时全国的文化中心。稷下学宫的出现是先秦文化史上的重要环节，是春秋战国百家争鸣的高峰。没有稷下诸子之学，就没有战国时代思想文化上的百家争鸣①。正是由于齐国文化上的多样性和哲学、美学领域的思想交锋，才形成了以“度爵而制服”的服饰制度、“上以为政，下以为俗”的服饰习俗、“礼乐”与“实用”结合的服饰观和“错采镂金、雕绘满眼”的服饰审美观为主要内容的，以礼为主、以师吏为俗、以用为本和以奢为标的独特的齐国服饰审美文化。

① 刘蔚华、苗润田：《稷下学史》，中国广播电视出版社1992年版，第53页。

一、"度爵而制服"的服饰制度

从周公旦制礼作乐而至孔子创立儒家学说，其主要内容均是"礼乐"与"仁义"两大部分。"道之以德，齐之以礼"(《论语·为政》)，便是孔子最高的政治理想。"德"即指"仁义"，"礼"则是指一切统治阶级规定的秩序，而一切统治阶级所规定的秩序的本质内涵便是等级观念和等级制度[①]。《管子·立政》说:"度爵而制服……衣服有制……虽有贤身贵体，毋其爵不敢服其服……天子服文有章，而夫人不敢以燕以（衣）飨庙，将军大夫以朝，官吏以命，士止于带缘。散民不敢服杂采，百工商贾不得服鬈貂，刑余戮民不敢服丝。"这说明从天子、诸侯、大夫、商人到平民以至罪犯，其着装的样式、质料、色彩、纹饰都有明确的规定。这里所强调的核心内容，便是等级制度或者说等级秩序。《管子·君臣下》又载"旌之以衣服"。就是说，服饰是明贵贱、辨等级的重要标志。正是基于此，齐国的统治者制定了一套完整的衣冠服饰制，从服饰的形制、质料、色彩、纹饰等都有明确规定，使当时齐国社会不同阶层的人们的衣冠服饰都有严格的界限区分。

齐国的冠服制，还以巨冠、博袍、大裘为权威象征，尤其是狐狸、貂皮制成的裘衣最为贵重，只有统治者才有资格穿着，工匠、商人和平民百姓不得穿有，所以《墨子·公孟》说："昔者齐桓公，高冠博带，金剑木盾，以治其国。""景公为巨冠长衣以听朝。"（《晏子春秋·内篇谏下》）"景公赐晏子狐之白裘，元豹之茈，其赀千金。"（《晏子春秋·外篇第七》)。齐国的卿大夫一般以"委端"礼衣、礼帽为朝服。所谓"委端"，就是古代的朝服，有端庄方正之意。《春秋谷梁传》载：僖公三年"阳谷之会，桓公委端搢笏而朝诸侯"。不仅如此，齐国的服饰制还表现在服装的装饰物方面，比如被人们称作"蔽膝"的装饰物，《礼记·玉藻》就载有："韠，君朱，大夫素，士爵，韦。

① 蔡子谔:《中国服饰美学史》，河北美术出版社2001年版，第14页。

圜，杀，直。天子直。公侯前后方。大夫前方，后挫角。士前后正。韠，下广二尺，上广一尺，长三尺。其颈五寸，肩、革带博二寸。”可见，同样是蔽膝的装饰物，由于形制、颜色的不同，对所佩戴的人都有着严格而明确的规定，不得僭越，以此来体现着装者的不同身份，作为象征等级尊卑的特定服饰物，成为一种等级的标志，从而具有特定的政治意义。由于自春秋战国以来，儒家所提倡和宣扬的礼制得到了历代统治阶级的支持和采纳，因而以礼为主、“度爵而制服”的服饰制度便成了齐国服饰审美文化的基点。

二、“上以为政，下以为俗”的服饰习俗

以吏为师是中国传统文化的重要组成部分，这种观念直到今天也一直在发挥着影响。“上以为政，下以为俗”，好恶取舍，动静无常，随君上之情好而形成某种服饰时尚，是齐国服饰审美文化的又一特色，这与其他地域的服饰审美文化是有明显不同的。齐国的这种服饰习俗在文献中多有记述。由于国君的喜好与提倡，臣属和百姓争相效仿，齐人形成了一种效君王、追求时髦的着装风习。据《韩非子·外储说左上》记载：“齐桓公好服紫，一国尽服紫。当是时也，五素不得一紫。桓公患之，谓管仲曰：‘寡人好服紫，紫贵甚，一国百姓好服紫不已，寡人奈何?’管仲曰：‘君欲止之，何不试勿衣紫也?谓左右曰：吾甚恶紫之臭。’……于是日，郎中莫衣紫；其明日，国中莫衣紫；三日，境内莫衣紫也。”《晏子春秋·内篇杂下》也有：“灵公好妇人而丈夫饰者，国人尽服之。”齐国曾盛行的这种女着男装之风，究其原因，与齐灵公“好妇人而丈夫饰者”有密切的关系，尽管灵公指派官吏以“裂衣断带”而禁之，却仍不能止。最后，还是从灵公自身做起，才平息了这股女着男装的风气。由此可见，上行下效，齐人的着装风习的确与齐国国君的喜好有关。看来以吏为师、以师上为美的服饰审美文化在齐国是极为突出的。其实，这种服饰审美观直到今天在我们现实生活中仍在发挥作用，只是模仿对象发生了一定变化。这说明齐

国当时的服饰审美观念已经渗透到我国的审美文化之中，成为现代服饰审美的内容之一。

三、“礼乐”与“实用”结合的服饰观

齐国的服饰文化有着深厚的思想积淀，尤其是服饰审美文化中蕴含着深刻的社会关系或者说人伦关系的内涵。“衣冠取人”便包含着以人们所穿的衣冠、服饰来评价人的社会地位和人格风貌等的价值观念。这一方面表明了齐国服饰特别是服饰审美文化具有赋予着装人以社会地位和人格风貌等外在价值功能，同时也表明这种衣冠取人或曰“以貌取人”的价值取向的片面性和肤浅性。齐国服饰的着用风俗从表面上看是一种盲目的对时髦的追求，其实质应该是与“礼乐”文化中的等级观念和忠君思想密切相关。史料记载的齐国曾流行“一国尽服紫”、“好妇人而丈夫饰”的史实，应该说与齐国君主的喜好、提倡有着密切的关系。其表现在服饰上，一是安于服制，对于君王“服文有章”不以为然，对于自己“身服裋褐”也认为理应如此；二是追求模仿，齐国盛行过的“服紫”和“丈夫饰”便是基于这种心态上行下效的结果。可见，齐国追求时髦服饰风习的形成，与齐君的提倡有关，是齐人忠君观念的产物①。从本质上讲，这便是对“礼乐”文化中等级观念的潜移默化认可的一种外在显现。

齐国服饰的世俗化更多的是外显于当时的社会上层，与此同时，齐国服饰的务实性则更多的是表现在当时社会的中下层的民众中。齐国上层社会盛行长袍博带、五彩花饰之服，体现了他们追求奢华、腐化糜烂的生活态度。下层劳动人民却是上着短衣下着紧身袴，劳动起来方便利落，体现着较强的务实性。比如山东长岛王沟东周墓出土的鎏金刻纹铜鉴上的人像服饰，狩猎者为上衣短袴，挑担者为齐膝长袍，乐舞者、御者、烹人等均为长衣曳地，也有身后拖“燕尾”的。由此可以看出，这些不同身份人的服装与其所从事的职业是相适应的，也

① 宣兆琦、李金海：《齐文化通论》（上册），新华出版社2000年版，第297页。

充分体现了齐人灵活和务实的思想特点。其实，在齐国社会的中下层民众中，以实用为主的服饰观是有其独特哲学基础的，当时在齐国有一种不为其他诸侯国所普遍承认的观念，也是在先秦诸子中独一无二的，就是《管子》所极力提倡的义利并重的统一观："民之情莫不欲生而恶死，莫不欲利而恶害。"（《管子·形势解》）这种对利益的承认和看重，一经渗透到服饰的审美文化中，就无形之中强化了追求服饰的最大功用性，即以实用为目的的独特审美要素。

四、"错采镂金、雕绘满眼"的服饰审美观

在服饰审美活动中，人们审美的价值取向、内容和程度，影响和制约着审美价值的规定和评价。在中国美学发展史上，始终有两种截然不同的美或曰审美范畴和审美形态，即"错采镂金、雕绘满眼"和"初发芙蓉，自然可爱"之美。在中国古代服饰审美文化发展史中，始终都是以错采镂金、繁缛富赡之美作为审美判断的标准，来规定和评价审美价值的高低的[①]。齐国的服饰观便是这种审美文化的典型代表，在服饰的装饰风格上更是以错采镂金、繁缛富赡之美来体现东方泱泱大国之风的。

由服饰的形制、颜色、纹饰、质料、佩饰等所构成的齐国服饰形式美的元素，从一定程度上反映出"错采镂金、雕绘满眼"的齐国服饰审美观。比如,《管子·小匡》就载有:"昔先君襄公……唯女是崇，九妃六嫔，陈妾数千。食必粱肉，衣必文绣。"《晏子春秋·内篇谏下》也载有："公衣黼黻之衣，素绣之裳，一衣而五采具焉。"从中可以看出，景公穿着纹饰华美，色彩鲜艳无比。齐国宫廷中大小宫女皆衣饰华丽，甚至于"君之厩马百乘，无不被绣衣而食菽粟者"（《战国策·齐策》）。"错采镂金、雕绘满眼"的服饰审美观不仅表现在纹饰、色彩等方面，在首饰和佩饰方面也极为突出。从临淄郎家庄东周墓、长岛王沟东周墓群、临淄商王墓地出土的大量造型独特、纹饰精美的耳

① 蔡子谔：《中国服饰美学史》，河北美术出版社2001年版，第25页。

饰、颈饰、带钩、佩玉、佩璜等首饰、佩饰品中（图6－6），可以看出齐国服饰的独特审美观，尤其是如前所述的一副工艺精湛、形式华美的金耳坠，是对“错采镂金、雕绘满眼”审美观的最好体现。

图6－6　临淄商王墓地出土的战国晚期白玉透雕龙首璜

不仅如此，这种审美观还表现在舄、履的装饰上，齐国的贵族对履、舄非常讲究，追求豪华，在装饰和审美风格上体现了典型的错采镂金、繁缛富赡之美。据《晏子春秋·内篇谏下》记载，齐景公为满足履饰的华丽，“景公为履，黄金之綦，饰以银，连以珠，良玉之绚，其长尺，冰月服之以听朝。晏子朝，公迎之，履重，仅能举足”。从景公之履大小、质地、装饰详尽的描述中可以看出景公的奢侈，又表现出他不切实际的窘相。齐国统治者这种以奢为美的审美风尚，无疑对“错采镂金、雕绘满眼”的服饰审美观的形成起了很大作用，也从一定程度上推动了齐国“冠带衣履天下”局面的形成。

综上所述，齐国的强盛为其服饰艺术的发展奠定了坚实的物质基础；稷下学宫为齐地哲学和审美文化的发展提供了丰富的思想源泉；

齐文化的开放性和兼容性又为服饰艺术发展创造了宽松的社会条件，由此才给后世留下了独具特色的齐国服饰文化。无论是形制、色彩、纹饰、质料还是首饰、佩饰所构成的齐国服饰的形式美，都充分体现了鲜明的地域特征和艺术特色，特别是“度爵而制服”、“上以为政，下以为俗”、“礼乐”与“实用”结合和“错采镂金、雕绘满眼”的服饰审美观，不仅承袭了儒家礼乐文化精髓，也对丰富和发展我国传统服饰文化起了重要作用，并影响中国服饰审美理论与服饰艺术实践长达数千年，同时对提高我国现代服饰的设计艺术水平也有着重要的借鉴意义。

第七章　齐国建筑艺术

中国具有五千多年深厚的建筑文化传统，中国古代建筑在世界建筑史上写下了辉煌的篇章。在所有的艺术形式中，建筑艺术的表现最具有综合性，表现方式独树一帜。建筑是艺术和生活的空间载体，是艺术和技术的结晶，是文明形成、发展的物化体现。先齐地处黄河中下游，是中华文明的最早发祥地之一，齐国建筑艺术是中国古代建筑的重要组成部分，在中国建筑史上占有十分重要的地位。因此，全面准确地把握齐国建筑艺术及特色，不仅对现代建筑设计与实践有着深刻的启示和借鉴作用，而且对完善我国传统建筑文化与齐文化的研究有重要的学术价值。

第一节　先齐地域的建筑

根据考古资料，在先齐地区，从人类出现到大汶口文化、龙山文化至岳石文化时期，齐地先民的建筑实践是完整、连续和极具地域特色的。通过考古发现，在大汶口文化时期的先齐地区有许多房址，其中曾被誉为“东方半坡”的北庄遗址一期的完整聚落遗存最为重要①。北庄遗址历年来共发掘出大汶口文化早期阶段的房址九十余座。从北庄遗址出土的房址特征来看，这些房址从平面看都是圆角方形；从建

① 栾丰实：《大汶口文化》，山东文艺出版社2004年版，第15页。

筑的形式看，有地面式和半地穴式两种；从房子的布局看，房子大多由居住面、灶炕、四周土台、墙基、门道、中心柱和四周柱洞等部分组成。房址的面积都比较小，一般是5平方米~10平方米。到了大汶口文化后期，齐地的建筑形式并没有质的变化，但建筑面积已经扩大到10平方米~20平方米之间，建筑技术也有明显的进步，房址四周一般都挖有基槽、柱坑或柱洞。

到龙山文化时期，是齐地建筑技术发展非常快的时期。从目前的考古资料看，龙山文化时期的房址可分为半地穴式、地面式和台基式三种类型；形状有圆形、方形和长方形三种平面形制；除少数的双开间和连间排房外，多数是单间①。日照东海峪遗址出土的房屋遗址是龙山文化时期齐地建筑的代表之一。在发掘的房基中，有几个突出的特点：一是这些房基全部都是方形的土台式建筑，且方向一致，都是西南向，表明这时的建筑已经具有一定的分布规律，从中可以反映出当时已经有了较大规模的原始村落，在建筑方面甚至出现了最早的建筑规划。二是具备了较完备的现代房屋雏形。从遗址看，当时的房子一般由土台、墙基、墙外护坡、室内地基、灶址及出入口等构成。特别值得一提的是在墙基的表面有许多自然石块，尤其是在四个拐角部分石块更多，这些石块显然是为增固墙基而刻意加砌的。三是基本显现后代民居建筑的形制。从出土的柱洞和墙体的位置看，当时的房屋形制应该是中间高、南北两面坡式的屋顶，房内三根木柱是支撑顶部的重要支柱，屋顶的南北两端可能直接搭放在南北两面墙上，这种形制与后代民间住房的建筑比较相似。这类台基式的居住建筑在别处的原始社会遗址中尚未发现②。这种由台基、土墙、护坡、室内地基构成的地面住房，不仅比以前的地面建筑有了重大发展，而且在技术上已显现出台基式土木结构建筑的端倪，从而显示出这个时期建筑的重大进步。从建筑材料看，在许多龙山文化遗址发现了石灰，如在尚庄、王

---

① 王守功：《山东龙山文化》，山东文艺出版社2004年版，第54页。

② 山东省博物馆、日照县文化馆：《一九七五年东海峪遗址的发掘》，《考古》1976年第6期。

油坊、尹家城、南陈庄等遗址都曾经发现地面和墙壁涂抹白灰的房屋建筑，其中在王油坊遗址还发现了三座石灰窑①。这表明龙山文化时期的人们已经掌握了烧制和使用石灰的技术，在建筑史上是一项有重大意义的发明。

城市的大量出现，是龙山文化时期齐地建筑的一个突出特点。具有防御功能的城是社会发展到一定阶段的产物。龙山文化先齐地区大量城垣的出现，标志着齐地的建筑在龙山文化时期进入了一个新的历史时期。20 世纪 90 年代初，在章丘龙山镇城子崖遗址发现了龙山文化的城堡建筑遗址。城内东西宽约 455 米，南北最长处 540 米，面积约 20 万平方米。城墙系挖基槽分层夯筑而成，四面的墙基尚完整地保留于地下。该处遗址是迄今发现的这一时期最大的古城堡遗址。同时期，在山东邹平县苑城镇丁公村又发现了一座龙山文化中晚期的古城堡遗址，曾被列为 1991 年中国十大考古发现之一。城址平面呈正方形，南北长约 360 米，东西宽约 330 米，城内总面积约为 11 万平方米。城墙外有一条宽 20 米、深 3 米的大壕沟，城墙与壕沟相结合，起到了双重保护作用，充分体现了“城郭沟池以为固”的城堡防御建筑的特色②。这表明龙山文化时期，东夷人的城堡不仅是政治、经济、文化中心，也是军事防御中心。先齐时期齐地的城市有几个明显的特点：一是选址重平原。从出土情况分析，当时齐地的城大都坐落于平原地区近河的台地上，地势一般都比周围略高。二是均为夯土城墙。从构筑的方法上看，城墙的建筑方法一般是采用原始的堆筑法，在平地上开挖基槽或直接起建，个别的城址已经采用了版筑法。建筑技术早期粗糙，没有平整的夯层，夯层上也找不到夯窝；龙山文化晚期的城墙建筑技术则有明显的进步，不仅出现了层面比较规整的夯层，而且有了稀疏的夯窝。三是有台城和环壕城两大类型。台城就是利用自然台地，在台地边沿构筑城墙，城内高于四周许多；环壕城就是在平地上挖壕沟

① 栾丰实：《东夷考古》，山东大学出版社 1996 年版，第 273 页。
② 蔡凤书：《龙山陶文的发现与鉴定》，《光明日报》1993 年 4 月 26 日。

建筑城墙，就地取土，所挖成的壕沟又自然变成了城的护城河。四是当时的城只是最早的城市雏形，通常面积都不是很大。总的来看，齐地的建筑发展到龙山文化时期，在筑城技术、平面形状与结构类型以及内涵特征等方面，是中国古代城市产生的重要开端，无疑为商周以来城邑或城市走向成熟的发展阶段奠定了基础，在聚落与城市发展史上都具有非常重要的划时代意义[①]。

岳石文化的齐地建筑技术已经处于比较发达的水平，与龙山文化时期相比，有显著的进步，城墙的构筑技术也明显比龙山文化成熟。从民居看，岳石文化的建筑一是面积有所扩大，二是建筑方式更为合理，面积较大的房子中央部位挖有大型柱洞，以竖立顶梁柱。虽然墙体还是“木骨泥墙”，但在墙基的底部已经通过火烤作了防潮处理。进步最为明显的是屋顶的处理，这时的屋顶覆以茅草，并定期更换，这种技术甚至到了现代的农村建筑中仍在使用。到目前为止，岳石文化中还没有发现规模较大的“宫殿式”建筑遗址，但在泗水尹家城遗址发现过两个直径 80 厘米、深 40 厘米的柱洞，洞外的间隙用九层黄、灰相间的填土层层筑打，这类柱洞应该属于较大规模的建筑遗迹[②]。因此在先齐时期，齐地的建筑艺术从大汶口文化到龙山文化再到岳石文化时期的发展，是相衔接并不断进步的，这为后来齐国建筑艺术的发展提供了坚实的基础。

第二节　齐国建筑的艺术成就

齐国建筑的最大特色表现在它的装饰艺术方面，城市的整体布局、规模、建筑技术与功能设计等是齐国建筑的突出成就。特别是系统的建筑理论体系，不仅构成了齐国建筑艺术的主要内涵，成为中国古代建筑思想的重要组成部分，而且也对后世以至现代城市规划建设有一

---

① 钱耀鹏:《中国史前城址与文明起源研究》，西北大学出版社 2001 年版，第 296 页。

② 方辉:《岳石文化》，山东文艺出版社 2004 年版，第 33 页。

定的启示与借鉴意义。

一、齐故城的成就与特色

中国的城市有着悠久的历史和独特的形制，作为社会体制的空间体现，具有明显的东方特征，是世界城市建筑的重要组成部分。齐立国之后，经济不断发展，生产力水平不断提高，尤其是齐国实施了一系列发展工商业的政策，使城市规模与人口得到了迅速发展。临淄作为姜齐与田齐的国都达630年之久，是我国规模最大的早期城市之一。据资料表明，战国时期，临淄已经发展成为闻名海内外的大都市。对此，《战国策·齐策》作了生动描述："临淄之中七万户……下户三男子，三七二十一万。……临淄甚富而实，其民无不吹竽鼓瑟，击筑弹琴，斗鸡走犬，六博蹴鞠者；临淄之途，车毂击，人肩摩，连衽成帷，举袂成幕，挥汗成雨；家敦而富，志高而扬。"足见当时齐国都城的繁华与规模之巨。从齐国的城市规划、建筑营造方式看，与其他诸侯国城市相比，都带有自己鲜明的地域文化特色，并呈现出很高的科学技术水平与艺术水平。

根据考古发掘，战国时齐都临淄城南北长约5公里，东西宽约4公里，大城内散布着冶铁、冶铜、铸钱、制骨等作坊以及纵横的街道，应是手工业作坊和居民区的遗址。据勘探资料与文献记载，在形制上，临淄齐国故城包括大城和小城两部分，大城居北，小城偏居大城西南，小城东北与大城咬合相接。齐故城为南北长方形，东临淄河，西依系水。故城遗址位于现临淄区辛店镇北7.5公里处，为周代齐国的都城，西汉时又为齐王国首府，总面积约15.5平方公里。故城的城墙多数已湮没地下，少数因挖土及河水冲刷而无痕迹，现仅存一些断垣残迹。城墙系夯土而成，依地势和水系而建，多不取直线形，所以城墙不是很规则，有多达24处拐角，现有14处保存比较完整。据《齐记》载，齐城有门13座。见于史书的有雍门、申门、扬门、稷门、鹿门、章华门、东闾门、广门等，但未记确切方位。现已探明城门遗址有11座，其中小城城门5座，大城6座。门道跨度以小城南墙东门最窄为8.2

米，小城西门的门道跨度最宽达20.5米。从一般的规律看，门道两侧城墙是向外凸出的，里口两侧有夯土基址与城墙相连，应该是城门的附属建筑，门道两旁以石垒砌，门道里的路面通常以石子铺成。从以上的资料可以发现，当时的齐国故城在城市整体建设方面已比较成熟，既考虑了城市的一般防御功能，也从城市的实用功能上进行了比较合理的规划与构筑，城门的数量与门道的宽度已经能满足城市的日常功能。

交通是城市中的重要一环。考古资料表明，齐国故城对道路交通已有比较规整、科学的设计。通过勘探已发现齐故城内有10条交通干道。其中，小城内3条，一般宽6米~8米，最宽17米；大城内7条，宽10米~20米不等。这些道路多与城门相通，其中大城内的四条交通干道经纬交叉，在大城的东北部构成"井"字形，为当时商铺林立、人口聚居的繁华区域。可见，当时齐国统治者十分注重道路在城市整体布局与设计上的重要作用，为此还专设官员对道路进行管理，并从功能上把道路分成了经、畛、涂、道、路五等。临淄齐故城完整的交通体系构成了齐国城市建筑的重要内容，并对后世的城市规划设计产生了积极影响。

齐故城小城是国君居住的地方，又名宫城。在其西北部存有一座夯土台基，当地称"桓公台"，是齐国的宫室建筑台基。现存台高14米，基呈椭圆形，南北长86米，东西宽70米。台南面有缓坡，东、西、北三面呈陡壁。东、北两面150米之外有河沟围绕，应该是小城内的排水系统。在"桓公台"周围有大片夯土台基，应是当时的宫殿遗址。这片遗址几乎占了小城的一半面积，在此还出土了许多方形铺地花纹砖、屋脊花纹砖和瓦当。可以看出，这一带存在着以"桓公台"为主体的大片建筑群，结合出土的建筑材料，应是宫殿建筑基址①。大城是官吏、平民及商人的居住区，又名廓城。大量的手工业作坊就分布于此。现已在大城内发现冶铁遗址四处、炼铜遗址一处、铸币遗址一处、制骨遗址四处，是当时齐国最主要的手工业区。在大城的地面

① 群力：《临淄齐国故城勘探纪要》，《文物》1972年第5期。

上，还存有多处建筑台基，是当年齐王的离宫别墅，主要有“雪宫台”、“梧台”、“遄台”等。此外，齐国故城经考古勘探还发现有孔子闻韶处（图7－1）、稷下学宫、殉马坑、韩信岭等建筑遗址。可见，齐国故城在规划、建筑设计、道路布局、建筑材料等方面与其他诸侯国的都城相比，都有着明显的地域特征，概括起来主要有以下几个方面：

图7－1 孔子闻韶处

第一，齐国故城非常注重整体规划和建筑布局设计，并强调实用功能。由于齐国工商业高度发达，临淄在当时是人口众多和工商密集的大城市，对手工业区、商业区、住宅区以及道路交通等做到合理布局，科学设计。特别是实施的“四民分业定居”的城市格局，有力地促进了齐国工商业的迅速发展，可说是中国古代建筑史上的一大创举。

第二，从齐故城建筑营造方式看，大规模宫室和高台建筑的兴建，是齐国都城建筑中的主要特征。高台建筑具有雄伟壮观、防洪防潮、空气清新的优点，故得到当时统治者的青睐。根据文献和遗址，出于政治、军事和生活享乐的需要，春秋时期齐国已有大量高台建筑出现。《晏子春秋·内篇谏下》就有这样的记载：“景公筑路寝之台，三年未息；又为长庲之役，二年未息；又为邹之长涂。”所谓高台建筑，一般是在城市夯筑高数十米或十几米的土台若干座，上面建造殿堂屋宇。由于齐国国力强大，统治者崇尚侈靡，因而齐国的高台建筑具有规模宏伟而且装饰富丽堂皇的特点。《左传·昭公二十六年》载：“齐侯与晏子坐于路寝，公叹曰：‘美哉室！其谁有此乎？’”《史记·齐太公世家》也载有：“（齐景公）三十二年，彗星见。景公坐柏寝，叹曰：‘堂堂！谁有此乎？’”

第三，从建筑材料方面看，根据齐故城宫殿区出土的大量花纹瓦当和花纹砖，可以窥探出齐国建筑的艺术特色。特别是齐瓦当，不论是从外形、纹饰，还是题材内容，与其他古代历史名城如雍城秦都、易县燕下都、江陵楚纪王城、邯郸赵王城等地出土的瓦当相比，都具有自己鲜明的艺术特色。其一，从外形看，半圆形和圆形瓦当共同流行了一个较长时期，这在其他战国秦汉名城中是难以见到的。其二，从纹饰上看，以树木纹为母体是齐瓦当所独有的，这也是构成齐瓦当艺术特色的最主要特点之一。其三，从瓦当所表现的题材和内容看，选取的题材多来源于自然和现实生活，其反映的内容也多是自然和社会生活的现实。这与易县燕下都的瓦当所表现的非现实而想象中的饕餮纹、怪兽纹，以及西安汉长安城的瓦当上的青龙、白虎、朱雀、玄武给人以恐怖、神秘、威严的感觉，形成鲜明对比①。另外，从建筑结构上来看，齐国的建筑以木构架为主要结构方式，属于比较典型的木构架体系。这种结构方式创造出了与这种结构相适应的各种平面与外观造型。这种木结构建筑有一个显著的特征，同时也是最大的特点，即“墙倒屋不塌”，其奥妙就在于它是一个由柱子和梁架组合成的弹性框架结构②。因为这种框架结构采用的是榫卯技术，把梁、柱和其他木构件科学地组合成一体，具有极强的整体性和柔韧性，能够承受包括地震、大风等强大水平外力的冲击。从齐国建筑的平面组合和外观造型看，虽多数采用对称方式，以强调中轴线的重要性，但为了满足建筑功能和艺术的要求，也形成了丰富多彩的多样化风格。

二、齐国建筑的形制与装饰艺术

齐国建筑从形制上大致可以分为宫室和住宅建筑两大部分。这两类建筑在形制、建筑材料、装饰艺术上有着明显不同。由于临淄在当时是齐国都城，是齐国的政治、经济、文化中心，也是春秋战国时期最大的工商业城市之一，又是从西周经过春秋到战国以宫室为主体发

---

① 张越：《齐瓦当艺术表现手法初探》，《管子学刊》1991年第2期。
② 朱和平：《中国设计艺术史纲》，湖南美术出版社2003年版，第214页。

展起来的大城市，所以，齐国统治者居住的宫室建筑，无论是建筑规模、结构、材料、技术，还是装饰艺术，都具有相当高的水平，在各个诸侯国当中处于领先地位。

齐国的宫室建筑主要由堂屋和庭院两部分组成。堂屋是宫室的主体建筑，一般用来接待宾客、祭祖和举行较大的典礼仪式。《晏子春秋·内篇杂上》就载有："君之来速，是以登阶历堂上趋以及位也。"堂后的建筑为室，用于寝居，两侧的夹室称为厢，堂前的走廊如果廊中建有房子的则称庑，不建房子的称廊。事实上，以木构架结构为主的中国建筑体系，在平面布局方面具有一种简明的组织规律，就是以"间"为单位构成单座建筑，再以单座建筑组成庭院，进而以庭院为单元组成各种形式的组群。木构架的具体营造方法主要有抬梁、穿斗、井干三种代表性结构方式，其中抬梁式使用范围与影响都居首位。抬梁式木构架至迟在春秋时代已初步完备，后来经过不断的发展与提高，形成了一套完整的做法。

齐国宫室建筑在基础上要求非常严格。从残存的齐故城大面积宫殿建筑遗址看，齐国宫室多以土捣实做墙，筑土前先夯实墙基，砌垫石块，这就是"基"。在木构架的每根支撑柱下往往也要垫上大石块以防地基下沉，称其为"础"。[①] 在此基础之上，再沿着房屋的进深方向在石础上立柱，柱上架梁，再在梁上重叠数层瓜柱和梁，最上层梁上立脊瓜柱，构成一组木构架。在平行的两组木构架之间，通常是用横向的枋联络柱的上端，并在各层梁头和脊瓜柱上安置若干与构架成直角的檩。这些檩上除排列椽子承载屋面重量外，檩本身还具有联系构架的作用，以增强整体的稳定性。这样的两组木构架形成的空间称为"间"，一座房子通常由若干间组成[②]。一座建筑的间数，除少数例外，一般都会采用单数，这种方法最早见于春秋时代的门、寝建筑[③]。单座建筑或宫室的平面布置和规模，在很大程度上是取决于使用者的政治

① 宣兆琦、李金海：《齐文化通论》（上册），新华出版社2000年版，第300—301页。

② 刘敦桢：《中国古代建筑史》，中国建筑工业出版社1984年版，第2—8页。

③ 〔清〕张惠言：《仪礼图》，同治九年崇文书局重刻本。

地位、经济状况和功能方面的要求。在当时的齐国建筑中，除主体构架之外，最重要的当推屋顶结构形式。古代称坡屋顶结构为“举架”或“举折”，实际上是指屋顶坡面曲线的处理。从现存木构架的古建筑来看，檩子之间的水平距离基本上相同，各举架的高度都有一定的规定，一般视建筑物的进深和屋面材料而定，如五檩举架为五举，七檩举架为七举等。从建筑结构来看，上述存在的“标准化”、“模数化”的发展趋势，与20世纪法国著名建筑设计师勒柯布西埃所竭力提倡的“工业时代的建筑应该标准化和模数化”的主张，可以说有惊人的相似之处[①]。从史料记载看，齐国的宫室建筑台榭高大，气势雄伟，装饰富丽堂皇。其主要原因是当时齐国国力强大，且统治者以高为贵。此外，齐国统治者还把修筑华丽的宫室台榭作为促进消费、调整经济发展的一种重要手段，“非高其台榭，美其宫室，则群材不散”（《管子·事语》）。管子进一步强调：“故修宫室台榭，非丽其乐也，以平国策也。”（《管子·乘马数》）这也正是齐国的宫室建筑领先于其他诸侯国的主要原因。

与宫室建筑相对应的是住宅建筑，这是建筑史上最早出现的建筑类型，也是最基本、量最大的一类建筑。齐国的住宅建筑目前在考古中还没有实物出土，只能从文献资料中来探寻齐国民居的建筑特点与装饰艺术风格。《仪礼》中曾比较详尽地记载了春秋时期士大夫们的住宅制度。根据记载：当时齐国士大夫的住宅大门为三间，中央明间为门，左右次间为“塾”；门内为庭院，上方为堂，是生活起居、会见宾客和举行仪式的地方；堂的左右为“厢”，堂后为寝。住宅由这些门、塾、堂、厢组成。这种形制相沿至汉代无大的变化[②]。

齐国的住宅在建筑组群具体的布局上大都采用均衡对称的方式，一般是沿着纵轴线或横轴线进行设计，其中多数以纵轴线为主，横轴线为辅。建筑组群的布局大致有两种类型：一种是在纵轴线上先安置

① 朱和平：《中国设计艺术史纲》，湖南美术出版社2003年版，第216页。
② 《中国建筑史》编写组：《中国建筑史》，中国建筑工业出版社1986年版，第117页。

主要建筑，再在院子的两侧按横轴线安排两座形体较小的次要建筑对峙，构成“门”或“H”形的三合院；另一种是在主要建筑对面再建一座次要建筑，构成正方形或长方形的庭院，也就是习惯上我们所称的“四合院”。四合院的四角通常用走廊、围墙将四座建筑连接起来，构成封闭性较强的整体。这种布局方式是受我国古代社会宗法和礼教制度影响的结果。由于这种居住建筑便于安排家庭成员的住所，使长幼、男女、主仆之间有明显的区别，使家庭内部的等级区别得到较好的处理，既保证了居住安全，又形成了安静舒适的生活环境，堪称形式与功能完美结合的设计，所以成为当时齐国主要的民居形制。这种建筑形制后世变化不大，无论宫殿、衙署、祠庙、寺观、住宅等，都在比较广泛地使用这种四合院的布局方法①。

与齐国建筑的规模、形制相比，齐国建筑中最具特色的还是装饰艺术方面。尽管当时齐国的建筑物早已不复存在，但从文献记载和考古发掘的齐国建筑遗址来看，无论是春秋还是战国时期，齐国建筑装饰的艺术水平都已经达到了一个新的高度。西周时期，随着生产力水平的提高，建筑领域里已出现了板瓦、筒瓦、人字形断面的脊瓦和圆柱形的瓦钉等新材料。这些新材料不仅解决了屋顶的防水问题，而且使房屋的外观造型得以美化；同时，建筑的装饰美已受到人们的重视和注意。瓦的出现是中国古代建筑的一个重要进步。春秋战国时期，各国建筑的屋面已大量使用青瓦覆盖。这时除板瓦以外，又出现了瓦当，并且在瓦当表面装饰有凸起的各种花纹。齐国的瓦当主要有树木双马纹、树木双虎纹、树木双狗纹、树木双鹿纹、树木双蜥纹、树木双骑纹、树木三角乳钉纹、树木三角箭头纹、树木卷云纹等各种各样的以树木纹为母体的花纹图案（图7－2、图7－3）。

从临淄齐故城发现的大量齐瓦当遗存来看，战国早期的半圆形瓦当，其纹饰多为具象，题材以自然中的树木为主，并配以各种动物或人物，所描绘的对象基本是写实的。对树木等形象的刻划，体现出较

① 刘敦桢：《中国住宅概说》，百花文艺出版社2004年版，第124页。

图7-2　树木双鹿纹圆形瓦当

图7-3　树木双骑纹半圆形瓦当

强的绘画性，“用笔”简练概括，极为生动。战国中期以后的瓦当，不论是半圆形或是圆形的，纹饰仍以树木纹为主题，在有限的半圆形或圆形面积上，以向上直立的树木主干为中心轴线，左右两边各置以马、驴、狗、羊、鹿、虎等动物形象，均衡对称，主宾分明。在对各种艺术形象的表现手法上，与战国早期瓦当相比，仍保持着写实风格，略带有装饰性，并呈现出较强的装饰性绘画效果。

战国晚期的瓦当，纹饰仍以树木纹为主，但双兽纹已被三角、箭头、乳钉、卷云纹所替代，并随之而消失。因此，图案化的纹样不断增多，特别对树木箭头纹、树木卷云纹瓦当的花纹处理，以夸张、变形、概括的手法，使自然界的树木等物象均由自然形态升华为艺术形态，使之条理化，并逐渐形成“程序化”，使原有的形象特征经强调显得更鲜明、更典型、更富装饰性美感[①]。总之，齐瓦当不论从外形、纹饰还是题材和内容看，与其他古代历史名城所出土的瓦当相比，都具有自己极为鲜

① 张越：《齐瓦当艺术表现手法初探》，《管子学刊》1991年第2期。

明的艺术特色。仅从瓦当的品种与数量来看，其他历史都城也不能与之相比。根据考古发现，目前出土的不同花纹装饰的齐瓦当就达五百余个种类，数量一千多件（图7-4）。而易县燕下都发现的不同花纹形式的瓦当只有三十余种[①]。独具特色的齐瓦当，以简洁洗练的表现手法和强烈的艺术感染力，成为齐国建筑装饰艺术的一个突出特征。在砖方面，战国时已发明了极具装饰性的条砖、方砖和空心砖。这些经过发展改进和新出现的建筑材料被运用到建筑中以后，使建筑物的装饰性获得了极大的加强。

图7-4 临淄齐故城出土的齐瓦当

齐国建筑的装饰艺术特色除了反映在材料上，还表现在色彩和结构等方面。色彩是中国传统建筑中极为重要的组成部分，无论是建筑的整体色彩还是细部色彩配置，都与建筑的性质、规模、等级密切相

① 沈福煦、沈鸿明:《中国建筑装饰艺术文化源流》，湖北教育出版社2002年版，第16页。

关。同样，齐国建筑的装饰也不例外，在色彩上也有着较严格的等级观。比如，房子中柱子的颜色，《春秋谷梁传注疏》载有：“楹，天子丹，诸侯黝垩，大夫苍，士黈。”这里所谓的楹即是柱，就是说帝王房子中的柱子用红色，诸侯用黑色，大夫阶层用青色，平民只能用黄色（本色）。又比如斗栱，虽然是建筑中的结构部件，但由于具有装饰的功能，故只有宫殿、寺庙及其他高级建筑才允许在柱上和内外檐的枋上安装斗栱，平民百姓的房子不能使用，只能用木挑檐。统治阶级往往以斗栱层数的多少来表明建筑物的重要性，作为制定建筑等级的标准之一。《礼记·礼器》所载的“管仲……山节藻棁”，即是指建筑物中的构件，节是斗栱，棁是短柱。意思是说斗栱刻成山形，梁上短柱画藻文。由此可以证明春秋时代齐国的抬梁式木构架建筑上已施彩画，而且在建筑色彩方面已有严格的等级制度。

三、齐国故城完备的排水系统

齐国城市建筑的成就不仅表现在规划设计、整体布局、建筑造型和装饰艺术等方面，在城市功能设计上也体现出很高的科学性与技术性，特别是它独特、完备、科学的排水系统。

齐故城为了完善城市功能，在排水系统的构筑上是极具特色的。现已探明在大小城内有三大排水系统、四处排水道口。其中，在小城内有一条，小城的排水系统在西北部，起自“桓公台”东南方向，经“桓公台”的东、北部通向小城西墙的排水口，流入系水，全长700米。大城内有两条排水系统，其一位于西部，由一条南北和东西河道组成。南北河道自小城东北角始，与小城东墙、北墙的护城壕沟相接，顺势北流，直通大城北墙西部的排水口，流入北墙城壕，全长2800米。另外，由于大城西北部是地势最低的区域，一个排水口不能及时有效地排出暴雨所带来的大量积水，所以在河道北部又分出一条支流，略偏西北方向，通过大城西墙的排水口入系水。这一排水系统大致沿用到新中国成立前，即《临淄县志》所记载的北门河。其二在大城东部，沿大城东墙北流，通过东墙下的排水口流入淄河。从齐故城排水系统的布局看，当时齐国建筑师将天然的河流、城壕和城内河道巧妙地联系在一起，构成了一个完整的排水网①。

根据勘探，临淄齐国故城大、小城设有四处排水道口。20 世纪 70 年代末，发掘清理出现在的大城西墙北部的排水道口。这一排水道口建在墙基宽 40 米的城墙下，呈东西向，东西长约 43 米，南北宽 7 米～10 米，深约 3 米，系用天然巨型青石砌垒而成，由进水道、过水道和出水道三部分组成。进水道为此排水道口的东段，主体在墙内，东端略超出城墙，与城墙内排水沟相连接，内宽 7 米，外口宽 10.5 米，长 17.3 米，呈西窄东宽的喇叭口形。进水口平面呈倒梯形，上面的 15 个方形水孔分上、中、下三层排列。水孔一般高约 50 厘米，宽约 40 厘米。南北两壁全用巨型天然青石垒砌，其中南壁长 9.5 米，比北壁略短。底部铺有上下两层石块，下层排列无序，上层排列整齐的四行石块，形成五条小渠沟，恰与过水道五个进水口相衔接。过水道为排水道口的中部，穿过城墙的东、西，分别与进水、出水道口相接。过水道内部石块交错排列，每个小孔不直通，水可通过石隙而过，人却不能通过，既能排水又能御敌，建造十分科学。出水口的形状和结构与进水口大体相似②。此排水系统匠心独运，显示了齐国建筑师的非凡智慧和高超的建筑技术水平，被誉为世界同期排水系统建筑史上的杰作（图 7－5）。

图 7－5　齐故城排水道口

① 群力：《临淄齐国故城勘探纪要》，《文物》1972 年第 5 期。

② 《临淄巡古》编辑组：《临淄巡古》，山东大学出版社 1989 年版，第 27 页。

四、系统的齐国建筑理论体系

在中国建筑发展史上，影响我国古代城市规划和布局的主要有三大思想体系，即体现礼制的思想体系、注重环境求实用的思想体系和追求天地人和谐合一的哲学思想体系[①]。其中，《考工记·匠人营国》中体现的礼制思想体系和《管子》为代表的注重环境求实用的思想体系，影响中国城市规划设计思想长达几千年。

1. “以礼为本”的规划原则。

从齐国城市的规划设计、建筑营造方式、道路布局看，当时齐国在建筑理论方面已经形成了一套比较系统的理论体系。具体到城市规划设计，在齐国著名的工艺文献《考工记·匠人营国》中有明确记载：“匠人营国，方九里，旁三门。国中九经九纬，经涂九轨。左祖右社，面朝后市，市朝一夫。……王宫门阿之制五雉，宫隅之制七雉，城隅之制九雉。经涂九轨，环涂七轨，野涂五轨。门阿之制，以为都城之制；宫隅之制，以为诸侯之城制；环涂以为诸侯经涂，野涂以为都经涂。”从中可清晰地看到所勾勒出的“辨方正位”、“择中而立”、“五方为体”的都城礼制布局的基本轮廓和“方位在天，礼序在人”的都城“以礼为本”的规划准则[②]。《考工记·匠人营国》中还提出了依爵位尊卑而定的礼制营建等级制度。文中举城隅为例，说明三级城邑即王城、诸侯城、都城（卿大夫采邑）营建制度上的等级差别。以城隅高度为例，王宫“门阿之制，以为都城之制；宫隅之制，以为诸侯之城制”。这样，“都”的城隅高度只允许相当王宫门阿的高度，即五雉。诸侯城的城隅仅相当于王城的宫城城隅高度，即七雉，而王城城隅的高度是九雉。三级城邑的城隅高度是根据“以高为贵”的礼制要求，按爵位尊卑依次递降两雉[③]。这种城市建设的规划方式对后世历代

---

① 吴庆洲：《中国军事建筑艺术》（上），湖北教育出版社2006年版，第227页。

② 郑孝燮：《中国古代城市形制“以礼为本”的整体性》，《城乡建设》2004年第1期。

③ 戴吾三、高宣：《〈考工记〉的文化内涵》，《清华大学学报》（哲学社会科学版）1997年第2期。

都有着深刻的影响，其影响甚至旁及日本、朝鲜①。

以北宫、南宫为核心，以经纬涂制规划的道路系统，以及“一门三道”、“一道三涂”之制的城市格局规划的东汉洛阳城，是《考工记·匠人营国》制度的具体体现。特别是礼制建筑区设于较尊的城南、别宫及权贵居里布置在次尊的城东部、市及闾里处于较卑的城西部的设计布局，更充分体现了《考工记》的礼制观念。作为当时世界上最大的都市——隋唐长安城，其规划布局就是源于《考工记》。皇城位于中轴线上宫城之南，最南边安置太社、太庙；外郭城每面置三门；城中设有“六街”，即城市主干道，两端均通城门，就是受《考工记·匠人营国》“左祖右社”、“旁三门”、“国中九经九纬，经涂九轨”之制影响而规划设计的。宋代著名建筑文献《营造法式》有多处引用《考工记》的制度，将其奉为圭臬。历经元、明、清三代的都城北京，规划设计更是充分地体现了《考工记》的礼制规划思想。宫城位于全城中轴线上，所有城内的宫殿及其他重要建筑都沿这条轴线分布。在总体规划格局上采用“左祖右社”、“前朝后寝”之制，将太庙和社稷坛分别置于宫前左右方，紫禁城内前为外朝三大殿，后为内廷寝宫。按照经纬涂制的方式规划城内道路系统。而现在的首都北京在规划建设模式上也依然承袭这种建筑规划思想。

2.“因天材，就地利”的实用城市规划思想。

以《管子》为代表的“因天材，就地利”的实用规划思想是中国古代三大城市规划思想体系之一，在中国建筑设计发展史上占有重要的历史地位，特别是重视环境、讲求实用的城市规划思想，虽历经几千年而经久不衰，依然具有很强的生命力，至今在现代城市规划设计与实践中具有很强的现实意义，主要体现在以下几个方面：

第一，城市选址与建设重环境求实用的原则。《管子·乘马》说：“凡立国都，非于大山之下，必于广川之上。高毋近旱而水用足，下毋近水而沟防省。因天材，就地利，故城郭不必中规矩，道路不必中准

① 吴庆洲：《中国军事建筑艺术》（上），湖北教育出版社2006年版，第231页。

绳。”《管子》的这一思想，是对春秋战国以前三千多年城市建设经验的高度总结。主张选择城址应注意用水之利、避水之害，城址应依山傍水、高下适中，才能达到“水用足”而“沟防省”的目的。《管子》针对《考工记·匠人营国》中的描述，还鲜明地提出“因天材，就地利，故城郭不必中规矩，道路不必中准绳”的基本原则。在进行城市选址规划时，首先必须考虑地理条件、自然环境是否有利于生存、生活这一重要因素。城郭和道路应依自然地形而筑，而不必强求城市的形制是否规整、方圆以及道路笔直与否。《管子》这一选址规划原则的核心就是重实用。因此《管子》说：“千里之路，不可扶以绳；万家之都，不可平以准。”（《管子·宙合》）这与《考工记·匠人营国》只适用平原地区相比，更具有广泛的使用性和可行性。

第二，注重城市密度、协调城乡比例的原则。《管子》针对城市用地规模与人口规模的关系、城市与腹地的关系等有关问题，创建性地提出：“上地方八十里，万室之国一，千室之都四。中地方百里，万室之国一，千室之都四。下地方百二十里，万室之国一，千室之都四。以上地方八十里，与下地方百二十里，通于中地方百里。”（《管子·乘马》）“夫国城大而田野浅狭者，其野不足以养其民。城域大而人民寡者，其民不足以守其城。”（《管子·八观》）足见这种科学规划城市密度、合理布局城乡比例思想具有何等的深刻性。《管子》把城邑的密度、所辖范围、农田比例和人口多少作为城市规划原则提出，不仅是“因天材，就地利”实用规划思想的重要内容，也演进为我国建筑规划理论的基本原则之一。

第三，“四民分业定居”的规划原则。在城市内部分区上，《管子》为了促进齐国工商业的迅速发展，首先提出了“处士必于闲燕，处农必就田野，处工必就官府，处商必就市井”（《管子·小匡》）的城市规划原则。在《管子》看来，四民分业而居有很多好处，一是同行业的人居住在一起，便于集中管理；二是同行之间整日相处，在专业技术上可以相互借鉴、促进和提高；三是可以保持职业的稳定性；四是有利于专业技术和技能的传承和教育。在居住区的空间布局上，《管子》还进一步提出“凡仕者近宫，不仕与耕者近门，工贾近市”（《管子·大匡》）。《管子》这种“四民分业定居”的城市规划原则，有力地促进了齐国工商业的迅速发展，可说是中国古代建筑史上的一大创举。

第四，防御城市洪涝灾害的规划原则。防御城市各种自然灾害，提高军事防御功能，是《管子》城市规划所坚持的重要原则。水灾居“五害”之首，是最严重的自然灾害，因此在城市规划建设中，《管子》特别提出防御城市洪涝灾害的规划原则。首先，在城市选址时要注意依山傍水，“非于大山之下，必于广川之上”。其次，在城市规划建设中，应注意修筑城墙、堤防、壕沟、水渠，以达到外御洪水、内排积涝的目的。《管子》还特别强调：“内为之城，城外为之郭，郭外为之土阆。地高则沟之，下则堤之。”“内为落渠之写，因大川而注焉。”（《管子·度地》）《管子》这种对城市防洪设施的规划原则，不仅基于生存目的防御自然洪灾，也出于军事防御目的。

《管子》“因天材，就地利”的实用规划思想和它提出的一系列原则，在齐故城的规划建设中均有充分体现，这一规划思想对我国的城市规划建设影响达二千多年。

第三节　齐国军事建筑艺术

春秋战国时期，诸侯战争频繁激烈，城市普遍设防非常严密，这成为当时城市的一个突出特点①。齐国作为春秋五霸之首、战国七雄之一，在称雄、争霸战略实施的过程中，军事斗争是其扩张的主要方式之一，由此，齐国产生了博大精深、异彩纷呈的军事建筑艺术。

齐国在争霸过程中经常是烽烟四起，战火不断，为了自卫和防御，在具有外来威胁的边境地区常筑长城堡垒以御敌，中国的长城修筑自此掀开序幕。齐长城的修筑不仅为齐国的国防提供了防御保障，对整个冷兵器时代的中国防御方式也产生了深远影响。事实上，在中国自

① 史仲文：《中国艺术史》（建筑雕塑卷），河北人民出版社2006年版，第101页。

秦汉直至明清，均有长城之筑[①]。齐长城就是春秋战国时期齐国为争霸天下而修建的军事防线，位于鲁中丘陵的南北分水岭上，全长六百多公里。关于齐筑长城之事，史籍、地方志均有记载。其中，《泰山道里记》说："按：长城岭俗呼大岭，古长城所经，《战国策》所谓'齐有长城巨防'者也。《史记·六国年表》'齐威王十一年，赵取我长城。'……《正义》曰：《齐记》云：'齐宣王乘山岭之上，筑长城，东至海，西至济州，千余里，以备楚。'……而《竹书纪年》谓：'周显王十八年，齐筑防以为长城。'"据文献记载，齐长城不是一次筑成的，而是经过多代君王自西向东不断修筑才完成的。它是现存中国最古老的长城，比秦始皇的万里长城早四百多年[②]（图7－6）。历经几千年的齐长城，虽然早已失去了它的军事价值，其现实意义也仅仅作为一种传统文明和建筑方式存在，但对当代军事防御体系的构建，依然具有重要的借鉴意义并带来有益的启示。

据《战国策·齐策》记载："齐南有太山，东有琅邪，西有清河，北有渤海，此所谓四塞之国也。"当时姜齐和田齐的都城都在临淄，淄潍平原是齐国的腹地。从地理位置上看，淄潍平原的西面有济水，北面有黄河，东有黄海和渤海，南有泰沂山系横亘东西。因此，齐国在地缘政治上是相对独立的，战略地理条件算得上得天独厚，海、河、山构成了其天然的防御屏障。在冷兵器时代，部队机动能力极其有限，外敌很难越过这些天然屏障进入齐国腹地。但是，齐国战略地理上也有不利的一面，从军事上看缺乏战略纵深，外敌一旦越过天然屏障，就会长驱直入淄潍平原，兵临齐都城下。正因为如此，齐国历来极为重视海防、河防、山地防御线的建设，这应该是齐长城修筑的主要原因。

齐国在争霸过程中，齐长城的战略意义才充分显露出来。《战国策·秦策》说："昔者齐南破荆，中破宋，西服秦，北破燕，中使韩、

① 吴庆洲：《中国军事建筑艺术》（下），湖北教育出版社2006年版，第442页。

② 路宗元：《齐长城》，山东友谊出版社1999年版，第375页。

图7－6　在遗址上修复的齐长城

魏之君，地广而兵强，战胜攻取，诏令天下，济清河浊，足以为限，长城巨坊，足以为塞。”可见齐长城的修筑对于齐国的边防巩固、增强国力、雄霸天下都具有非常重要的意义。也正是由于齐国开修建长城之先河，并使它的功能得到极大的发挥，才使其他诸侯国纷纷效仿兴建长城，也才有后来的楚长城、魏长城、赵长城、秦长城、燕长城等。这使得长城这种防御建筑慢慢发展成为一个完整的、自成体系的中国军事建筑艺术样式，在中国军事建筑史上占有极为重要的历史地位。

齐长城的建筑特点主要包括齐长城的总体规划和布局、功能的设计与完善、建筑技术等方面的内容。

齐长城是齐国多代国君集全国之力而修建的一项涉及国家安全，具有全局性、永久性的军事战略工程。自古有“兵者，国之大事”之说，因而在兴建齐长城之前或修筑过程中，肯定要有周密的规划设计，这种规划设计的制定又必然是从齐国当时所处的整个地理环境出发的，也就决定了齐长城建筑的第一大特点，即齐长城选址的科学性。从现存遗址看，齐长城基本是建在整个泰沂山区和胶南高地的南北分水岭上，这条分水岭因齐长城行经其上，所以在许多史志中称作长城岭。将长城建在分水岭上，首先可以充分利用分水岭这一天然屏障的优势。由于泰沂山区的分水岭具有连续、陡险的特征，这种地形在冷兵器时代原本就是一道天然的军事屏障，且不说战车，就是徒手士兵也极难翻越，因此在有些地段可以用天然的山险来代替城墙，从而节省大量人力物力。其次，将长城建在分水岭上，可以避免雨季洪水对长城的破坏，从而提高长城建筑的安全性。再次，将长城筑于分水岭上，有利于提高防御效能。因为分水岭本身在地势上就高于两侧，将长城建在其上更可居高料敌，提高防敌备战的功能[①]。《孙子兵法》说：“夫地形者，兵之助也。”齐长城的规划设计正是充分借助了地形、地势之利（图7－7）。

因地制宜，就地取材，充分发挥功能与便利的设计原则，是齐长

---

① 张华松：《齐长城》，山东文艺出版社2004年版，第50—51页。

图7-7　齐长城遗址

城建筑的又一特点。齐长城在设计和兴建过程中，为了充分满足建筑功能的需要，仅建筑形制就采用了三种不同的形式：夯土长城、石砌长城和山险替代长城。夯土长城主要出现在平原和矮丘地段。土城墙一般就地取材，从现有的资料看，黄土、黄黏土、沙土、砂砾土都有。从夯筑技术看，当时的技术规范还是比较严格的，位于长清广里村北夯土长城的夯土就是用圆木棍夯而成，结构致密坚硬，夯层大都呈水平分布，厚度基本相等，夯窝密集。齐人在筑长城时，还使用了许多辅助的加固技术。一是基础加固，如临朐、安丘的一些夯土长城地段就是先用天然大石块砌成墙基，以提高城墙的坚固程度，然后再在其上进行夯土筑城。二是有些城段的墙体是沙土混筑的，为了提高坚固程度，一般都用了加盐水版筑的方法，至今某些墙段还可见盐渍。三是在城墙上栽种棘丛以达到加固墙体的目的，这是在其他长城中所少见的。石砌长城最具特色的是体现了《孙子兵法》“丘陵堤防，必处其阳而右背之”的军事原则。齐长城的石砌城墙一般都是按此原则来构筑的。从建筑技术特点上看，随山势而筑的城墙多数是由大小不一的自然石块砌成，一般不用灰浆等物凝固。石砌长城的建筑技术并不突出，但是采用的施工方法是多样的，目前可见的有用石块干垒构筑的，有内外墙体石砌而中间填充砂土碎石的，有为了提高坚固程度而采用层叠筑城技术的。石砌长城的最大特点主要体现在山险替代长城，因地形用险制塞。从功能设计上看，无论是夯土长城、石砌长城，还是山险替代长城，其共同特点，首先就是能够体现出高度的科学性与技术性；其次是能够充分利用地势的特点，以降低建筑成本，从而大量节约人力物力；再次，使军事防御功能得到了最大程度的发挥。

总之，齐长城作为齐国历史上延续修筑时间最长、工程总量最大的军事建筑防御工程，是齐国科技和国力的综合体现，是齐国军事建筑的典型代表，也是我国古代军事建筑的重要内容之一。

综上所述，无论是布局科学合理、规模恢弘的齐故城，详实丰富的齐国建筑造型与装饰艺术，还是独树一帜的齐国军事建筑，都充分反映了齐国建筑的艺术成就，并呈现出浓郁的地域特色。特别是系统的齐国建筑理论体系，作为中国古代建筑思想的重要组成部分，不仅成为中华建筑文明的重要源流，影响中国建筑思想与实践长达几千年，而且也为丰富和发展我国及世界传统建筑文化作出过重要贡献。因此，深入研究和探讨齐国建筑装饰艺术及其特色，必将促进我国传统建筑文化的整体研究学术水平，并对完善我国古代建筑发展史和提高现代建筑的创新意识产生积极作用。

第八章　齐国青铜艺术

齐国璀璨的青铜艺术，历史源远流长，在中国美术史上留下了灿烂而厚重的篇章。据文献记载和考古证实，齐地远在龙山文化时期就有铜器出现。齐国青铜艺术是齐文化的重要内容，也是我国青铜文化的重要源头之一，在中国青铜艺术史上占有重要地位。随着齐文化研究的不断深入，学术界取得了丰富的研究成果，但对齐国青铜艺术还缺乏系统性研究。因此，深入挖掘齐国青铜艺术的发展脉络，探索其造型与装饰艺术及风格特征，不仅对构建一部完整的中国青铜文化史有着重要意义，而且对我国现代艺术设计与实践也有深刻的启示和借鉴作用，同时对促进我国当代文化艺术事业的发展也具有重要的现实意义。

第一节　先齐时期齐地青铜艺术

如果说陶器的发明是人类发展史上划时代的标志，那么青铜器的出现则是继陶器之后人类的又一项发明创造活动，是人类文明史上的一大进步和重要里程碑。早在四千多年的龙山文化时期，齐地先民就已经发明并掌握了冶铜技术，从而开启了人工冶铜的历史，为进一步提高齐地铜冶炼技术和铸造工艺水平提供了先决条件，也为以后齐国青铜器艺术走向繁荣与辉煌打下了坚实的基础。

齐地地处黄河下游、黄海之滨的海岱地区，是我国青铜器起源的重要地区之一。目前齐地龙山文化时期出土铜器的有胶州三里河、栖霞杨家圈、长岛店子、诸城呈子、日照尧王城等遗址，出土的器物有铜钻、铜锥、铜片、铜块以及铜渣等[①]，这表明龙山文化时期已经使用纯铜器。山东栖霞杨家圈龙山文化遗址出土的残铜锥、铜渣，是继山东胶州三里河龙山文化遗址出土的铜钻之后的又一重要发现，为龙山文化时期已进入铜石并用时代提供了有力的实物证据。这些考古发现和科学论证表明，早在距今四千多年的龙山文化时期，齐地就已出现了青铜冶炼铸造技术，虽然处于青铜文化的萌芽阶段，但足以说明当时社会生产力水平已比较发达。

先齐时期齐地真正意义上的青铜器冶铸技术，应该在岳石文化时期，齐地在岳石文化时期的青铜冶铸业已成为新崛起的手工业生产的一个专业部门[②]。这一时期青铜器制作技术比龙山文化时期有了显著的提高，铸造工艺已经能够熟练运用合范铸和锻打技术。根据发掘资料，青铜器分布范围遍及整个岳石文化遗址中，铜器在岳石文化时期已经普遍出现，与龙山文化时期相比，不仅发现数量多，且多数为青铜。如山东牟平照格庄岳石文化遗址出土的遗物十分丰富，除了大量的陶器、石器、骨器等外，还发现铜锥一件，器形完整，剖面近三棱形，尖刃锋利，经化验鉴定为青铜[③]。尹家城遗址出土的各种铜器有 14 件，其中器形有镞、刀、锥、环等，这是迄今为止发现铜器最多的岳石文化遗址，表现出较高的工艺制作水平，比起龙山文化时期的铜器有了较大进步。特别是青铜镞的出现，表明青铜冶铸业已运用到捕猎和战争这种需求量最大、属一次性消耗的领域，可见其生产能力和社会储存量之大。这一时期，青铜器的种类也在不断增多，主要有双翼铜镞、方体斜刃铜凿、窄斜刃三角形和斜长刃铜刀、三棱形铜锥、圆锥形铜钻和圆形铜环等。根据北京科技大学冶金史研究室的研究结果，尹家城遗址出土的铜质工具，在合金比例、工艺制作以及造型方面，已具

---

① 山东省文物考古研究所：《山东 20 世纪的考古发现和研究》，科学出版社 2005 年版，第 246 页。

② 张学海：《张学海考古论集》，学苑出版社 1999 年版，第 19 页。

③ 中国社会科学院考古研究所山东队等：《山东牟平照格庄遗址》，《考古学报》1986 年第 4 期。

有某些晚期青铜时代的特征①。这说明岳石文化时期发展并提高了铜器制造技术，并逐步走向成熟。因此可以说，齐地在岳石文化时期已经进入早期的青铜时代②。

到了商代，齐地青铜器冶铸技术得到了快速发展与提高。据考证，齐地许多地方发现了商代冶铜遗迹。齐地商代遗址出土的青铜器范围很广，仅20世纪50~70年代初，发现青铜器的地区就有山东海阳尚都村、惠民兰家村、益都苏埠屯、临淄褚家、济南大辛庄、长清小屯等地③。出土的青铜器分礼器、乐器、兵器、工具和车马器等，青铜器以表现礼制的礼乐器最为发达，采用充满想象力的抽象动物纹饰来表达富有神秘主义的超现实内涵。礼器器形有鼎、鬲、爵、觚、甗、簋、觯、斝、尊、盉等，兵器有钺、戈、镞、矛、刀、弓形器等，乐器有铙、铃等，工具有斧、锛、凿、削等，车马器有軎、辖、马衔、马镳、銮铃、轴饰、节约等。商代齐地出土的青铜器无论从造型、纹饰，还是从种类看，与中原地区出土的青铜器相比都有许多相似之处，如济南大辛庄遗址139号商代墓葬出土的鼎、罍、卣、盉、爵、斝、觯、钺等铜器，无论造型还是纹饰，都具有中原地区同类器物的风格特点。其中一件大圆鼎，硕大厚重，高54.9厘米，口径约40厘米。方唇，斜折沿，鼓腹，圜底，锥状空心足。口沿上直立两个对称拱形竖耳，上腹部饰兽面纹带，三锥状足均饰阳纹兽面纹饰。器形规整大方，纹饰精美，形制与郑州商城遗址出土的同类器形制非常近似。另一件小圆鼎与大圆鼎形制略同，高21.6厘米，口径8.6厘米，形制与郑州白家庄遗址出土的同类器相比基本相同。还有两件盉的造型，与郑州商城宫殿区内采集到的同类器造型也较为相似④。这说明中原文化到商代特别是中晚期，东侵势力加强，影响渐大⑤。

---

① 山东大学历史系考古专业教研室：《泗水尹家城》，文物出版社1990年版，第358页。

② 山东省文物考古研究所：《山东20世纪的考古发现和研究》，科学出版社2005年版，第321页。

③ 齐文涛：《概述近年来山东出土的商周青铜器》，《文物》1972年第5期。

④ 山东大学历史文化学院考古系、山东省文物考古研究所：《济南大辛庄遗址139号商代墓葬》，《考古》2010年第10期。

⑤ 张光明：《齐文化的考古发现与研究》，齐鲁书社2004年版，第2页。

图8－1　青铜钺

1966 年，山东省博物馆对益都苏埠屯一号商代墓发掘，出土了两件青铜钺兵器，形体巨大，造型奇特。其中一件钺长 32.7 厘米，刃宽 34.5 厘米，肩宽 23.3 厘米，以透雕和浮雕的手法表现人物张口呲牙、双目圆睁、面目狰狞的人面形象。嘴的两边都铸有“亚醜”铭文，右为正写，左为反书①（图 8－1）。而另一件钺的人面纹饰造型也大致相同，给人以恐怖、神秘、威严的感觉，具有极高的艺术欣赏价值，是罕见的青铜艺术珍品。20 世纪 90 年代中期，在山东桓台史家遗址出土了一批青铜器，其中一件父癸觚，属商代中期。该器物口似喇叭形，但弧度不大，通体较粗短，腹不显。颈部饰三道弦纹，腹部有饕餮纹，器物下部也饰饕餮纹，饕餮纹尾部上卷。整个器物的纹饰均偏重于下部，与器形相当吻合，构思巧妙，制作精美（图 8－2）。特别是圈足内铭文“父癸”二字，是这一时期很少见的铭文之一，对研究商代文明有很高的学术价值②。而另一件商代晚期的青铜觯，颈部饰蝉纹和夔龙纹，前后有两牺首纹饰。腹部饰饕餮纹，内口径有“父辛鱼”三字铭文（图 8－3）。该铜觯形体虽小，却不失王者之气，从整个器物的造型和纹饰看，显得神秘、威严，给人一种狞厉的美③。值得一提的是，桓台史家、济南大辛庄、长清出土的某些商代青铜器，无论造型

① 山东省博物馆：《山东益都苏埠屯第一号奴隶殉葬墓》，《文物》1972 年第 8 期。

② 张越：《父癸觚》，《管子学刊》2007 年第 4 期。

③ 张越：《铜觯》，《管子学刊》2008 年第 3 期。

图8-2　父癸觚

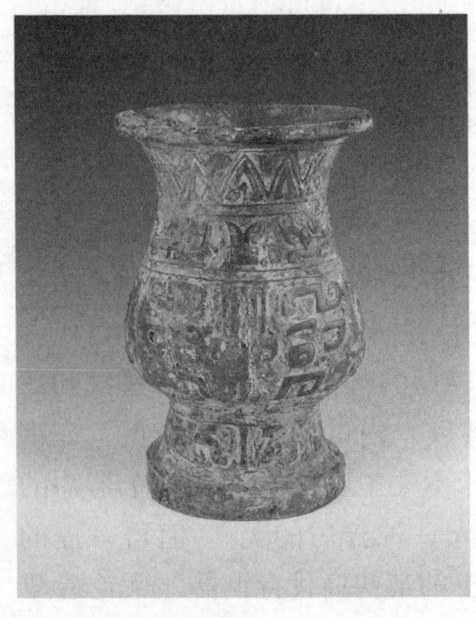

图8-3　青铜觯

还是纹饰，没有太多变化，大致相同，这反映了齐地商代青铜器的共同风格特征。而益都苏埠屯、桓台史家、长清等遗址发现的许多铭文铜器，对研究山东古国族属也具有重要意义①。

从器物的造型方面看，商代齐地青铜器的造型大多来源于陶器，如鼎、鬲、尊、盉、甗等，都是由陶鼎、陶鬲、陶尊、陶盉、陶甗演化而来，但又具有铜器自身的风格特点，如胎质较薄等。商代晚期，青铜器的造型有了较大的变化与创新，特征鲜明的方形器比较普遍，如方鼎、方彝、方壶等。圆形鼎锥状足已基本消失，柱状突足、深腹、立耳的鼎盛行。耳、足位置一改商代早期的四点式，两耳对应两足成为三点式，整个形体给人以厚重稳定的感觉。这种独特的造型使这一时期的齐地青铜鼎成为历代鼎的固定形式。从纹饰看，齐地商代早期的青铜器装饰纹样拙朴单调，线条粗犷简练，纹饰以无地饕餮纹为主，另饰连珠纹、圆涡纹等。商代晚期的装饰纹样不仅变得丰富，而且富于变化。饕餮纹仍是这一时期的主

① 山东省文物考古研究所：《山东20世纪的考古发现和研究》，科学出版社2005年版，第342页。

要纹饰，但其造型进一步综合了多种动物的特征，形成了一个巨眼、突睛、裂口、锯齿状利牙和锐爪的怪异形象。尤其以繁密的云雷纹为地，与主纹形成强烈的对比，给人以狰狞、恐怖的感觉。除饕餮纹之外，夔龙纹也是这一时期的主要纹饰[①]。另外，蝉纹、象纹、兽面纹、蕉叶纹、乳钉纹、凸弦纹、旋涡纹、连珠纹、三角云纹也比较常见。

总体来看，商代是齐地青铜器快速发展的一个时期，特别是中晚期，无论是铜器数量还是铜器种类，都比以前有了长足的进步。器形经历了由单薄简单到华美多变、纹饰由拙朴单调到繁缛精密、制作工艺由简陋粗糙到精雕细刻的发展过程。尤其是器物的造型和纹饰，与其他地区出土的器物相比，显示出鲜明的地域特色。先齐时期的齐地青铜器作为中国古代青铜艺术的重要组成部分，对后来青铜艺术的创新与发展影响深远。

第二节　齐国青铜器造型艺术

齐立国后，由于姜太公制定了一系列以发展工商业为主的方针政策，使齐国的手工业得到了迅速发展。西周时期的齐国青铜器在继承商代传统的基础上，其造型艺术水平得到进一步提高。特别是春秋战国时期，随着青铜冶铸技术的不断进步，齐国青铜器艺术得到了前所未有的发展。齐国各个历史时期的青铜艺术，由于政治、经济、文化等方面的原因，表现在造型上，也会相应产生不同程度的变化，并带有鲜明的地域性特征。齐国青铜器艺术由于受齐文化开放性和包容性的影响，以造型丰富、形式多样、重实用求美观为主要特色，并呈现出不拘一格的造型艺术风格。

一、西周时期齐国青铜器造型艺术

西周前期的齐国青铜器造型有明显的商末遗风，与商后期没有太

① 朱和平：《中国设计艺术史纲》，湖南美术出版社2003年版，第113—123页。

多区别，但也不失自己独特的艺术风格，庄严厚重是这一时期的主要风格特征。器物的种类，食器主要有鼎、簋、鬲、甗，而豆则不多见。爵、觯、觚、卣、盉、尊等各种酒器虽然品种齐全，但数量较之商代大大减少，这与西周王朝禁酒有密切关系。在器物的形制上，三足器柱足与蹄形足并存[①]。一些炊器的形制也有所变化。其中鼎的造型有一个显著特点，就是立耳，柱足，口沿下内收，腹较浅，下腹硕大而外鼓，也就是腹的最大径在下部，腹底圆中带平。1987 年山东淄博南定镇出土的一件青铜鼎，就代表了这一时期齐国青铜鼎的造型风格。该鼎通高23.6 厘米，最大腹径20.8 厘米，腹深11.8 厘米。立耳，方唇，侈口，束颈，两耳微微向外打开，腹大而略浅，下腹外鼓，腹底较平，柱状足。柱足根部饰凸状兽面纹。腹上部饰有一周带状夔文图案，分为六组。此器胎体厚重，铸造精致，纹饰规整，线条拙朴。从器物纹饰特别是造型看，西周前期艺术风格明显，应属西周前期穆王时期的产物（图 8－4）。这件器物的出土，充分显示了西周前期齐国青铜冶铸业高超的水平，曾引起考古界的广泛关注[②]。山东济阳刘台子西周六号墓出土的多件西周前期昭王时期的青铜鼎，也是这一造型风格的典型代表，最大腹径下移是其最为突出的特征，

图 8－4　西周青铜鼎

① 杜廼松：《中国青铜器发展史》，紫禁城出版社 1995 年版，第 40 页。
② 张越：《西周青铜鼎》，《管子学刊》2001 年第 4 期。

并且整个器形有向低矮、横宽方向发展的趋势[①]。

到了西周后期，即自共王至幽王时期，随着天子权力的衰弱，礼制信仰危机的出现，齐国青铜器随之也有了明显的变化，总的趋势是礼器制作比较粗略、简陋，与前期形成了鲜明的对照。前期常见的方鼎、爵、觚、觯、斝、鬶、卣等逐渐消失，盛酒器壶、罍、尊、盉等仍然继续使用。盛食器簠、盨等是新出现的品种，水器中也出现了匜。这些新出现的器物品种，造型端庄大方，而且实用。青铜乐器也有了较大程度的发展，这和西周制定的一整套礼乐制度有密切关系。而传统器物与这些新出现的器物造型均具有鲜明的时代特征，比如传统器物鼎，与前期相比出现了较大变化，腹部多是半圆形，圆底，敞口，两耳略向外张，鼎足由柱状足变成蹄形足。甗则鬲与甑分铸，鬲多作束颈，折沿，弧裆。新出现的食器簠，形制为长方形，盖与器的形状基本相同，大小一致，上下对称，合起来成为一体，分开则成为两件器皿。1981 年山东临朐泉头村出土了两件西周晚期的青铜簠，形制基本相同。其中一件通高 15. 5 厘米，口长 30 厘米，口宽 24. 5 厘米。整体呈长方形，器与盖造型基本相同，斜腹，平底，长方形圈足，每边中心部位有缺口，两侧各置简化兽形环耳一对。器盖和腹部均饰窃曲纹[②]。此器造型上下左右对称，外形以直线为主，纹饰以曲线为主，规整大方，典雅高贵，风格独具，具有很高的艺术价值，充分体现了这一时期齐国青铜器的造型设计水平。

如同商代一样，西周时期的齐国青铜器也存在动物式造型和人兽结合的造型现象。比如今藏于上海博物馆的齐侯匜，就是一件仿动物式造型的典型代表。该匜为西周晚期的齐国青铜器，通高 24. 7 厘米，长 48. 1 厘米。器物主体造型仿动物样式，匜鋬为龙形，龙首连接匜口，好似探水，匜之四足为兽形。器身纹饰简约，通体饰横条沟脊纹，与纹饰繁缛精细的龙形鋬与四兽形足形成强烈对比。匜腹内底还铸有

---

① 山东省文物考古研究所：《山东济阳刘台子西周六号墓清理报告》，《文物》1996 年第 12 期。

② 临朐县文化馆、潍坊地区文物管理委员会：《山东临朐发现齐、郭、曾诸国铜器》，《文物》1983 年第 12 期。

铭文4行22字，记齐侯为虢孟姬良女作匜。孟姬是虢君之女，为齐侯夫人。齐国国君为姜姓，姬姜通婚在西周及春秋时期极为普遍。此器系孟姬嫁与齐侯为妻时，齐侯为之制作[①]（图8－5）。与商代相比，这件器物无论是造型还是纹饰，都具有鲜明的时代特征，已经摆脱了商

图8－5　齐侯匜

代青铜器遍体繁缛细密的装饰风格，在注重美观的同时，更加突出了实用功能。特别是匜体的造型与纹饰的布局方面显得极为和谐，达到了高度的完美统一，从中也可以看出齐国艺术家对青铜器造型整体设计的驾驭能力。

山东沂源姑子坪遗址周代墓葬中，出土了一件造型为人兽结合的铜盘。该盘口径40厘米，高19厘米。侈口，方唇，窄平沿，腹外鼓，

① 张连利、贾振国、徐龙国：《山东淄博文物精粹》，山东画报出版社2002年版，第81页。

底较平缓，圈足。盘子外侧各附对称的两耳、两夔龙。两耳向外平折，顶面宽平，其上各饰一形态相同的卧状兽。兽的造型头较小，圆目，竖耳，长颈，体形肥壮，敦厚可爱。两夔龙形态弯曲，口衔盘口沿，睁目，两犄角上翘，前后两足附于盘腹部，尾向外卷。令人称奇的是，在盘的圈足外侧还附有人的裸体造型的三足，三个裸体人形态一致，均面朝外，双手托着圈足，两腿半蹲。腹部、圈足均饰有窃曲纹，双耳饰重环纹①。整个器物的造型构想奇异，独具匠心，在注重实用的同时，对美的追求也得到了很好的体现。另外，该墓葬同时出土的两件青铜簋，器物的双耳也是用兽形造型而成。沂源姑子坪周代墓葬出土的大量青铜器，以造型精巧、纹饰华丽、铸造精良著称，不仅对西周晚期齐国青铜器艺术的研究有重要的学术价值，而且对东夷古国的研究也具有重大意义。

二、春秋时期齐国青铜器造型艺术

春秋时期，由于周王室衰微，礼乐制度崩溃，各诸侯国纷纷变法，争雄称霸，政治多元化的格局出现并逐渐加剧。政治与制度的这种变迁同样也反映在青铜器上。这个时期代表统治权力的青铜礼器已从全盛时期的巅峰走向衰落，逐渐被清新活泼、具有多样性和地方性艺术特点的器类所取代，这种特点就使得这一时期的青铜器在造型上与商周时期的风格迥然不同。总体来说，器形由厚重变得轻灵，造型设计由严正变得奇巧。礼器被兵器和日常生活用器所代替②，新的器形、新奇的造型不断涌现，齐国青铜器正是反映了这一时代特征。具体而言，春秋早期齐国青铜器造型的主要特征仍沿袭西周晚期的风格与特征，青铜器的形制和种类与西周晚期大致相同。因为政治形势的原因，西周晚期至春秋早期，由于礼制上没有发生根本性的改变，因此反映在青铜器的造型上，以沿袭前代为主要特征。西周的列鼎制度以及青铜

① 山东大学考古系、淄博市文物局等：《山东沂源县姑子坪周代墓葬》，《考古》2003年第1期。

② 朱和平：《中国工艺美术史》，湖南大学出版社2004年版，第63页。

礼器的具体礼制规定在春秋早期仍被延续，齐国作为周的诸侯国，当然也不例外，也必须遵守这一礼制。春秋早期，齐国青铜器的造型基本承袭了西周晚期的艺术风格，但也有所发展变化。食器中鼎、鬲、簋、簠、甗、豆等最常见，酒器中盉、尊、罍、缶、壶等也普遍存在。乐器中除甬钟之外，又新出现了钮钟与镈。春秋早期的齐国青铜器造型与西周晚期相比，从整体上来看，虽然大部分器物的造型与前期风格基本保持一致，并无太大区别，但个别器种的造型还是出现了较大变化。比如 1981 年出土于山东临朐县泉头村、今藏于山东临朐县文物博物馆的两件春秋早期的“齐趫父”鬲，格外引人注目。两鬲的形制、纹饰相同，高 11 厘米，口径 17.5 厘米。宽平沿微向外折，束颈，平裆，足半实，蹄形足。腹与足对应处各饰一扉牙，腹饰象首纹，两鬲沿面还铸有相同的铭文，各 16 个字①。值得注意的是，这两件鬲与西周时期的鬲相比，在造型上包含了许多新的元素，它有厚实而微向外折的宽平沿，三足难以截然分开而连成一个完整的鬲腹，即所谓的联裆形，足作阔蹄形而不再是柱状足。腹和足对应处三条高高凸起的牙状扉棱将象首纹饰紧密联系在一起，构成一个有机的整体。这种造型是春秋早期开始出现的新特征。此器整体造型显得大气厚重，颇有王者风范，在其他诸侯国出土的同种器类中极为少见，反映出这一时期齐国青铜器的造型特色。

到了春秋中晚期，随着奴隶制度分崩瓦解，旧的礼制受到巨大冲击，青铜礼器原有的象征意义也逐渐消除，原来大量视作权力与威严象征的青铜礼器逐渐向生活日用器物发展，许多旧的形制经过重新改造以新的样式出现，同时还创造出了许多新的器种，以至于有些器物至今仍无法知其确切名称②。齐国青铜器造型艺术真正意义上的发展始于春秋中晚期，也标志着齐国青铜器发展史上又一个高峰的到来。春秋中期以后，齐国青铜器的造型艺术发生了明显的变化，许多器种的

① 临朐县文化馆、潍坊地区文物管理委员会：《山东临朐发现齐、鄩、曾诸国铜器》，《文物》1983 年第 12 期。

② 史仲文：《中国艺术史》（工艺美术卷），河北人民出版社 2006 年版，第 49 页。

造型给人耳目一新的感觉，出现了丰富多样的变化形式，代表新的时尚和审美趣味的造型由此萌生。由于区域的不同，这一时期各诸侯国青铜器造型艺术风格上的差异显得尤为突出；但同时，由于地域间各种形式的交流而造成彼此之间的影响和相互渗透，使得某些器物的造型艺术风格在各诸侯国之间得以广泛传播和流行。因此，这一时期各个地区的青铜器造型既存在共同点，也存在个性特征。

根据考古发现，春秋中晚期，齐国青铜器虽然大部分传统器种仍在沿用，但在器物的造型特征方面正发生着具有重要意义的变革。比如最常见的器物鼎，是春秋中晚期形制变化较大的器种之一，其显著的特点是普遍带盖，盖上有形制不同的三钮，中央饰环形钮，兽蹄形足。依据造型方面的差异将其归纳起来，大致有“扁圆腹附耳矮蹄足式鼎”、“附耳圜底兽蹄足式鼎”、“附耳平盖鼓腹兽蹄形足式鼎”、“隆盖扁圆腹高兽蹄足式鼎”、“环钮隆盖深腹兽蹄足式鼎”、“平盖平底浅腹高蹄形足式鼎”等样式。1991 年齐国故都临淄出土的一件青铜鼎，属于“扁圆腹附耳矮蹄足式鼎”的样式。该鼎高 22.5 厘米，口径 27.5 厘米。子母口，附耳平盖，盖上有三个曲尺形龙纹钮，中央有一环形钮。腹宽而微鼓，近于扁圆形，兽蹄形矮足显得敦厚粗壮，整个器形给人以力量之美。而 1956 年出土于山东临淄尧王村、今藏于山东省博物馆的“国子鼎”，则是典型的“附耳圜底兽蹄足式鼎”。此鼎通高 33 厘米，口径 27.8 厘米。子母口，盖面微鼓，盖中间置半环形钮一个，周边饰有三个曲尺形片状钮。双附耳，圜底，马蹄形矮足。腹微鼓较深，腹中部饰有一周凸弦纹。器盖及内底各铸阴文“国子”二字[①]。该鼎造型雄浑厚重，端庄大方，富有大气之美（图 8－6）。在此需要一提的是，无论是光绪十八年（1892 年）河北易县出土的齐侯鼎、1956 年临淄尧王村出土的国子鼎、1963 年临朐杨善出土的平盖鼎[②]，还是西安新发现的鲍子鼎[③]，从整体造型来看，都极为相似。其

① 杨子范：《山东临淄出土的铜器》，《考古通讯》1958 年第 6 期。

② 齐文涛：《概述近年来山东出土的商周青铜器》，《文物》1972 年第 5 期。

③ 吴镇烽：《鲍子鼎铭文考释》，《中国历史文物》2009 年第 2 期。

图8－6　国子鼎

中，最为突出的特征就是鼎盖上中心部位有一半环形钮，围绕着盖中心的环钮，饰有三个呈等腰三角形的曲尺形片状钮。这是当时齐国鼎造型最为突出的一个特点，在其他诸侯国同类器中极少见到，并且所饰蟠螭纹和瘦长工整、峻峭挺拔的铭文字体也常见于同时期的齐器，是典型的春秋晚期齐国青铜鼎的造型风格，充分体现了鲜明的地域特色。

20世纪90年代中期，山东长清仙人台五号墓出土的一件春秋中期偏晚的微型带流鼎，其造型别具一格，令人耳目一新。该器通高7.4厘米，口径6.2厘米。鼎的主体造型呈瓢形，瓢形盖中间有一环形钮，沿下有一小舌，与流口扣合。鼓腹两侧附两个对称的双耳，圜底下有三个修长蹄形足。从整体造型来看，已完全打破传统鼎的固定样式，给人以全新的感觉（图8－7）。该墓同时出土的一件春秋中期偏晚的似鼎非鼎的异形器，用造型奇特加以形容，可谓恰如其分。该器由下部的鼎和上部的盘两部分构成，盘径明显小于鼎的口径，鼎内中间的柱子与盘底相连。鼎为平折沿，浅弧腹两侧一对附耳，耳间一侧有一“L”形圆筒状附件，上部中空。圜底，三蹄形足。盘有覆盖，平顶中间有一环形钮。盘腹与鼎腹相比略深。全器通高9.2厘米，鼎口径9.2厘米，盘口径5.9厘米[①]（图8－8）。通过这两件构思巧妙、造型奇特的

① 山东大学历史文化学院考古系：《长清仙人台五号墓发掘简报》，《文物》1998年第9期。

图8-7　带流鼎

带流鼎和异形器，可以看出齐国青铜艺术设计者不拘一格的造型观念和创新精神。

敦是春秋中期产生的一种新器形，是用作盛食或蒸食的器皿，盛行于春秋晚期到战国时期，当时以齐国、楚国、燕国最为盛行。敦最早产生于齐地还是楚地，目前还没有直接证据①，学术界尚无定论，但最早出现在这两个地区可以肯定，考古学界已无争议。敦，是中国青铜器中的重要器类，以其独特的形态展示于世，在世界物质文明史上也是少见的。敦的造型是在鼎、簋的形制基础上演变而来的，其基本形制为上下内外皆圆，盖与器相合而成为球形或椭圆形，有上下对称或不对称两种。从敦的整体造型来看，

图8-8　异形器

① 刘彬徽：《楚系青铜器研究》，湖北教育出版社1995年版，第164页。

各诸侯国的敦在形制上也不尽相同，呈现出明显的地域特色。一般齐国的敦呈扁圆形，楚国的敦呈圆球形，而燕国的敦则呈长圆形。齐国敦的造型随着时代的发展，表现出不同的时代风格。春秋时期，齐国的敦从整体造型看，呈扁圆形，有平底无足、圜底兽足两种。1977 年山东淄博磁村春秋墓中出土的四件青铜敦，就代表了这一时期齐国敦的造型风格。其中一件通高 17 厘米，腹径 19.4 厘米，腹深 8.6 厘米。方唇，侈口束颈，鼓腹圜底，四个矮兽蹄足，腹部有两个对称的圆环形钮。盖上有三个兽蹄形钮与四足相对应，盖与器各饰乳钉纹三行，整体造型呈扁圆形。另外三件均为方唇，侈口束颈，腹微鼓，平底无足，腹部两耳作环形，盖隆起，上有四个环形钮。盖与器不完全对称，盖明显低于器高[①]。从这三件敦的整体造型看，形制基本相同，如果单从器身看，与盆的形状非常相似，所以有专家称其为盆体敦。经有关专家根据出土资料分析考证，平底无足的盆体敦要早于圜底兽足的扁圆体敦。齐地的盆体敦最早出现在春秋中期，与楚地盆体敦出现的年代大体相当[②]。1978 年山东海阳嘴子前村春秋墓出土的一件平底敦，就属于春秋中期盆体敦的典型代表。该器造型与盆形极其相似，圆拱形盖，上有喇叭形捉手，口内敛，平卷沿，颈内束。腹上部有两个对称的环耳，下腹内收，小平底[③]。盆体敦与扁圆体敦在齐地共同流行了一个较长时期，这在其他地域是很少见的。

求新善变、不拘一格是春秋时期齐国青铜敦造型艺术最明显的特点。1964 年出土于齐国故都临淄河崖头村、今藏于临淄齐国历史博物馆的一件人形足敦，堪称这一时期青铜敦造型艺术的典范。该器通高 13 厘米，口纵径 11.6 厘米，口横径 11 厘米，腹深 8.2 厘米，足高 3 厘米。器体呈半圆形，深腹，两侧各有一环耳，三足造型作人形跪状，双手置于膝上，头顶敦底。盖微隆起，上有四个环钮。盖、腹均饰有谷纹与蟠蛇纹。整个器物造型构思巧妙，结构新奇，精巧美观。器体

① 淄博市博物馆:《山东淄博磁村发现四座春秋墓葬》,《考古》1991 年第 6 期。

② 刘彬徽:《楚系青铜器研究》, 湖北教育出版社 1995 年版, 第 158 页。

③ 海阳县博物馆:《山东海阳嘴子前村春秋墓出土铜器》,《文物》1985 年第 3 期。

虽皆为圆形线条构成，然柔中带刚，充满力度，丝毫没有柔弱之感，充分体现出春秋时期齐国敦形器造型的鲜明特色（图8－9）。

图8－9　人形足敦

青铜鉴也是春秋中期出现的一种新器，流行于春秋晚期和战国时期。青铜鉴是在原来陶器盆的基础上发展而来。《说文》曰："鉴，大盆也，一曰鉴诸，可以取明水于月。"鉴是一种用以盛水的盥器。在铜镜尚未流行的时代，古人用鉴盛水替代镜子映照面容。春秋晚期，鉴的形制主要有双耳平底式和四耳圈足式等。1957年出土于河南孟津、现藏于洛阳博物馆的齐侯铜鉴，堪称这一时期青铜鉴造型艺术的精品。此鉴高43.5厘米，口径75厘米，最大腹径207厘米，重75公斤。敛口，侈沿，圈足。鉴身有四个相互对称的衔环兽耳，腹饰两组布局匀称的环带纹，其波浪纹是由两条并列的线条组成，线条简略，美观大方。兽耳造型高度一致，皆由三个首、身、足、尾俱全的立体兽组成。

最上者昂首、竖耳、巨口，最下者头部有两个尖状触角，身带鳞甲，长有四足，下尾卷曲作珥，形象生动活泼。在铜鉴的上腹内壁和口沿处有铭文5行26字："齐侯作朕（媵）子中（仲）姜宝盂，其眉寿万年，永保其身，子子孙孙，永保用之。"从铭文中可以看出，此铜鉴系齐侯为其女儿仲姜所做的陪嫁之物。据史书记载，鲁襄公十二年（前561年）"灵王求后于齐……齐侯许婚"；襄公十五年（前558年）"官师从单靖公逆王后于齐"。因此，此鉴很可能是东周王室和齐之间联姻通婚的遗物和见证。专家考证，此鉴为春秋晚期齐国所造。这件铜鉴的出土，对研究当时周王室和齐国的政治地位以及周齐之间的关系有着十分重要的意义[①]。该鉴器体浑厚凝重，造型雄伟，纹饰华丽，铸造精美，是春秋时期同类器中的珍品，具有极高的史料价值和艺术价值，充分体现出春秋时期齐国青铜器造型艺术的精湛水平（图8-10）。

图8-10 齐侯鉴

① 张剑：《齐侯宝盂鉴的年代及其史料价值》，《中原文物》1985年第4期。

春秋中期之后的盘、匜等盥水器在传统器形的基础上也有所发展，形制也发生了一定的变化。从出土遗物来看，春秋中晚期大部分地区的盘多流行三足式，而齐国的盘多为圈足式样。20 世纪 70 年代末，山东海阳嘴子前村东周墓群出土的一件春秋中期的齐国青铜盘，就是这个时期齐国此类器物造型风格的代表。该铜盘通高 9.8 厘米，盘深 3.8 厘米，足高 3.3 厘米。直口，方唇，平折沿，浅腹，附一对上端外卷的双耳，平底圈足。腹部饰一周窃曲纹带，足饰一周带状垂鳞纹①。宋政和六年（1116 年）出土于山东安丘的齐侯盘，也是春秋中期齐国之器。该盘造型的独特之处，是在圈足下加饰三个形象逼真的猪的造型为足，既注重整体风格，又力求创新，显得生动有趣，体现出一种浓厚的生活气息。其构思巧妙、制作精致令人称绝，堪称这一时期齐国铜盘造型艺术的典范。

匜在传统器形的基础上也有所发展，形制也发生了一定的变化。春秋中晚期，匜多流行管状流，且多作兽首造型，足的形式有四足，也有三足和圈足，晚期还出现了平底无足式样。山东海阳嘴子前村春秋墓出土的一件青铜匜，为典型的兽首三足式造型。该匜属春秋晚期，通长 30.4 厘米，高 12.5 厘米。流口呈圆角长方形，深腹，圜底，三兽蹄足较矮。尾端半环状把手为一圆雕小兽，双角，口衔器沿，双足抓器壁，尾勾卷。匜流为横长的椭圆口，流口为繁缛精美的镂孔花纹，纹样总体造型为一大眼和蟠曲长角的兽面。其双角各为一变体龙形，两角间为一趴伏的蛙形兽②。整体造型，兽口为流，卷龙为鋬，三足蹬地，酷似一只咆哮欲奔的小兽③，生动传神。这件铜匜造型生动，纹饰精美，做工细致，具有很高的艺术价值，堪称同时代青铜器中的佳作，代表了春秋晚期齐国青铜匜的造型风格。

舟形器是齐国的一种传统器种。随着时间的推移，春秋中期之后，舟的器形发生了较大变化，富有鲜明的地域特色，齐地春秋墓葬中多

---

① 海阳县博物馆：《山东海阳嘴子前村春秋墓出土铜器》，《文物》1985 年第 3 期。
② 烟台市文物管理委员会等：《山东海阳县嘴子前春秋墓的发掘》，《考古》1996 年第 9 期。
③ 马良民、林仙庭：《海阳嘴子前春秋墓试析》，《考古》1996 年第 9 期。

有发现。从目前出土的实物来看，具有代表性的是1991年出土于齐国故都临淄高阳村、现藏于临淄齐国历史博物馆的一件青铜舟形器。该器为盛食器，属春秋晚期。通高10厘米，口径长15.8厘米，口径宽15.1厘米。器身为椭圆形，整体造型呈舟形，敛口窄唇沿，腹微鼓，平底有三足，在腹部上端两边各有对称的兽首附耳。腹内有一镂空隔栅，将内部分隔成不对称的两部分，用以分盛不同食物。腹饰带状蟠螭纹一周（图8-11）。这件器物与其他各诸侯国的同类器相比，器形

图8-11 舟形器

有明显的差异性，说明这类器物在造型上具有鲜明的齐地特色。长清仙人台五号墓出土的一件春秋中期的微型舟形器，更具地域特色，堪称这类器物造型方面不拘一格的代表。该器通高6.5厘米，口径8.6厘米×6.6厘米。从整体看呈椭圆形。敛口，鼓腹，平底，三蹄形足。短径一侧有一环形錾。盖覆盘形，顶部近平，中间有一环形钮。腹部近口处一周有七个环形钮，沿上也有七个与器身相对应的环形钮，应

当用来系绳以固之用。这件舟形器小巧别致，制作精细，十分罕见[1]。在其他地区出土的舟形器中，至今未曾见到相同的类型，是齐国舟形器造型设计最有特色的一件。

春秋中期之后，由于战争的频繁和加剧，齐国的兵器也有较大发展，这一时期主要盛行戈、矛、戟、剑等。许多先前原有种类的兵器这时制作得更加精致，形制上也作了一定的改进。比如戈，戈援由原来短直变得窄长而扬起，多三至四穿，内上也常有一穿。齐国兵器戈的造型从目前出土的实物来看，当以春秋中期的“高子戈”为代表。这件 1970 年出土于齐国故都临淄白兔丘村、今藏于临淄齐国历史博物馆的“高子戈”，是东周齐国的重要兵器之一。戈通长 18.5 厘米，援长 12 厘米，内长 6.5 厘米，内宽 2.7 厘米。共有长方形四穿，其中内有一穿。在援基部近穿处有“高子戈”三字铭文[2]。高子名傒，谥敬仲，春秋时世为齐卿。“高子戈”即为高子之兵器（图 8 - 12）。这件戈的出土，对认识和了解春秋时期齐国兵器的造型特征提供了重要的实物资料。20 世纪 70 年代末，山东海阳嘴子前村春秋墓出土的一件铜戈，为我们进一步了解这一时期此类兵器的造型特征提供了有力的证据。这件戈的援窄长，微上扬，有中脊，断面呈菱形，援身缓斜，锋锐利，下齿短。短胡，阑侧有三长方形穿，内上也有长方形一穿，内端近平。戈通长 23.5 厘米，援长 15.3 厘米，内长 8.3 厘米[3]。从戈的形制看，为典型

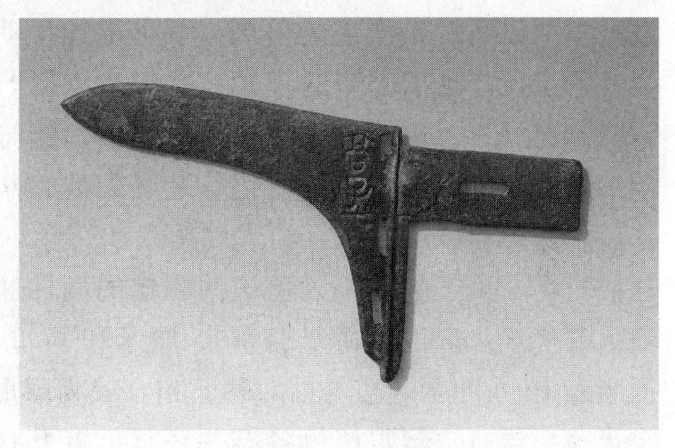

图 8 - 12　高子戈

① 山东大学历史文化学院考古系：《长清仙人台五号墓发掘简报》，《文物》1998 年第 9 期。

② 临淄区文物管理所：《山东淄博市临淄区出土高子戈》，《考古》1984 年第 9 期。

③ 海阳县博物馆：《山东海阳嘴子前村春秋墓出土铜器》，《文物》1985 年第 3 期。

的齐国兵器。这件戈与淄博磁村春秋墓中出土的一件戈形制相同，反映了齐地兵器在造型方面具有共同的风格特征。

三、战国时期齐国青铜器造型艺术

战国时期，作为七雄之首的齐国，由于齐文化的开放性和包容性，再加上强大的政治实力和雄厚的经济实力作为基础，将正在走向第二高峰期的春秋晚期青铜艺术推到了极盛。尤其是器物的造型，朝着实用功能方面不断开发，涌现出许多前所未见的新款器种，一些旧的形制被重新改造后也以新的样式出现。同时，这个时期由于不同地域审美标准的不同、不同器物的用途功能不同等复杂因素，使得这一时期各诸侯国青铜器造型的艺术风格呈现出多样化的特点。

大量出土于战国时期的齐国青铜器实物表明，这一时期青铜器的造型设计主要体现在日常生活用品上。从总体上说，器物的造型一改春秋中期以前规整严谨的格局，变得更加生动活泼、自由开放。许多器种的造型突破了固有的程式，在形式风格上表现出丰富多样的艺术特征。比如食器中的敦，虽为传统器形，但与春秋时期的敦相比，在器形上已发生了根本性的变化。平底无足的盆体敦和圜底兽足的扁圆体敦已被球形敦所取代，给人以全新的感觉。1973 年出土于临淄东申家桥村、今藏于临淄齐国历史博物馆的两件球形敦，是这一时期敦类器形的代表。两件器高分别为 15 厘米和 17. 2 厘米，口径分别为 19. 7 厘米和 16. 8 厘米。盖与器对称，相合成为球形，使用时盖和器则为两个半球形器皿。器腹两侧各有一环耳，盖上有三环形钮，器三足也呈环形（图 8 –13）。器形设计与前期相比，显得简洁明快，更加突出了实用功能。除了球形敦，这个时期齐国敦形器中还出现了一种特殊的器形——奁形敦，有专家也称盒形敦[①]。1987 年临淄聂仙村出土的一件盒形敦，就是这种器形的典型代表。此器高 16. 7 厘米，口径 16 厘米。器物整体造型由两个圆筒套在一起，呈圆筒形状。器足为三个环

① 杜廼松：《古代青铜器》，文物出版社 2005 年版，第 71 页。

图8－13　球形敦

图8－14　盒形敦

形钮，盖也有三个环形钮（图8－14）。这件盒形敦造型新颖别致，十分罕见，目前在其他地区出土的敦形器中还没有见到同样的器形。山西长治分水岭战国墓出土的两件圈足敦①，有学者虽归其为盒形敦之类，但与齐地的盒形敦相比，在形制上有很大不同。这反映了不同区域之间存在着造型风格的明显差异，也凸显了齐国敦形器造型艺术的鲜明特色。

壶是战国时期齐国酒器中最具特色的器种之一，虽然属传统器形，但在传统器形的基础上有了较大程度的发展。器形由原来方体和圆体两种形式发展到现在的多种变化形式，有的作杯形，也有的作高柄形，特别是以鸟的形象作为器物的造型，成为这一时期齐国青铜壶造型艺术的一大特色。这一方面

① 山西省文物管理委员会、山西省考古研究所：《山西长治分水岭战国墓第二次发掘》，《考古》1964年第3期。

反映了齐地先民对鸟的一种崇拜意识，另一方面也是受先齐时期陶器造型艺术的影响。1970 年出土于山东诸城臧家庄、今藏于诸城市博物馆的战国早期鹰首提梁壶，就是以鸟的形象作为器物造型的代表。该壶通高 56 厘米，底径 14.1 厘米[①]。其造型设计可谓独具匠心，由于壶盖与器口被别出心裁地设计成鹰首形，所以称鹰首壶。壶的造型的巧妙之处在于利用鹰嘴的自然形态作为壶的流口。当人们提着横梁倒酒时，鹰嘴的上唇会自动打开；将壶直立，鹰嘴又可自动合闭。整个壶盖用铜环与提梁相连，既能自由开启，又可避免脱落。这种独具匠心的设计，巧妙地将实用与审美、自然形态与器物功能有机地结合在一起，使器物的造型稳重中透露出轻巧，简约中显示出华丽，器身与鹰首相映成辉，浑然天成。1996 年临淄相家庄六号战国墓也出土了一件鹰首提梁壶[②]，与诸城臧家庄鹰首壶相比，形制十分相似，但鹰首的造型更加逼真，尤其是对鹰嘴和眼睛的刻画，惟妙惟肖，生动传神，好似在等待出击猎物的最佳时机（图 8－15）。1965 年出土于江苏涟水三里墩

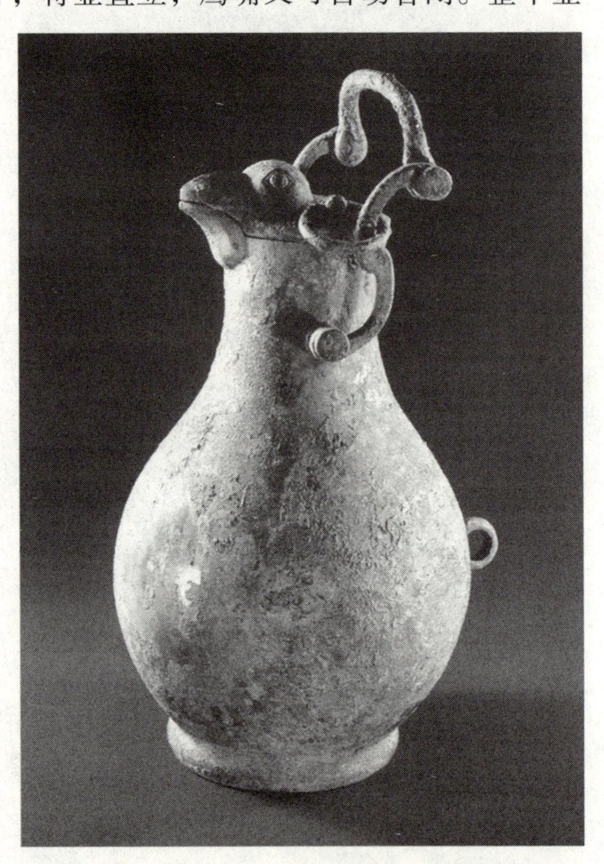

图 8－15 鹰首提梁壶

① 山东诸城县博物馆：《山东诸城臧家庄与葛布口村战国墓》，《文物》1987 年第 12 期。

② 山东省文物考古研究所：《临淄齐墓》（第一集），文物出版社 2007 年版，第 293 页。

西汉墓、现藏于南京博物院的战国晚期的错金银立鸟盖壶，堪称这一时期采用鸟的形象与器物完美结合造型的典范。壶通高 73 厘米，口径 19 厘米。敛颈修长，扁鼓腹，圈足。专家考证，属齐国之器①。此壶造型的巧妙之处，在于设计者将窿形盖钮顶端站立的一只双翅舒张、引颈高鸣的鸿雁及盖边缘的三只张喙而鸣、振翼欲飞的雏鸟与做壶底器足的三只鸟爪扣地、鸟身后倾、双翅上扬的大雁上下呼应，从而构成一幅生动活泼的自然画面，使人仿佛置身鸟的世界。这件铜壶用鸟作为器物的装饰，构思奇巧，自然得体，丝毫没有多余之感。战国时期齐国的青铜壶以鸟作为装饰，而且造型新颖奇巧，在其他诸侯国同类器物中十分罕见，是难得一见的青铜艺术珍品，充分显示出战国时期齐国青铜艺术精湛的造型水平和独特的艺术风格。

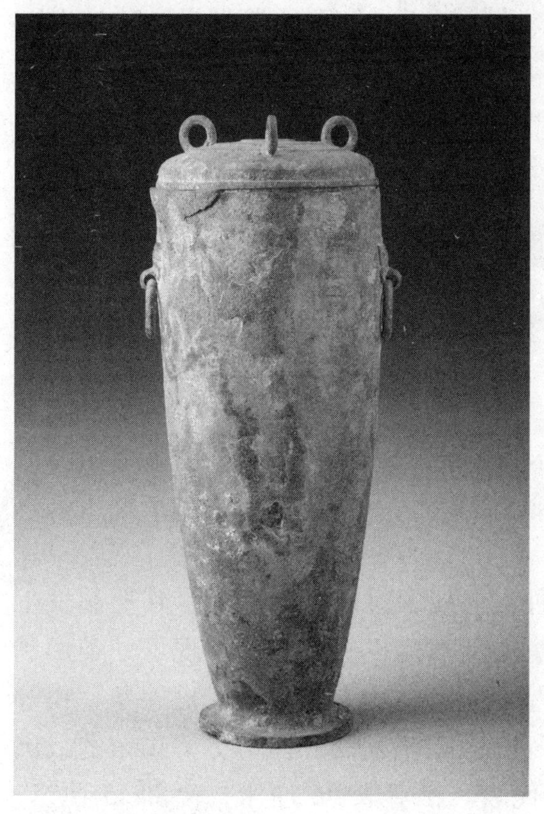

图 8－16　杯形壶

20 世纪 90 年代初，在临淄商王墓地出土的七件战国时期的齐国铜壶也别具特色，其中最富特色的是一件杯形壶和两件高柄壶。杯形壶通高 26.8 厘米，口径 9.8 厘米，底径 6.8 厘米。杯形壶形体匀称挺拔，修长俊逸，线条简洁流畅，无一赘饰。腹上部的一对环钮位置安排恰当，与窿形盖上的三环钮相对应，干净利落。器物的整体造型呈现出一种简洁明快、端庄秀丽的美（图 8－16）。两件高柄壶，一

① 南京博物院：《江苏涟水三里墩西汉墓》，《考古》1973 年第 2 期。

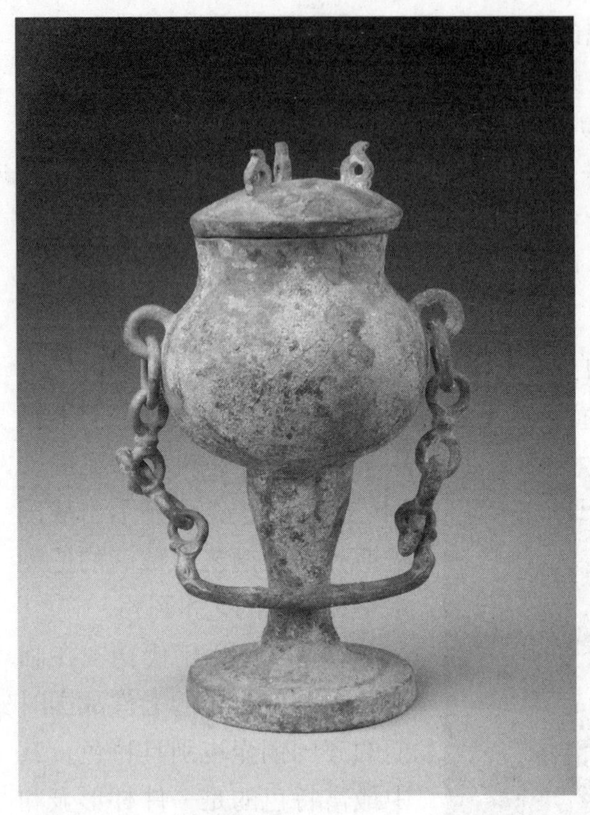

图8－17　高柄提梁壶

件有提梁，通高28厘米，口径7.5厘米，腹径10.7厘米。壶腹部造型呈球形，夸张的双首龙身链索式提梁与腹上部的一对环钮相连，提手为又粗又长的“一”字形，高高的壶柄上粗下细。盖面隆起，上有三个“S”字形环钮。和谐稳重的器形设计，加上有意夸张的提梁，更彰显出华贵之美（图8－17）。另一件无提梁，通高20.8厘米，口径9.6厘米，最大腹径12.8厘米。腹部设计为椭圆形，腹上部有一对铺首衔环，最大腹径在中部以下。壶的口沿一侧伸出一个直角曲尺形的合页并与盖相连。盖为平顶呈覆斗形，与合页相对的一侧有一环钮，可在180°范围内自由开合①。整个器物的造型给人以古朴典雅、厚重大气之美。

酒器中的尊是一种传统器种。但战国时期齐国的尊，其形制发生了根本性的变化，已不是传统意义上尊的样式，而是出现了一类形制特殊的盛酒器——牺尊，通常呈牺牛形，也有马、羊、虎、象、鸭等形象。1982年出土于临淄商王村、今藏于临淄齐国历史博物馆的战国牺尊，就是这类尊形器的典型代表。牺尊长46厘米，高28.3厘米，重6.5千克。整体造型呈牛形，由头、颈、盖三部分分铸而成。筋骨

① 淄博市博物馆、齐故城博物馆：《临淄商王墓地》，齐鲁书社1997年版，第20页。

坚实，肌肉丰腴，四蹄稳健，昂首竖耳。首颈结合处的合缝痕迹被一项圈自然而巧妙地遮掩，项圈宽 1 厘米，嵌 16 枚椭圆形银珠，鼓起如铃。口角左右错银丝两道，各嵌 8 枚银质星点，以示胡须。头顶及双耳间至鼻梁上端镶嵌绿松石，眼球为墨精石，两眉间各嵌 7 枚相等的长方形绿松石块。通体以粗细相间的金银丝饰几何云纹。脊背有盖，盖为一憨态可掬的鸭形，禽颈反折，扁喙紧贴背上，巧成半环形盖钮。两翅平展，尾羽挺秀，翎羽均以孔雀石铺填。器物的造型构思巧妙，设计新颖，生动逼真，是战国时期金银错和镶嵌工艺的佳品，堪称国宝[①]（图 8－18）。江苏涟水三里墩也出土了一件牺尊，其形制与临淄的这件牺尊十分相似，专家考证，为齐国所造[②]。这说明当时齐国盛产牺尊，也表明牺尊属齐国特色器物是不争的事实。

需要特别指出的是，这个时期的尊不仅作为盛酒器，其用途也发生了一定的变化。1996 年临淄相家庄战国墓出土的绿松石鸭形尊，经专家考证，不是盛酒器，而是一件用来洒水的器物。该器高 18. 8 厘米，长 40. 6 厘米。尊的整体造型模仿大自然中鸭的形象制作而成，两足分立，短尾下有环形鋬，头颈前伸，扁嘴衔鱼，鱼腹朝前，腹部有两排锥形管，每排六管，上下交错排列。鱼腹中空，与鸭颈、腹相通。鸭背有凸字形长方注水孔，孔有盖，凸出部分贯有横轴，两端插入注水孔圆槽中，使盖能沿轴自由开合。盖顶作立鸟形

图 8－18　金银错镶嵌铜牺尊

① 张越：《国宝——金银错镶嵌铜牺尊》，《管子学刊》2000 年第 1 期。

② 南京博物院：《江苏涟水三里墩西汉墓》，《考古》1973 年第 2 期。

钮，盖下有关键与钮相连，钮旋转时带动关键，主盖随之启闭。当鸟头朝前时，盖能开启，否则闭锁。当鸭腔注水前倾时，水经鸭颈从鱼腹管中喷洒而出。鸭的眼、翅、尾及盖钮均嵌绿松石。尊的设计者为使鸭形尊站立平稳，利用了重心平衡的力学原理，使鸭的着力点集中在两蹼形足上[①]，蹼形足更增加了器物的稳定性。这件设计精巧、造型新颖、形象生动的鸭形尊，一方面反映了当时齐国精湛的造型艺术水平，另一方面也显示了战国时期齐国科技水平的高超（图 8－19）。

图8－19　绿松石鸭形尊

食器豆和水器匜也是传统器种，到了战国时期，其器形在传统基础上也出现了较大变化。比如豆的造型，不仅变化较大，而且形式多样。具体来看，有短柄豆、长柄豆、方形豆和浅盘豆等几种基本形式，每一种基本形式又有造型上的不同变化。20 世纪 90 年代中期，临淄相家庄墓地六号墓中出土的三件战国铜豆，从一定程度上反映了这一时

① 山东省文物考古研究所：《临淄齐墓》（第一集），文物出版社 2007 年版，第 295 页。

期青铜豆的造型特征。这三件铜豆分别是方豆、盖豆和莲花盘豆。三件铜豆均为长柄，但器上部盘的造型风格迥然不同。铜方豆高 39.4 厘米，盘长 21.8 厘米，宽 16.5 厘米。盘的造型为圆角长方形，口微敞，曲腹呈阶梯形，浅盘。高柄饰有三组凹弦纹，喇叭形足。铜盖豆高 40.4 厘米，盘口径 19.4 厘米。盘的造型为半球形，有子口以承盖，口两侧有一对称环耳。覆钵状盖，上有三个鸟首形环钮，盖和柄各饰三组凹弦纹，腹饰一组凹弦纹，喇叭形足。铜莲花盘豆高 41.4 厘米，盘径 27.6 厘米。盘的造型敞口呈莲花瓣形，曲腹呈二级阶状，喇叭形平底圈足。柄饰一道凸弦纹①。临淄东夏庄墓地五号战国墓出土的多件铜豆，均为细高柄，有浅盘豆和盖豆两种类型，其造型也有不同的变化。由此看出，齐国的青铜器即便是同一器种的造型，也独具匠心，富有变化，说明设计者在注重实用性的同时，更多地将审美赋予其中，充分体现了齐国青铜器艺术设计者不拘一格的造型观念。

这个时期的匜，其形制也发生了较大变化，造型与前期相比，一改前期严整规范、结构复杂的格调，突破了固有的程式，变得更加简洁明快、生动活泼，体现出鲜明的时代特征。20 世纪 90 年代初，临淄商王村墓地出土的三件战国时期的铜匜，就代表了这一时期青铜匜的造型风格。特别是其中的两件鹰首匜，以写实和抽象相结合的艺术表现手法，巧妙地把匜的流水口塑造成鹰首的形状，形象生动逼真。鹰喙弯曲，口含圆珠，两耳轮廓分明，眼眶内嵌银，用墨精石做珠，漆黑油亮，栩栩如生。器身虽夸张变形，极为抽象，但从匜的整体造型看，仍给人以雄鹰展翅的感觉。用鹰首匜倒水时，水会从鹰嘴里流出，不会向旁边洒落（图 8－20）。另一件匜整体造型呈椭圆形，侈口平沿，口沿一侧有流，弧壁浅腹，平底②，造型高度简练概括，无任何装饰，在体现美的同时，更多强调实用功能。

作为日常生活器具中的铜炉，到了战国时期，器形在春秋时期的

---

① 山东省文物考古研究所：《临淄齐墓》（第一集），文物出版社 2007 年版，第 291 页。

② 淄博市博物馆：《山东临淄商王村一号战国墓发掘简报》，《文物》1997 年第 6 期。

图 8－20 鹰首匜

基础上发生了很大变化。从目前出土的资料来看，春秋时期的铜炉造型比较简单，一般为长方形，平底无足。比如 1923 年出土于河南新郑李家楼、现藏于中国国家博物馆的春秋时期王子婴次炉，就代表了这一时期青铜炉的造型特征。战国时期，齐国的青铜炉一改前期器形单一呆板的格局，变得形式多样，精致华美。许多样式给人以全新的感觉，体现出鲜明的时代特色。20 世纪 90 年代初，临淄商王村墓地出土的三件战国时期的青铜炉，就是这类生活器具造型艺术风格的代表。其中的一件青铜人形足方炉，可谓佼佼者。该铜炉通高 40. 8 厘米，口边长 34. 8 厘米，底边长 30. 8 厘米。整体造型作方形，平底浅腹，在口沿的四角各伸出一个龙首形状的衔环，与双首龙身链索式提梁相连。最为奇特的是四个相同式样的人形足造型，人的面部长有鸟嘴，身体背部长着双翅，头戴尖鼻式蒙古帽，身穿短裤，圆腹和肚脐露在外面，两臂向前弯曲抱着腹部。下肢粗壮，五趾分明，两足并立作支撑状。如果侧视，每人有三足，一只正面，一只侧面，另一只在后面。人物的造型和穿着打扮极为怪异（图 8－21）。据考证，这种人面鸟喙而有双翼之人，可能就是文献记载和神话传说中的“驩兜”。另一件圆形的青铜炉造型也很有特色，通高 19 厘米，口径 20. 4 厘米。器身整体作圆形，敞口弧壁，浅腹平底，四个兽蹄形足。在外腹中部四足之间各有一环形钮，与双首龙身链索式提梁相连①。整个器形端庄大方，和谐稳重，特别是器物

① 淄博市博物馆、齐故城博物馆：《临淄商王墓地》，齐鲁书社 1997 年版，第 27 — 28 页。

图8－21 人形足方炉

中充满灵动之感的链索式提梁设计，体现了实用与审美的有机结合，使铜炉更加彰显华贵（图8－22）。临淄出土的这些造型各异、制作精美的青铜炉，在其他地域出土的同类器具中与之相同的器形还未曾见到，这充分体现了齐国青铜炉不拘一格的造型艺术特色。

系列青铜餐具是战国时期齐国独有的新款器物，以设计精巧、制作精致、种类丰富、数量巨大而受到人们的关注。1992年出土于临淄张家庄战国墓、现藏于山东省文物考古研究所的一套青铜餐具，就是这种新型系列餐具的典型代表。这套59件铜质组合餐具分为7个种类，由碗、盘、碟、盒、耳杯等组成，外加1件罍形的餐具外套，共60件。其中，铜碗4件，高8.3厘米，口径22.5厘米。圆形弧壁，平底圈足。铜折沿盘9件，高4.3厘米，口径20.6厘米。斜壁，折腹，小平底。铜花边盘6件，高3.5厘米，口径17.5厘米。圆形，弧壁，平底，口沿两端有装饰性把手。大铜碟10件，高4.2厘米，口径20.9厘米。圆形，直口，弧壁，平底。小铜碟10件，高1.8厘米，口径9.6

图 8－22　圆形炉

厘米。圆形，弧壁，平底。铜盒 10 件，高 4.2 厘米，口径 15.4 厘米。圆形，直壁，折腹，平底。铜耳杯 10 件，高 2.2 厘米，口长径 10.8 厘米，口短径 10.1 厘米。整体呈椭圆形，弧壁，平底，在口沿的两侧有半月形耳①。这套造型简洁明快、精巧美观的系列组合餐饮具，不仅体现了战国时期齐国手工业的高度发达，而且也为追溯"十人为宴"的风俗源于齐地提供了有力的实物证据（图 8－23）。

作为照明用的青铜灯，是从战国时期开始发展起来的日常生活用具。造型独特，形象生动，富有生活气息，是战国时期各诸侯国青铜灯具艺术的共同特点。齐国青铜灯具常见的有人形灯、兽形灯、雁足灯、鸟柄灯、豆形灯、树形灯等样式。1957 年出土于山东诸城葛埠村、今藏于中国国家博物馆的战国人形青铜灯，堪称这一时期齐国青铜灯造型艺术的典范。该灯通高 23.9 厘米，盘径 11.5 厘米。灯的主体造

① 张连利、贾振国、徐龙国：《山东淄博文物精粹》，山东画报出版社 2002 年版，第 110 页。

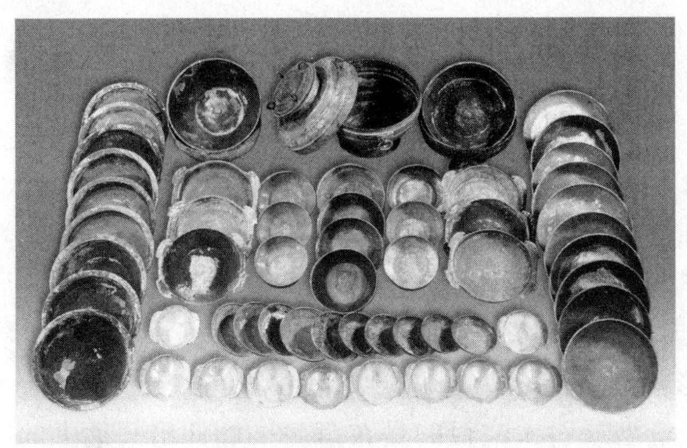

图 8-23　系列青铜餐具

型为一身着短衣的男子形象，左右手各持一灯盏。这名男子宽脸大嘴，双目圆睁，英勇干练，粗壮有力，俨然一副武士模样。他身着右衽短袍，腰束宽带，两臂展开，宽袖下垂，双手各擎一弯曲带叶竹节形盘柄，两足稳健有力地站在屈曲的蟠龙形圆盘上。整个人物的造型给人以敦厚朴实的美感。灯的设计者为方便灯盏的安装或随意拆卸，还巧妙地采用盏与柄为子母榫口插合的连接方式，构造十分精巧。为方便添油，还附有一件长柄铜勺。这件设计巧妙、造型新颖的人形铜灯，不仅反映了战国时期齐国精湛的造型设计艺术水平，同时也体现了齐人尚武的传统（图 8-24）。

图 8-24　人形灯

1992 年出土于临淄商王墓地、今藏于淄博市博物馆的战国青铜雁足灯，也是这一时期灯具艺术的精品。灯高 36 厘米，灯盘径 24 厘米，底座长 16 厘米，宽 11 厘米～13.7 厘米。总体造型为雁足形，直立的雁足形柄支撑于灯盘底一侧。灯盘为圆形凹槽，直口，浅槽，平底，内饰有三个锥形烛柱，便于固定蜡烛。盘底一侧的雁足形柄，雁足三趾向前，一趾在后，立于平面为梯形的灯座之上，底座上面还有阴刻“越陵夫人”四字。这件灯特别令人称道的是对雁足形柄的造型处理，作者以写实的艺术表现手法对膝部和足蹼进行了刻划，细致入微，十分逼真，使实用与审美得到完美的结合，体现出较高的审美价值。该墓地同时出土的一件青铜鸟形柄灯，造型同样精巧别致。灯通高13.2厘米，盘径16.6厘米。灯盘敞口，壁内弧，浅盘，平底略下凸，粗柄，中腰呈倒葫芦形隆起，圈足为喇叭形。盘中央有一锥形烛柱，用于蜡烛的固定。该灯造型最引人注目的是在盘底一侧伸出圆柄上的一只小鸟，低首引颈，口衔盘沿，双翅并拢，尾部上翘并呈扇形散开①。小鸟通体翎羽丰满，刻划精细，形神兼备，栩栩如生，巧妙地将实用与审美有机结合，给人以美的享受（图8－25）。

图8－25　鸟形柄灯

① 淄博市博物馆、齐故城博物馆：《临淄商王墓地》，齐鲁书社1997年版，第31页。

第三节　齐国青铜器装饰艺术

齐国不同历史时期的青铜器装饰艺术与青铜器艺术一样，也发生了明显的变化，并呈现出鲜明的地域特色。特别是春秋战国时期，由于金属细工得到充分发展，错金银、嵌松石、针刻、鎏金等新工艺的出现和不断完善，再加上模印法和失蜡法的广泛应用，不仅使齐国青铜器在装饰内容上更加丰富，而且使纹饰的构成形式也变化多样，给人以华美多变的视觉效果。有的精美华贵的纹样犹如美丽的锦缎一般，有的纹饰铸工之精、形之纤细几乎到了常人视力难以辨认的程度。自然生动的形象，繁缛复杂的纹饰结构以及精湛的装饰工艺，极大地丰富了齐国青铜器装饰艺术的效果，给人带来更多的艺术美感。

一、西周时期齐国青铜器装饰艺术

如同青铜器造型艺术一样，西周初期的齐国青铜器装饰艺术同样承袭了殷商后期的传统，风格上没有太多变化，这与当时的社会历史背景密切相关。即是说，朝代虽然更替了，但统治阶级用青铜礼器维护奴隶制尊卑贵贱统治秩序的根本目的并没有改变，所以在大环境没有改变的情况下，商代的许多纹饰在西周时期仍然使用。如商代晚期各种变化形式的兽面纹等纹饰，西周早期仍在使用。随后在继承商代纹饰的基础上，齐国青铜器则通过进一步的发展，发生了比较明显的变化，并逐渐形成自己的装饰风格。比如常见的兽面纹，与殷商时期相比，已基本摆脱了殷商那种规整威严的特征，逐渐向简化和富有图案意味的趋势发展，而且这种简化的趋势日趋明显。山东济阳刘台子西周墓出土的多件西周早期的齐国青铜器，可以明证这种装饰的发展趋势。这些器物的装饰与齐地商代晚期的器物装饰相比，已发生了明显变化，有的器物虽仍然使用前期的纹饰，但纹饰已变得较为简洁，有些器物甚至仅饰几周简朴的弦纹。另外，还出现了许多无纹饰的素面器物[①]。

到了西周中后期，纹饰更加简洁，殷商时写实性较强的兽面纹已发展成为抽象的装饰性图案。与此同时，这一时期兽面纹的局部变化也有所创新，如商代在兽面纹两侧配置的夔纹，这时多改为流行的鸟纹。商代晚期繁缛华丽的装饰风格，到西周中后期已变得简化朴实。多数器物往往使用简化分解的兽面纹或夔纹组成的条形纹带作装饰，有的器物还在纹饰的中心部位加饰一个凸出的兽头。特别一提的是，整个西周时期，在一般纹饰趋于简化的同时，只有鸟纹趋于华美。商代晚期常见的小鸟纹，到西周时改为回首、垂冠的大鸟纹。这种鸟纹的突出特征是拥有一个卷曲的长尾，因而使装饰效果更加突出[②]。无论山东济阳刘台子西周墓出土的西周早期的青铜鼎，还是山东沂源姑子坪周代墓出土的西周晚期的青铜鼎，从中可清晰地看出这种鸟纹变化的特征。从总体上来看，西周中后期的齐国青铜器装饰艺术已形成特有的纹饰特征，这时主要流行窃曲纹、环带纹、重环纹、垂鳞纹、凤鸟纹、龙纹、瓦纹等。当然，还有其他与之不同的纹饰。

窃曲纹，是西周中后期至春秋早期齐国青铜器的代表性纹饰之一。《吕氏春秋·适威》记有："周鼎有窃曲，状甚长，上下皆曲。"窃曲纹打破了商代纹饰以直线为主的特点和对称的格式，一般整体图形呈"S"形，最大特点是直中有圆，圆中有方。朱凤瀚先生根据窃曲纹的整体外形进行分类，共分为"S"形窃曲纹，"C"形窃曲纹、"S"与"C"形结合窃曲纹、"L"形窃曲纹和分解式窃曲纹几种样式[③]。张长寿、陈公柔等先生鉴于窃曲纹是由动物纹简变而来，遂据有无目纹将窃曲纹分为二型十式[④]。彭裕商先生根据窃曲纹的来源，将其划分为饕餮窃曲纹和龙纹窃曲纹二型十八式[⑤]。但总体上看，窃曲纹主要分为

---

① 山东省文物考古研究所：《山东济阳刘台子西周六号墓清理报告》，《文物》1996年第12期。

② 朱和平：《中国设计艺术史纲》，湖南美术出版社2003年版，第124页。

③ 朱凤瀚：《古代中国青铜器》，南开大学出版社1995年版，第397—399页。

④ 张长寿、陈公柔、王世民：《西周青铜器分期断代研究》，文物出版社1999年版，第182—193页。

⑤ 彭裕商：《西周青铜器年代综合研究》，巴蜀书社2003年版，第547—574页。

“S”形和“C”形两大类型。窃曲纹常在纹样中间饰以目纹，因此窃曲纹是由动物纹简化和演变而来。窃曲纹的变化形式较多，其纹样多构成反复的带状形式，通常装饰鼎、壶、簋、簠、盂、盘等器物。今藏于上海博物馆的西周晚期的齐巫姜簋，就是用窃曲纹装饰的齐国代表性器物。簋通高 18.4 厘米，口径 20.7 厘米。敛口鼓腹，盖缺失，腹部两侧各有一带珥的兽形耳，圈足下有三个兽形弯足。腹上部饰“S”形窃曲纹，中下部饰瓦纹，圈足外侧还饰有一周垂鳞纹。现藏于济南市博物馆的齐叔姬盘，也是用窃曲纹装饰的一件西周晚期的齐国之器。该盘通高 14.5 厘米，口径 46 厘米。口沿平折，双附耳，浅腹平底，矮圈足。腹饰一周窃曲纹，并间以凸起的涡纹，耳饰重环纹，圈足饰垂鳞纹一周。这些器物的装饰纹样充分反映了这一时期齐国青铜器的纹饰特征。

环带纹，是西周时期齐国青铜器最具有时代特色的一种纹饰，盛行于西周中后期和春秋早期。它的构成方式是以波线为基础，构成波浪形上下起伏的带状连续，即波线式二方连续纹样，因此又称波浪纹、波曲纹等。它的最大特点是形式优美，富有节奏感和韵律感。环带纹的表现手法通常是在波弧线中饰以上下颠倒的兽纹形象，连续反复，形成一条环带。环带纹多装饰在鼎、壶、盂、盘等器物的显著部位，成为主纹。1964 年出土于临淄齐国故城河崖头村、今藏于临淄齐国历史博物馆的西周晚期的青铜盂，就是以环带纹作为器物主要纹饰的代表。铜盂高 43.5 厘米，口径 62 厘米，重 35.5 公斤。侈口，深腹，圈足，腹部有两个对称的杵形把手。颈、腹及圈足饰四条窃曲纹、环带纹带，其中一条环带纹作为主纹饰于腹中部显要位置，线条直中有圆，圆中有方，给人以强烈的节奏感和秩序感①。整个纹饰浑厚质朴，简洁大方，流畅疏朗，与器形十分吻合。该铜盂器形大气厚重，是目前山东地区出土的西周时期同类器物中最大的一件（图 8－26）。同时出土于临淄齐故城河崖头村的一件造型精美的双龙把手簋，也是以环带纹

① 张越：《青铜盂》，《管子学刊》2001 年第 2 期。

图8－26 青铜盂

作为主纹装饰的代表性器物。簋的整体造型庄重沉稳，盖顶捉钮呈莲花瓣形，侈口束颈，鼓腹圈足，腹两侧各有一个造型生动、颇具威严的龙形把手。盖、腹均饰环带纹，纹饰质朴浑厚，舒畅通达，与器形相得益彰，尤其与“S”形龙形把手相互映衬，更加彰显出纹饰与造型之美（图8－27）。

重环纹，最早出现在西周中期，兴盛于西周晚期和春秋早期，是齐国青铜器的代表性纹饰之一。重环纹又称方形纹，以带状形式出现。它的构成形式是由一个近似长方形的纹样互相连接组成，一端为半圆弧形，另一端为内凹而呈两角。重环纹有一环、二环或三环构成，一个方向首尾相接成带状，或用大小不同的重环间隔连续组成①。重环纹

① 田自秉、吴淑生、田青：《中国纹样史》，高等教育出版社2003年版，第97页。

在青铜器上的表现形式是按照一定距离连续组成重环纹组，常用在鼎、簋、簠、盘、匜等器物的醒目位置，也用于器物的盖、耳、鋬、足等装饰。重环纹作为几何纹饰的一种，富有浓厚的抽象图案意味，具有极强的装饰性。总体上看，简朴大方是重环纹的主要风格特征。从齐地出土的大量西周晚期到春秋早期的齐国青铜器中，可以看到重环纹在这一时期的繁盛。重环纹从西周晚期到春秋早期在齐国盛行，直至战国中期，齐国也一直延续使用重环纹的传统，甚至到战国晚期仍保留这种传统①，这在其他诸侯国中极为少见。比如春秋早期的齐侯壶，春秋中期的龙耳簋，战国早期的禾簋，战国中期的陈侯午簋，战国晚期的铜镎，可以说是不同时期齐国青铜器运用重环纹装饰的代表。

图 8－27　双龙把手簋

垂鳞纹，盛行于西周后期和春秋时期，是这一阶段齐国青铜器作为器物装饰的一种代表性纹饰。垂鳞纹形似鱼鳞，有一层、两层或多层，作上下错位的覆盖构成，呈下垂状。为打破单调，单个造型元素的鳞片一般多勾双线，也有少数勾单线。垂鳞纹排列组合有序，给人以很强的秩序感和韵律感。垂鳞纹通常作为鼎、壶、罐等器物的腹部装饰，有时也作为器物的边饰应用。20 世纪 50 年代末，山东招远出土的一件西周晚期的齐国青铜壶，就是用垂鳞纹作为器物装饰的典型代表。壶通高 38. 2 厘米，腹径 24. 5 厘米，由 8 道垂鳞纹带作为主要纹

① 傅玥：《青铜器上的重环纹源流探析》，《云南民族大学学报》（哲学社会科学版）2010 年第 3 期。

饰，饰于壶体的显要位置[①]，给这件器物增添了极强的韵律美感。

需要特别指出的是，西周时期，齐国许多青铜器的纹饰并不是以单一的纹饰形式出现，而是出现了两种或多种纹饰并存的格局。有的器物环带纹和窃曲纹同饰于腹部；有的器物盖、腹饰窃曲纹，圈足饰重环纹；有的器物盖上的捉钮饰凤鸟纹，盖饰瓦纹和窃曲纹，腹上部饰窃曲纹，腹中、下部为瓦纹，圈足饰垂鳞纹；有的器物肩部饰变形夔龙纹，折肩处饰箭形几何纹，腹部饰三角形夔龙纹；还有的器物盖上饰垂幛纹，腹上部饰变形龙纹，腹中下部饰垂幛纹，其两侧为叶脉状的几何纹，圈足是朝右方向的“W”形几何纹。装饰手法复杂多变，丰富多彩。为了使器物的图案装饰更加多样化，通常采用不同的艺术表现手法，或对称，或虚实，或疏密，或纵横。这个时期齐国青铜器纹饰的一个显著特点，就是两种或多种纹饰并用，也就是两种或多种纹饰同时装饰在一件器物上。特别注重主次纹饰的运用，大都只用一种纹饰为主体，占据醒目位置，并且面积很大，其他纹饰则作为陪衬居次要位置，使其装饰风格特点更加鲜明。

铭文，是西周时期齐国青铜器的另一种装饰形式，也是青铜器装饰艺术的一个重要组成部分。铭文又称“金文”、“钟鼎文”，是指在青铜器上铸刻文字，是青铜器装饰艺术的重要表现形式之一。铭文有着悠久的历史，它始于商代前期，到殷商后期的青铜器上，铭文已比较常见。商代齐地出土的青铜器上的铭文多为一二字或三四字，也有十几字的铭文。一二字的多为族氏名（即族徽）或国族名，字数稍多一些的铭文，通常表现祭祀祖先的内容。西周时期的齐国青铜器铭文，一改商代齐地青铜器铭文简单的装饰，发展成为铭文繁多的装饰风格。这一时期的齐国青铜器，几十字的铭文装饰已很普遍。光绪二十二年（1896 年）出土于山东黄县、现藏于日本京都泉屋博古馆的一件西周时期的青铜甗，内壁铸有铭文 38 字。1983 年出土于山东龙口徐家村、今藏于龙口市博物馆的一件西周时期的青铜簋，腹内底部铸铭文

① 李步青、林仙庭、杨文玉：《山东招远出土西周青铜器》，《考古》1994 年第 4 期。

50 字[①]。2010 年山东高青陈庄西周遗址出土的五十余件齐国青铜器中，带铭文的就有近十件，其中两件铜簋上的铭文均长达七十余字[②]，充分反映了这一时期齐国青铜器铭文装饰的特征。不仅如此，这一时期铭文的内容也随之发生了一定的变化，主要有祭祀、赏赐、策命、征伐、纪功等内容，正所谓“国之大事，在祀与戎”（《左传·成公十三年》）。贵族的大事、重要事都要“书之竹帛，镂之金石，琢之盘盂，传遗后世子孙”（《墨子·非命下》）。《墨子·鲁问》载有：“攻其邻国，杀其民人，取其牛马、粟米、货财，则书之于竹帛，镂之于金石，以为铭于钟鼎，传遗后世子孙。”《礼记·祭统》也说：“铭者，论撰其先祖之有德善、功烈、勋劳、庆赏、声名，列于天下，而酌之祭器，自成其名焉，以祀其先祖者也。”从文献记载看，贵族在铜器上铸刻铭文，其主要目的就是称颂先祖的功德。高青陈庄西周遗址铜器上的铭文正是反映了这一方面的内容。

商代齐地青铜器上的铭文，从书法艺术角度看，具有雄劲有力、质朴自然、古朴典雅的艺术风格，装饰意味浓厚则是其鲜明的艺术特色。商代齐地出土的铭文铜器，从整体上看，铭文大多只有一二个字，通常采用图案形式，构成富有装饰意味的族徽图案，学术界又称之为“图画文字”、“文字画”、“族徽文字”。即使纯文字的铭文，其文字式样也极具图案意味。山东益都苏埠屯商代墓出土的大量“亚醜”铜器，其铭文构成形式，可以说是这种族徽图案样式的代表。由“亚”字构成方框，“醜”字安排在方框之内，体现出很强的图案化特征。从铭文书写的用笔和间架结构看，承袭了甲骨文的许多特点。如笔画的起笔和收笔常作首尾尖、中间粗状，有些笔画甚至被有意夸张，使尖者更尖，粗者更粗。行笔刚劲雄健，结体自由奇肆，章法上字与字、行与行之间的布局也极为洒脱。

西周时期齐国青铜器上的铭文，从书法艺术方面加以分析，无论是

① 马志敏：《山东省龙口市出土西周铜簋》，《文物》2004 年第 8 期。

② 山东省文物考古研究所：《山东高青陈庄西周遗址考古发掘获重大成果》，《中国文物报》2010 年 2 月 5 日第 9 版。

从笔画、结体、章法还是艺术风格来看，与殷商时期的齐地铭文相比都有很大不同。首先，从铭文的笔画看。西周早期的齐国铭文虽仍然保留着商代齐地铭文的某些特征，但铭文线条开始从细长到圆润、从粗细不匀到均匀工整的趋势发展，其书写点画相比商代齐地铭文细硬瘦长的线条形态发生了明显变化，变得圆转流畅、粗细均匀，又具有适度的装饰性。尤其是西周中晚期的齐国铭文，逐渐摆脱了商代齐地铭文的影响，形成了自己的风格特征。装饰性的笔画走向纯粹线条化，字形的象形意味也逐渐消失，线的表现力更加得以彰显，线条以圆曲为主，显得浑厚圆润，凝重自然。西周时期齐国铭文相比商代齐地铭文，已摆脱了图案化和工艺化的倾向，逐步走向独立，改变了商代齐地铭文装饰意味浓厚的书写特征，使书写风格发生了转变，开启了篆书的风尚。其次，从铭文的结体看。西周时期齐国铭文在结体上与商代齐地铭文相比已经发生了明显的变化。商代齐地铭文结体以长形为主，线条瘦硬细长，装饰意味浓厚，通常只有一二个字构成族徽样式的图案。相比商代齐地铭文，西周时期齐国铭文的结体在造型、结构以及线条等方面的特点更加鲜明。西周早期的齐国铭文结体由于受商代铭文的影响，字形大多表现为长形，图画痕迹浓厚。随着进一步的发展，特别是到了西周中晚期，齐国铭文字形更多地显现出圆的造型特点，从结体到线条都刻意强调圆形。这个时期齐国铭文在结体上的另一个特点，就是讲究文字的对称均衡排列，使构成文字的各个部分无论是对称还是不对称，都达到平衡和谐的效果，从而形成一个文字构架稳定、和谐美观的造型空间。此外，为避免结体过于严整呆板，除了通过结字的各部分参差错落排列之外，还采用屈曲圆转的线条增强韵律感，以此产生强烈的动感。这一时期的文字造型尽管没有完全摆脱图画的痕迹，但相比商代已经有了明显的进步。再次，从铭文的章法看。由于长篇铭文的出现，西周时期的齐国铭文相比商代齐地简略的铭文，有着更为广阔的书写空间。从整体上看，西周早期的齐国铭文在章法上具有纵成行、横不成列的特点。到了西周中后期，齐国铭文在章法上出现了规整化、秩序化的发展趋势，形成了横平竖直、字距和行距平均分布的格式。在注重规整化和秩序化的同时，更加注重字与字、行与行之间整体布局的美观得体。通过字距和行距的变化，使各个部分文字的空间关系处理得更加巧妙自然，体现出一种整体和谐统一的空间造型意识。最后，从铭文的艺术风格看。西周时期的齐国铭文主要呈现出端庄典雅和奇异恣肆两种风格。第一种风格主要是继承了商代铭文自由奇肆的特点而形成，反映了西周早期齐国铭文的精神风貌。另一种风格的形成主要是受礼乐文化的影响而发展起来。总体来看，趋于规范和放逸是西周时期齐国铭文风格的主要特征。趋于规范的艺术风格与周王朝制定的一套以等级化为核心的礼乐制度密切相关，同当时庄严肃穆的历史文化背景相一致。趋于放逸的艺术风格则是在商代齐地铭文风貌的基础上，经过齐国艺术家的不断探索，形成奇异恣肆的书法艺术风格。它代表了西周时期齐国铭文艺术的最高成就，集中展现了文字背后生命的律动和情感的张扬①，体现了书法艺术审美的最高境界。

二、春秋时期齐国青铜器装饰艺术

春秋时期齐国青铜器的装饰，早期主要是沿袭了西周晚期的装饰艺术风格，其纹饰与西周晚期相比基本一致，没有太多变化。西周时期常见的窃曲纹、环带纹、重环纹、垂鳞纹、凤鸟纹、瓦纹等仍然在这一时期的青铜器上普遍应用。比如1981年山东临朐泉头村出土的春秋早期的齐侯子行匜和寻仲盘，就代表了这个时期齐国青铜器的纹饰特征。齐侯子行匜通高21.5厘米，流至鋬长42厘米。器身呈瓢形，下有四只兽头蛇身扁足。口沿外壁饰窃曲纹，腹饰瓦纹，兽身饰重环纹。寻仲盘，通高14.5厘米，口径40.5厘米。折沿附耳，浅盘平底，圈足较高。耳饰重环纹，腹饰窃曲纹，圈足饰垂鳞纹②。再比如今藏于中国国家博物馆的齐侯壶，又称洹子孟姜壶，也是这一时期齐国青铜器纹饰的代表。壶为长颈，腹最大径偏下，矮圈足。双耳上饰扁角龙首，垂环饰重环纹。颈饰有波带纹，下加中间有目的窃曲纹，腹饰两

① 朱志荣、刘莉：《西周金文书法的审美特征》，《甘肃社会科学》2010年第3期。

② 临朐县文化馆、潍坊地区文物管理委员会：《山东临朐发现齐、鄩、曾诸国铜器》，《文物》1983年第12期。

图8－28 齐侯壶

重波带纹，足饰顾首夔纹[①]（图8－28）。从临淄齐故城出土的一批春秋早期的鼎、簋、匜、盘、壶等青铜器中，也可以看到窃曲纹、重环纹等纹饰大量应用的现象[②]。值得一提的是，这个时期的青铜器装饰还沿袭了前期多种纹饰并用、复杂多变的装饰手法。比如山东长清仙人台六号墓出土的一件青铜方壶，堪称这种装饰艺术手法的经典之作。壶通高63.5厘米，口长20.2厘米，宽15.5厘米。通体扁方，口微敞，长颈稍内束，鼓腹下垂，圈足。盖周边饰垂鳞纹，盖顶有两条盘绕的浅浮雕龙纹。颈饰环带纹，颈的两侧有一对浮雕凤鸟为耳，各有下垂的一索状圆环。一条宽带纹饰于颈腹之间。腹部为蟠龙纹。四面各有一龙首，其中前后腹为高浮雕的龙首，两侧的为浅浮雕。龙身盘绕卷曲，线条圆转流畅，尤其在卷曲的龙纹上再加刻阴线作为细部装饰，更增添了强烈的动感。圈足上部还饰有一周垂鳞纹[③]。这件器物的纹饰精美奇巧，华美多变，与器形浑然一体，充满了韵律和动感之美（图8－29）。

① 李学勤：《齐侯壶的年代与史事》，《中华文史论丛》2006年第2期。

② 齐国故城遗址博物馆、临淄区文物管理所：《山东临淄齐国故城西周墓》，《考古》1988年第1期。

③ 山东大学考古系：《山东长清县仙人台周代墓地》，《考古》1998年第9期。

图 8－29　青铜方壶

春秋早期的纹饰在继承传统纹饰的基础上，加以变化和发展，出现了新的纹饰——蟠螭纹与蟠虺纹。这两种纹饰是以没有角的龙和蟠曲的蛇而构成的几何图案，具有很强的抽象性和形式感，通常构成四方连续纹样，也有作二方连续进行排列，一般作为器物的主纹应用。蟠螭纹和蟠虺纹是这个时期青铜器纹饰中的一种新样式，打破了商代以单独适合为主和周代以带状连续为主的纹样结构，而呈四面伸展的四方连续图案组织。这种纹饰的流行与当时青铜器铸造工艺采用的模印装饰手法有密切关系，也与青铜器的大量生产有关。这种模印方法以设计好的单元图案模子连续压印而成，如同盖图章似的连续伸展，此种艺术风格的形成和发展就成为春秋战国时期纹样的主流。它既有商周纹样传统的基因，又有纹样更新的风貌①。这种四方连续形式的纹饰常施于器物的腹部、颈部或盖上，也有的通身施满，蟠曲回旋给人以浓厚的装饰意味和曲线美。采用这种形式的纹饰作为器物的装饰，比较典型的是长清仙人台六号墓出土的一件提梁小罐（图 8－30）。该件器物通体施满蟠虺纹，纹饰与造型显得十分吻合，具有强烈的装饰效果。

---

①　田自秉、吴淑生、田青：《中国纹样史》，高等教育出版社 2003 年版，第 114—115 页。

图8－30　提梁小罐

这种纹饰成为当时齐国青铜器装饰艺术的一种显著时代特征。

春秋中期，齐国青铜器的装饰艺术发生了比较明显的变化，主要表现为由早期粗糙简单向晚期精巧细密转化过渡的特征。这一时期除春秋早期的波曲纹、重环纹等仍继续使用之外，蟠螭纹、蟠虺纹这类纹饰在各种器形上被更为广泛地应用。纹饰风格趋向规整严谨的同时，构成上也趋向复杂化，尤其是用变体龙蛇纹构成的蟠螭纹和蟠虺纹，不像早期自由活泼富有曲线美，而是变得工整细密，并且多作重叠或交体结构，表现出一种秩序感和节奏感。比如现藏于北京故宫博物院的春秋中期的齐萦姬盘，上述安丘出土的齐侯盘，其纹饰与春秋早期相比，虽然有某些相似之处，但格局已发生了比较明显的变化，基本摆脱了早期粗略豪放的风格，更多地呈现出严谨工丽的特征。

到了春秋晚期，工艺技术日趋娴熟，模印铸造法应用广泛，这为各种连续结构的纹饰提供了技术条件，因而四方连续和二方连续的纹饰被普遍运用。在形式多样的纹饰中，蟠螭纹与蟠虺纹仍是这一时期的主要纹饰，但比早期组织结构更加复杂，大多变形缩小成极为细致精巧的造型相互交缠，排列成繁杂的四方连续纹样，有的图形缩小到只有用双勾细线来加以表示①。如临淄高阳村出土的一件春秋晚期造型别致的舟形器，腹部就饰有精巧细致的蟠虺纹，其铸造技术令人称赞。再如长清仙人台五号墓出土的春秋晚期早段的敦和舟，其盖与腹部均饰有细密精致

① 史仲文:《中国艺术史》(工艺美术卷)，河北人民出版社2006年版，第60页。

的蟠虺纹[①]，可见这种工丽细密风格的纹饰在当时非常流行。

龙纹也是这一时期齐国青铜器纹饰的主要题材之一。相比前期，龙纹的形式变得繁多丰富，优美华丽，最常见的有卷体龙纹和交体龙纹。卷体龙纹有单体和复合体两种，多作“S”形结构，通常是由一个单独纹样左右反复连续构成二方连续纹样或左右对称组成单独图案。山东海阳嘴子前村春秋墓出土的一件春秋晚期偏早阶段的青铜盂，可谓卷体龙纹装饰的经典之作。铜盂高37厘米，口径69.5厘米。大敞口，宽沿外折，深腹弧壁，大平底。腹上部饰有四只兽头大耳，兽头双耳，双目圆睁，张口呲牙，兽角变形为宽大的花冠，由镂空蟠螭纹构成对称图案[②]。特别是颈、腹部的四条富有动感的繁缛精密的双首龙纹饰带，好像给这件器物增添了巨大的活力。双首龙纹呈“S”形结构，由二方连续排列而成，龙纹线条屈曲圆转，浑厚圆润，具有强烈的动感和韵律感，再加上带凹孔的球状高乳钉分别作为龙纹的双眼和躯体中心的交接点，可谓画龙点睛，仿佛给龙体注入了极大的生命活力。交体龙纹的结构变化更加丰富，有作二方连续或四方连续排列的，也有左右对称的，还有缠绕而成兽面形的。总之，复杂多变，形式多样[③]。宋宣和五年（1123年），齐国故城临淄出土的一组齐叔夷镈，堪称交体龙纹作为器物装饰的典范。该镈与众不同之处，在于腔体两侧和中脊的扉棱由四条透雕交体龙纹构成，舞上的旋钮由繁缛的蟠龙纹组成，依形就势，生动自然。卷曲多变的龙体与器形浑然一体，给人以强烈的生命律动之感。

变体龙纹也是这一时期常见的纹饰题材，较之其他龙纹已发生了很大变化，造型高度概括简练，极为抽象，有些龙纹造型甚至简练到只用圆转流畅的线条来加以表现，难辨其原形，却不失龙的神韵。变体龙纹通常呈“S”形或“C”结构，或二方连续成带饰，或左右对称构成单独纹样。如海阳嘴子前春秋墓出土的钮钟和方壶，就采用了这

---

① 山东大学历史文化学院考古系：《长清仙人台五号墓发掘简报》，《文物》1998年第9期。
② 烟台市文物管理委员会等：《山东海阳县嘴子前春秋墓的发掘》，《考古》1996年第9期。
③ 史仲文：《中国艺术史》（工艺美术卷），河北人民出版社2006年版，第60页。

种结构形式和造型高度抽象的变体龙纹，龙体的所有细节被全部省略，简略到只有屈曲圆转的线条。龙体造型作涡卷翻转之状，好似翻腾的波浪，看去虽难辨龙的原形，但龙的神韵依然存在。

总的看来，春秋中晚期的齐国青铜器纹饰，其发展演变规律与中原及其他地区基本一致，是青铜器纹饰的大变革时期，呈现出一种前所未有的变化。它已基本摆脱了商周以来青铜器纹饰所承载的说明性和象征性功能，更多地是为了纯粹的装饰这一审美目的，因而繁缛复杂的纹饰结构以及精工华丽的装饰效果，给人们带来更多的美感。

春秋时期早期的齐国青铜器铭文更多地保留了西周晚期的风格，没有明显变化。到了春秋中晚期，随着各诸侯国政治、经济、文化等领域变革的加剧，社会经济的迅速发展，促成了文化艺术多元化的格局，这种多元化的繁荣景象自然也在各国的青铜器铭文上反映出来。齐国铭文无论线条、结体还是章法等方面，在继承传统的基础上都有较大程度的发展，并逐渐形成了自己的风格，特别是与其他诸侯国铭文相比，更加凸显出自己鲜明的艺术特色。

首先，从铭文的线条看。资料表明，自春秋中期，齐国铭文线条在继承传统的基础上，呈现出横平竖直、瘦削挺拔的发展趋势。具体来看，特点主要表现在以下几个方面：一是线条细密均匀，并逐渐变得瘦长。二是线条横平竖直，以直笔为主，曲笔为辅，转折处以圆转为主，但有向方折发展的趋势，整体感觉峻峭挺拔，似有骨立其中。三是线条末端毫芒尽显，状如悬针，有甲骨遗韵。这些特点在其他诸侯国铭文线条中是没有的，也是形成齐国铭文清瘦挺拔似有仙骨风貌的重要原因。清同治庚午年（1870 年）出土于山西荣河、现藏于中国国家博物馆的春秋中期的齐侯镈，就代表了这一时期铭文线条的风格特征。该镈所铸长达 175 字的铭文，其字形瘦长而工整，笔画横平竖直，挺拔秀丽，尽显线条风格。尤其到了春秋晚期，上述特征越发明显。比如河北易县出土的齐侯四器（鼎、敦、盘、匜）、河南孟津出土的齐侯盂，均是这一时期铭文风貌的典型代表。这些铭文不仅字体特征十分相似，很多字的结构完全一致，而且笔画的粗细及弯曲程度也极为近似。从整体上看，齐国铭文字形规整长方，笔画细劲挺拔，横平竖直，撇捺多迂曲，竖笔瘦削挺直，末端显露锋芒，给人以空灵剔透、简洁干练之感。相比燕国、三晋、楚国、秦国铭文，齐国铭文线条风格更加鲜明。

其次，从铭文的结体看。根据考古资料，春秋早期的齐国铭文结体已出现纵向取势、竖长结体的发展倾向，但由于这一时期铭文结体还不够规整，其特征并不明显，与西周晚期的铭文相比没有太多区别。到了春秋中期，纵向取势的结体特征已明确成为齐国铭文的发展方向，从春秋中期的齐侯镈可清晰地看出这种竖长结体的发展趋势。到了春秋晚期，规范化的结体特征则完全代表了齐国铭文的发展方向，例如春秋晚期的齐侯盂、叔夷镈、齐侯四器中的铭文就尽显竖长结体的特征，其字体规整长方，纵势特征明显，结体开阔大方。具体来看，细劲挺拔的线条是形成齐国铭文竖长结体的重要原因，其铭文挺直而修长的中轴竖笔对结体纵向延伸的特征起了关键作用。

再次，从铭文的章法看。春秋早期齐国铭文的章法主要呈现出竖成列而横不成行的特征，但有向横成行竖成列发展的趋势，字体大小主要依结体繁杂程度而发生变化。例如齐侯子行匜和寻仲盘中的铭文，都呈现出一种向横成行竖成列的布局方向发展的趋势，然而由于字体的大小不一致，最后只能保持竖成列的布局风格。到了春秋中期，横成行竖成列的特征已比较明显，但字体的大小仍然没有统一，因此布白参差不齐。这一时期齐国横成行竖成列的铭文数量已大大增加，铭文字体布局向规整化发展的趋势更加明显。如齐萦姬盘、齐侯盘都基本形成了横成行竖成列的布局风格，但字体的大小仍不够规整一致，这是因为结体取势的风格还没有成型而导致的，虽然行列成型，但仍不够规范。春秋晚期的齐国铭文，布局风格已趋于成熟，不但纵横交错，整齐划一，而且字体的大小也变得完全一致，留白适中，平整规范。比如叔夷钟、庚壶等布局都较为开阔，字与字之间的空隙均匀得体。需要特别一提的是，如上所述的一组叔夷镈，相比叔夷钟的行距，显得更为紧密，其长达 494 字的铭文，整体布局结构严谨规整，精致巧妙，堪称齐国铭文艺术中的典范，也是这一时期整个铭文艺术中的经典之作。

最后，从铭文的艺术风格看。春秋时期的齐国铭文，特别是从春秋中期以后，逐渐形成了两种艺术风格。一种为字形瘦长而工整，笔画流畅，竖笔往往长垂而迂曲，线条径直而锋芒毕露，结体均匀且严整端正，庄重典雅，显示出一种遒劲瘦削、清瘦高傲的风骨。比如齐侯四器、齐侯盂、叔夷钟的铭文就是这一风格的代表。另一种字形较方，笔画舒张，风格较为豪放，如国差罏、齐萦姬盘、洹子孟姜壶的铭文可属此种风格。上述两种风格的铭文相比，前者艺术加工的痕迹明显，后者则书写感较强。尤其是洹子孟姜壶中的铭文，无论是线条、结体还是章法，都显得随意自如，无拘无束，体现出浓厚的书法意味。整个铭文将稚拙与老辣、恣肆与稳健、粗放与含蓄完美地结合在一起，既有金文的凝重遒美，又有草书的流畅飞动，可算是金文书法中的神品，也是春秋时期尚意书风最成功的作品之一，可名副其实地称之为“金文中的草书”。概言之，线条、结体和章法是构成铭文艺术风格的三个基本元素，作为东周时期三大地域风格（即齐系、楚系、秦系）之一的齐系金文书法艺术①，表现出了一种不断创新的精神风貌，对此后我国书法艺术的发展起了巨大作用，并产生了深远影响。

三、战国时期齐国青铜器装饰艺术

战国时期是一个变革开放的时代，出现了史无前例的百花齐放、百家争鸣的灿烂文化景观。青铜器装饰艺术自然也不例外，各个诸侯国的青铜器装饰标新立异，争奇斗艳，形成了鲜明的地域特色和多样化的格局。作为战国七雄之冠的齐国，其雄厚的经济实力、宽容的文化政策，加上这一时期青铜器装饰工艺的快速发展，各种装饰工艺的娴熟运用，如金银错、嵌红铜、嵌绿松石、鎏金、线刻等技术，为创造精工细作、纹饰华美、流光溢彩的青铜器装饰艺术提供了先决条件。

① 朱志荣、李三达：《东周金文书法的审美特征》，《艺术百家》2009年第6期。

考古资料表明，战国早中期的齐国青铜器纹饰出现了两种截然不同的风格倾向。一种是在春秋晚期精细工丽的纹饰风格的基础上进一步向前推进，繁缛精细之风更加兴盛，除了沿用前代的蟠螭纹、蟠虺纹、夔纹等传统纹样之外，盛行各种变体的动物纹和结构多样的几何纹，常见的有虎纹、鹿纹、勾连云纹、三角云纹、变形雷纹、弦纹、绹索纹、乳钉纹等。另一种纹饰风格是在前期变革的基础上，素朴之风得到进一步发展，素面器物的比例进一步提高。从济南左家洼、山东长岛王沟东周墓群、山东诸城臧家庄战国墓出土的一批青铜器中，可以看出这个时期纹饰风格的两种不同发展倾向。济南左家洼出土的两件青铜鼎中的纹饰，可谓繁缛精细之风的代表。其中一件盖鼎，盖面、附耳外面及腹上部均饰规整严谨的蟠螭纹，三足上部饰饕餮纹；另一件青铜盖鼎，在盖面上饰两周工整细密的勾连云纹，腹上部的显要位置也饰一周同样风格的勾连云纹，另外在鼎的腹部中间饰有一条凸出的绹索纹，下部饰一周兽形纹，足部还有镂孔装饰①。山东诸城臧家庄战国墓出土的一批青铜器，更加充分展现了这种繁缛精细之风。这批铜器形制新颖，制作规整，花纹层次繁缛，细如毫发，有的纹饰铸工之精、形之纤细几乎到了常人难以审察的地步。特别是其中的两组编钟与编镈，不仅形体厚重，铸造规整，而且纹饰精美，精雕细刻，是这批青铜器中出类拔萃的精品②。山东栖霞杏家庄战国墓③、山东阳信西北村战国墓④、山东章丘绣惠女郎山战国墓出土的大量青铜器⑤，则体现出战国早中期齐国青铜器纹饰风格的另一种发展倾向，整个器物充满了素朴之风。在出土的大量鼎、敦、盘、豆、壶、匜、舟等器

① 济南市文化局文物处、历城区文化局：《山东济南市左家洼出土战国青铜器》，《考古》1995年第3期。

② 齐文涛：《概述近年来山东出土的商周青铜器》，《文物》1972年第5期。

③ 烟台市文物管理委员会、栖霞县文物事业管理处：《山东栖霞县占疃乡杏家庄战国墓清理简报》，《考古》1992年第1期。

④ 惠民地区文物普查队、阳信县文化馆：《山东阳信城关镇西北村战国墓器物陪葬坑清理简报》，《考古》1990年第3期。

⑤ 山东省文物考古研究所：《济青高级公路章丘工段考古发掘报告集》，齐鲁书社1993年版，第118页。

物中，素面的占了绝大多数，有些仅是简单的几何纹装饰，素朴之风成为装饰艺术的主流倾向。

由于这一时期装饰工艺取得了进一步的发展，齐国青铜器开始流行新的装饰手法，如金银错、嵌红铜、嵌绿松石等各种镶嵌手法的运用，并且已达到十分娴熟的程度，因而使纹饰的结构变化多样，给人以扑朔迷离的感觉，而且色彩华丽，令人目眩五色，从而大大丰富了青铜器装饰的视觉效果。山东长岛王沟东周墓群出土的两件战国早期的错红铜铜壶，充分反映了这种纹饰的表现特征。这两件青铜壶形制、纹饰相同，壶外壁通体有错铜纹饰，也就是在青铜壶壁上错以红铜。纹样自上而下分为五个纹样带。上起第一、二纹样带因锈蚀严重无法辨认；第三纹样带仅可见一兽体卷曲、尾上翘回卷的动物纹；第四纹样带由四组虎纹组成，每组为相向的两只虎纹构成；第五纹样带由三组鹿纹组成，每组为两只相向的鹿纹构成[①]。错铜工艺是战国早期的一项新技术，即以青铜为地，错以质地稍软的红铜或紫铜。长岛王沟出土的两件铜壶，其各种造型生动的变体动物纹所构成的带状纹饰都是由错红铜而形成，为这两件铜壶增添了强烈的装饰效果。

1964 年出土于临淄商王庄、今藏于山东省博物馆的一面战国时期的圆形嵌金银镶绿松石大铜镜，堪称这一时期青铜器装饰工艺的典型代表。铜镜直径 29.8 厘米，厚 0.7 厘米。这面铜镜背面的三环钮呈三角形立于镜缘，与一般在中心位置不同。镜的背面还嵌有绿松石和九枚银质的乳钉，镜中心置一枚，其余八枚分两层呈放射状分布于四周。乳钉的布置极为巧妙，在穿过圆心的四条等分线上，均可以找到三枚[②]。纹饰依乳钉分布为内外区组合，镜中心及内侧的四枚乳钉构成内区的纹饰，纹饰可分为四组，每组在方形的区域内饰相同的图案，主纹两侧饰卷云纹。外区的纹饰分为八组，与正对内区的四组纹饰相同，主纹由两只形体较大的变体鸟纹相对而立。其余部分为卷云纹[③]，在铜

---

① 烟台市文物管理委员会：《山东长岛王沟东周墓群》，《考古学报》1993 年第 1 期。

② 齐文涛：《概述近年来山东出土的商周青铜器》，《文物》1972 年第 5 期。

③ 王滨、许志光：《试论临淄商王墓地出土的战国铜镜》，《管子学刊》2004 年第 3 期。

镜的边缘还饰有一周卷云纹带。这面铜镜的装饰工艺极为复杂，是预先在母范上刻出花纹的凹槽，待器铸成后再在凹槽内嵌金丝，进行磨错，使金丝与铜器表面自然平滑[illegible]丝合缝的程度。另外在母范预刻的凹槽内再镶嵌绿松石和银质乳钉，从而形成黄、绿、白、青四种颜色交相辉映、绚丽多彩，繁缛复杂的纹饰结构和华丽多彩的装饰效果令人目不暇接。这面铜镜形体巨大，工艺精美，图案结构严谨，是中国古代艺术宝库中罕见的青铜镜珍品，充分显示出这个时期齐国青铜器装饰工艺的高超技艺（图8－31）。

图8－31　嵌金银镶绿松石铜镜

特别需要一提的是，战国时期的齐国青铜器装饰艺术还出现了一种崭新的表现手法，[illegible]术。线刻装饰工艺的出现，为这一时期齐国青铜器装饰艺术带[illegible]表现空间。以表现社会生活的人物画像纹，就是在这种装饰工艺的条件下产生的。人物画像纹的出现，具有划时代的意义。这种反映人们现实生活题材的画像纹饰，标志着传统纹饰中神秘主义已基本走到尽头[①]，正如朱凤瀚先生所说："所谓神的艺术已变为人的艺术，这些正是春秋战国之际人文主义空前活跃的时代精神的体现。"[②] 人物画像纹所表现的内容主要有乐舞、燕饮、采桑、渔猎、车马、攻战等。在纹饰题材方面，更多表现的是简洁而富有生活气息的人物、动物、植物等纹样。在表现手法上，以写实风格为主，所表现的人物大多采用写实手法，以简朴的线条传神地将人物的头饰、面部、动态表现得惟妙惟肖；对动物形象，注重从静态到动态的变化，使动物的神态更接近自然的形态，使之更加生动活泼[③]。描写现实人间生活的画像纹，最为典型的是长岛王沟东周墓群 M2 出土的一件战国早期的鎏金刻纹铜鉴。该铜鉴刻纹图像所描绘的是现实生活中乐舞燕饮和车马田猎的生动情景。画像纹自器物口沿向下至内底，分为三个纹带，纹带之间皆以简单的装饰线隔开。画像纹为针刻，线条连贯流畅，局部简刻为虚线。图像内多以斜线填充，而梅花鹿则刻圆圈以表示其斑，虎体刻波曲线则用来表示其纹。车幡、犬颈带、人头巾带皆作向后飘拂状，既表明方向，又富有动感。人与动物造型生动传神，加上鎏金的映衬效果，更增添了刻纹表现手法的艺术感染力。长岛王沟 M2 出土的鎏金铜鉴、铜匜，其刻纹图像与河南辉县琉璃阁出土的青铜壶中的狩猎纹、河南汲县山彪镇出土的青铜鉴中的水陆攻战纹相比，显得更为简洁明快，生动写实的风格更加突出，不像琉璃阁狩猎纹壶、山彪镇水陆攻战纹鉴的图像那样结构繁缛、严整规

① 毕经纬：《山东出土东周青铜礼容器研究》，陕西师范大学硕士学位论文，2009 年 5 月。
② 朱凤瀚：《古代中国青铜器》，南开大学出版社 1995 年版，第 411 页。
③ 张越、张要登：《齐国绘画艺术探索》，《山东社会科学》2011 年第 12 期。

矩，富于图案化[①]。不仅如此，山东平度东岳石村战国墓出土的一件战国早期的刻纹铜器残片[②]，其刻纹图像也突显出概括简练、生动写实的艺术风格，充分反映了这一时期齐地铜器刻纹画像艺术的共同风格特征。

尽管这个时期齐国青铜器的线刻画像纹的风格比较简朴，技巧也比较简单，不够精美华丽，但其是一种全新的创造，打破了以往传统纹样结构的既定模式，给人以全新的感觉。这种装饰艺术的出现，不仅为战国时期这一主题纹饰的发展开了先河，而且丰富了装饰纹样的内容和形式；同时，这种以造型艺术的手段来表现现实社会生活的方式，也为中国欣赏性绘画艺术的形成和独立迈出了重要一步[③]。

战国晚期的齐国青铜器装饰艺术延续了前期两种风格并存的格局，但总体上呈现出由盛而衰的倾向，青铜器装饰的素朴之风成为这一时期的主流风格，占据了主导地位。素面无纹器物的比例大幅度提高，有些器物仅见简单的弦纹、雷纹、几何纹等装饰。山东长清岗辛战国墓、临淄赵家徐姚战国墓出土的一批战国晚期的青铜器，如鼎、豆、壶、盘、匜、敦等，就充分反映了这种装饰的风格特征。但同时，繁缛华丽之风仍然盛行，甚至达到了极致。从规格较高的墓葬出土的青铜器中可以见到这种华丽精美的纹饰。如江苏涟水三里墩西汉墓出土的战国晚期的错金银嵌绿松石飞鸟壶、牺尊，错金银蟠龙纹鼎，镂空透雕蟠蛇纹铜架，透雕蟠螭纹铜镜等，就代表了这种纹饰风格。其中的一件错金银蟠龙纹鼎，通高 15.5 厘米。子母口，盖面隆起，双附耳，三矮蹄形足。盖上饰有三个对称的卧兽形钮。盖、腹均饰错金银纹饰。腹部纹饰可分为两组，中有凸棱纹一周相隔，凸棱纹以上包括双附耳均饰以错银云纹和三角云纹，凸棱纹以下饰有六组错银垂花卷云纹。盖上饰有错银的蟠龙纹，龙体遍饰鳞甲。在每两个兽形钮之间有相互交缠的双龙躯体，共六龙，首尾相衔，形象生动；盖中心为一

---

① 烟台市文物管理委员会：《山东长岛王沟东周墓群》，《考古学报》1993 年第 1 期。

② 中国科学院考古研究所山东发掘队：《山东平度东岳石村新石器时代遗址与战国墓》，《考古》1962 年第 10 期。

③ 史仲文：《中国艺术史》（工艺美术卷），河北人民出版社 2006 年版，第 61 页。

错金旋涡纹。整个鼎的装饰可谓繁缛精致、华丽优美。另一件错金银嵌绿松石飞鸟壶，通体饰有繁复的花纹。整个壶体纹饰由错银的蝠纹、斜方和三角云纹以及绿松石构成的粗大的锯齿纹和斜方格纹等组成，并杂以鎏银的圆泡。牺尊通体也饰以错金银的卷云纹等纹饰，并嵌有绿松石。颈部铸有项圈，项圈上饰鎏有金鼓泡[①]。江苏涟水这些青铜器上的纹饰是这个时期齐国青铜器繁缛华丽装饰风格的最好明证。

临淄商王墓地出土的两组编钟上的纹饰，更是把繁缛精细的装饰风格推向了极致。这两组战国晚期的编钟共14件，每组大小相次，形制和纹饰相同。钮、篆及枚间皆饰三角云纹和卷云纹，枚上铸旋纹，舞、钲和鼓部饰变体凤鸟纹，羽尾勾卷，突出钟面，凤羽之内填以细线纹和羽状重环纹以及圆圈纹。在钟腔内壁也有模印的卷云纹和凤鸟纹，纹饰清晰可辨，与钟面纹饰毫无二致，其细微之处不差秋毫（图8－32）。同时出土的一件椭圆形的铜镈，其纹饰更是充满了繁缛细密之风。这件铜镈表面包金，中上部饰宽带弦纹，并包银箍一周。除两个侧面刻划阴线重环纹外，前后两面皆饰对称的具有写实意味的浮雕龙凤纹图案。龙的造型张口露齿，身体弯曲，足趾粗壮锋利。凤的造型勾喙羽冠，羽翅伸展，尾上翘，两足站立，翅和羽毛都用非常细密的阴线加以刻划。龙凤目以墨精石为珠，显得极为有神；身体饰极细的弧线纹、圆点纹和重环纹，齿趾包银，形如钩镰。弯曲翻转的龙体和伸展散开的凤羽时隐时现，相互穿插，给人以强烈的动感[②]。需要特别指出的是，这个时期的齐国青铜器纹饰在保持繁缛细密特色的同时，还呈现出向写实性和绘画性发展的趋势。这一趋势在临淄商王墓地出土的一件错金银铜盒纹饰中体现得格外清晰。器物上，龙的形象弯曲翻转，形如腾云；双鹿一跪一立，两角相抵；三虎形象张口而啸作卧伏状；两凤张喙而鸣，振翅欲飞。整个画面龙腾凤舞，颇具动感，尤其对鹿和虎的刻划，体现出较强的写实性和绘画性。“用笔”简练概括，极为生动[③]

---

① 南京博物院：《江苏涟水三里墩西汉墓》，《考古》1973年第2期。

② 淄博市博物馆、齐故城博物馆：《临淄商王墓地》，齐鲁书社1997年版，第24—26页。

③ 张越、张要登：《齐国绘画艺术探索》，《山东社会科学》2011年第12期。

图 8－32　编钟花纹摹本

（图 8－33）。

纵观各个历史时期的齐国青铜器，无论是不拘一格的造型艺术、丰富多变的装饰艺术，还是自成体系的铭文艺术，都充分体现了齐国青铜艺术的成就，并呈现出鲜明的地域特色。特别是春秋战国时期的齐国青铜器，其地域特色和艺术风格表现得尤为突出。大量出土的齐国青铜器，以广泛的题材内容、不拘一格的造型观念、丰富多样的表现手法以及兼容并包的文化观，为后世了解齐国青铜器的发展历史与艺术风格提供了极为重要的实物资料。丰富多彩的齐国青铜艺术，作为中华青铜文化的重要组成部分，为丰富和发展我国的青铜文化作出了重要贡献。尤其是独具特色的齐国铭文艺术，作为东周三大地域风格之一的金文书法艺术，对我国书法艺术的发展贡献巨大，影响中国书法艺术创新与实践长达二千多年，在中国古代金文书法史上占有极为重要的

图 8－33　错金银铜盒

地位。因此，深入探究齐国青铜器造型和装饰艺术及其特色，不仅对构建一部完整的中国青铜文化发展史有重要的学术价值，同时也对提高我国现代艺术设计水平有极为重要的借鉴作用。

第九章　齐国青铜铸造工艺

齐国青铜铸造工艺是继彩陶、黑陶工艺之后的又一辉煌成就。早在四千多年前的龙山文化时期，齐地先民就已经发明并掌握了冶铜技术，开启了人工冶铜铸造的历史。青铜铸造工艺的出现对人类社会的发展具有划时代的意义，是人类社会进入文明时代的重要标志之一。现代历史学家和考古学家普遍认为，除早期城市的建立和文字的产生外，进入文明时代的另一个重要标志就是金属冶炼的发明[①]。金属的发现和使用，又以铜的冶炼和铸造为最早[②]。因此，对先齐时期和齐国青铜铸造工艺以及成就进行深入探究，不仅对构建一部完整的中国青铜文化史有重要的学术价值，而且对我国现代金属冶铸工艺技术的创新与实践也有一定的借鉴意义。

第一节　先齐时期齐地青铜铸造工艺

齐地冶铜历史源远流长。有学者认为，文献中齐人祖先、东夷部落首领“蚩尤作兵”的记载，其中的兵器应是青铜制品[③]。20 世纪 50 年代末，在大汶口文化晚期的一座成年男女合葬墓中出土了一件带有孔雀绿色的骨凿，这件骨凿经中国科学院地质研究所化验，含铜量为

① 夏鼐：《中国文明的起源》，《文物》1985 年第 8 期。

② 杜廼松：《古代青铜器》，文物出版社 2005 年版，第 20 页。

③ 唐兰：《中国青铜器的起源与发展》，《故宫博物院院刊》1979 年第 1 期。

0.099%，证明为铜质所污染。该墓保存完好，没有被盗迹象，这一时期是否已有铜器，值得研究[①]。这一发现与蚩尤发明冶铸青铜制造兵器的文献记载在年代上基本吻合，属大汶口文化晚期。到龙山文化时期，齐地对铜器的使用已比较普遍。如山东栖霞杨家圈龙山文化遗址出土的一件残铜条，表明当时人们已经发明和使用铜一类的金属器具[②]。龙山文化时期，先齐地区还有两处重要的黄铜发现。一是在山东长岛店子村龙山文化遗址中出土的一枚圆形铜片，后经中国科学院考古研究所化验鉴定确认为黄铜[③]。黄铜是铜锌合金，比起红铜、青铜技术难度更大。另一是在山东胶州三里河龙山文化遗址发现的两件铜锥形器[④]，经测定是含锌量为23.2%的黄铜锥。这两件黄铜器均为铸造而成，成分中含有铁、铅、锡、硫等杂质，特别是具有一定量的硫，说明所用原料不纯，熔炼方法也比较原始[⑤]。这些铜器是迄今为止中国最早的黄铜制品之一，比欧洲最早出现的黄铜（罗马帝国钱币）要早二千多年[⑥]，在世界冶金史上可说是一大贡献。冶炼金属锌要比冶炼铜、铁、锡等困难得多，从现有资料看，在我国出现较多的黄铜制品是在宋、明以后[⑦]。为了探索中国古代早期铜器中黄铜制品出现的可能性，北京钢铁学院冶金史组的学者们做了大量冶炼金属锌的实验。科学实验表明，龙山文化时期烧制陶器的温度可达950℃~1050℃[⑧]，为冶炼黄铜提供了所必需的高温条件和还原气氛。同时，潍坊、烟台等地区用于冶炼黄铜的铜锌或铜铅锌共生矿的资源十分丰富，为先齐时期齐地黄

① 山东省文物管理处、济南市博物馆：《大汶口——新石器时代墓葬发掘报告》，文物出版社1974年版，第124页。

② 山东省文物考古研究所、北京大学考古实习队：《山东栖霞杨家圈遗址发掘简报》，《史前研究》1984年第3期。

③ 宋承钧、史明：《胶东史前文化与莱夷的历史贡献》，《东岳论丛》1984年第1期。

④ 昌潍地区艺术馆、考古研究所山东队：《山东胶县三里河遗址发掘简报》，《考古》1977年第4期。

⑤ 北京钢铁学院冶金史组：《中国早期铜器的初步研究》，《考古学报》1981年第3期。

⑥ 宋承钧、史明：《胶东史前文化与莱夷的历史贡献》，《东岳论丛》1984年第1期。

⑦ 杜迺松：《中国青铜器发展史》，紫禁城出版社1995年版，第6页。

⑧ 周仁、张福康、郑永圃：《我国黄河流域新石器时代和殷周时代制陶工艺的科学总结》，《考古学报》1964年第1期。

铜冶炼提供了可靠的矿源。模拟实验证实，用铜锌共生矿还原可以得到黄铜。这说明在龙山文化时期，先齐地区冶炼黄铜是完全可能实现的[①]。齐地龙山文化时期黄铜器的出土，表明先齐地区先民已经掌握了较为先进的冶铜技术。

青铜通常是指铜、锡、铅的合金，而先齐地区真正意义上的青铜铸造是在岳石文化时期。山东牟平照格庄、益都郝家庄、泗水尹家城等遗址中均有岳石文化时期的铜器遗存，其范围遍及整个岳石文化的分布区域。山东牟平照格庄遗址岳石文化层中出土了一件铜锥，该铜锥长6.2厘米，直径0.5厘米。尖锋利，剖面近三棱形。表面锈蚀较重，经化验鉴定为青铜[②]。泗水尹家城遗址岳石文化层也出土了各类小件铜器14件，器类有双翼铜镞、方体斜刀凿、方体斜刃铜凿和斜长刃铜刀、三棱形铜锥、镯形铜环等[③]。由此可见，岳石文化中青铜工具的出现已经不是孤证。因此，岳石文化应该是属于青铜时代的文化[④]。这说明岳石文化时期先齐地区青铜器已普遍出现，此时的先齐地区已经进入早期的青铜时代。从铸造工艺看，中国早期的青铜文化，如齐家文化、夏家店下层文化、二里头文化、火烧沟文化出土的青铜器，绝大多数是由铸造而成的[⑤]。其中，齐家文化经检验的25件铜器中，仅发现一件铜锥是热锻成形的红铜器；火烧沟文化经检验的66件铜器中，只有4件是锻件，其余都是铸件；而齐地岳石文化经检验的9件铜器中，有6件是经过加工的。这表明岳石文化时期，先齐地区在铜器铸造技术上与其他地域相比，有明显的独到之处[⑥]。岳石文化时期的齐地青铜铸造工艺，在以后的齐国青铜铸造工艺发展过程中具有承上启下的作用。

---

① 北京钢铁学院冶金史组：《中国早期铜器的初步研究》，《考古学报》1981年第3期。

② 中国社会科学院考古研究所山东队、烟台市文物管理委员会：《山东牟平照格庄遗址》，《考古学报》1986年第4期。

③ 山东大学历史系考古专业教研室：《泗水尹家城》，文物出版社1990年版，第202—204页。

④ 中国社会科学院考古研究所山东队、烟台市文物管理委员会：《山东牟平照格庄遗址》，《考古学报》1986年第4期。

⑤ 北京钢铁学院冶金史组：《中国早期铜器的初步研究》，《考古学报》1981年第3期。

⑥ 山东大学历史系考古专业教研室：《泗水尹家城》，文物出版社1990年版，第358页。

大量出土资料表明，商代先齐地区青铜铸造工艺已达到较高的发展水平。从地域范围看，仅20世纪50~70年代初，发现青铜器的地区就有山东海阳尚都村、惠民兰家村、益都苏埠屯、临淄褚家、济南大辛庄、长清小屯等地[①]，发现商代青铜器的地点几乎遍及先齐地域。从青铜器的种类看，涵盖了鼎、鬲、爵、觚、甗、簋、觯、斝、尊、盉等礼器，钺、戈、镞、矛、刀、弓形器等兵器，铙、铃等乐器，还有斧、锛、凿、削等工具和车马器等。种类齐全的商代齐地青铜器，充分说明了这一时期齐地的青铜铸造工艺是一个较为发达的历史时期。从青铜器的出土数量来看，益都苏埠屯商代墓M8出土的青铜容器有18件、青铜乐器11件、青铜兵器234件，此外还有工具杂器28件[②]。一座墓葬能出土如此数量的青铜器，足见商代齐地青铜铸造工艺之发达。20世纪60年代中期，山东益都苏埠屯出土的两件商代晚期的青铜钺，可以证明这一时期齐地青铜铸造工艺的发展水平。两件青铜钺形体巨大，造型奇特。一件长31.7厘米，宽35.7厘米；另一件长32.7厘米，宽34.5厘米[③]。该铜钺以透雕和浮雕的手法表现人物张口呲牙、双目圆睁、面目狰狞的人面形象。人面造型以凸起的月牙形镂空为眉，两个对称凸起的圆形镂孔为睛，浮雕的耳廓内有两个椭圆形镂孔，鼻子的造型为浮雕的变形图案，钺两侧的扉棱由左右对称的镂空曲尺形构成（图9-1）。这一时期能铸造出雕镂结构如此复杂的青铜器，充分反映出商代齐地青铜铸造工艺水平已经达到了较高的地步。

根据大量商代齐地出土的青铜器，我们对商代齐地青铜铸造工艺有了一个比较系统的了解。正如《荀子·强国》所说的"刑范正，金锡美，工冶巧，火齐得"，生动而又简练地描述了青铜器铸造的先决条件。郭宝钧先生对复原古代冶铜和青铜器铸造工艺进行了反复的研究探索，在这方面成为奠基性的研究。他认为古代青铜冶炼技术一般分为三个步骤：首先是选矿。在炼矿前，先选择那些杂质少、铜质好的

① 齐文涛：《概述近年来山东出土的商周青铜器》，《文物》1972年第5期。

② 曹艳芳：《山东出土商代青铜器研究》，山东大学博士学位论文，2006年，第39—40页。

③ 山东省博物馆：《山东益都苏埠屯第一号奴隶殉葬墓》，《文物》1972年第8期。

图 9－1　青铜钺拓片

铜矿石，以备熔炼。其次是初炼。对选择好的铜矿石进行破碎，然后与燃剂木炭一起放入坩埚或炼炉内。为使矿石熔化，要在坩埚或炼炉内外同时点火，并用吹管鼓风助燃，使温度提高。待铜矿石熔化后，将汁液倒出，弃去炼渣。铜液凝固后，成为铜锭。再次就是提炼和加锡。把铜锭再放入坩埚或炼炉内，进行提炼。经过提炼后，杂质更少，铜质更纯。如果要铸造某种器物，可根据不同器物的制作要求，加入一定比例的锡等金属①。冶炼工作完成后，就进入了铸造程序。

铸造青铜器的几个主要步骤是：第一，制范。通常是将拟铸器形先用泥土做样作为初胎，即做模，它是制范的基础。这种陶模又称为母型。为了使铜器上出现平雕或凸雕的花纹，在制模时必须先在模上画好花纹，花纹的凹入部分用刀雕刻出来，凸起部分用泥做好后再加贴上去。陶模做好后，就可制范。铸造铜器的模一般用泥做，个别用石质。如山东长清仙人台遗址就出土了一件西周时期的石铸范，该铸范残长 6.4 厘米，宽 7.6 厘米，由沉积页岩磨制而成。铸范断面为半圆形，中心有凹入的楔形范隙，表面有清晰的绳索捆绑痕迹，顶部残失②。第二，翻范。将筛细过的泥土调制和匀，拍打成平片按捺在陶模的外部，用力压紧，使陶模上的纹饰反印在泥片上，等泥片半干后，

① 杜廼松：《古代青铜器》，文物出版社 2005 年版，第 205 页。

② 山东大学考古系：《山东长清县仙人台遗址发掘简报》，《考古》1998 年第 9 期。

将其划成若干块。划开时主要按耳、足、角、边或中线等处，用刀划整齐，把每相邻的两片做成三角形的榫卯，以便密切吻合。划下来的每一泥片，等慢慢阴干或用微火烘干，再合成一个外腔，即成为所要铸造器物的外范。外范又称为“铸型”。从制范的材质看，石范在铸造器形复杂、花纹精细的器物时，其铸造效果明显不如陶范，但在就近取材、反复使用方面，其效率要高于陶范。第三，合范。外范做成后，通常要在外范中心加一泥芯，作为内范。内范须稍小于外范，一般是将原来的泥模外表刮去一层，成为内范。外范与内范之间的空隙用作浇注铜液。两者的间隔也就是所要制作器物的厚度。常常在内、外范之间设置土支钉或子母榫眼相扣，以固定内、外范之间的距离，保证器壁厚薄均匀。第四，浇铸。在浇铸前，为了防止灌浇铜液时产生很大的张力而将拼好的范崩开，一般使用泥土围填外范，起到加固的作用，并留有浇灌孔和通气孔。为了避免出现铜液过早冷隔的现象，通常浇灌孔不止一个[①]。

总体上看，商代齐地青铜器铸造技术主要体现在一次性浇铸成型上，这也是商代齐地青铜铸造工艺的主要特点。从齐地出土的大量商代青铜器中，可清晰地看出这一时期青铜铸造工艺的特征。除少数器形复杂的器物采用分铸法以外，绝大多数都是采用一次性成型的铸造方法。如益都苏埠屯、桓台史家遗址、寿光益都侯城出土的大量商代青铜器，其中的鼎、簋、觚、鬲、觯、尊、钺、戈等器物都是一次性浇铸成型。尤其是如上所述的益都苏埠屯出土的两件青铜钺兵器，其巨大的形体、奇特的造型给人以浑然天成、庄严厚重之美，充分体现出商代齐地高超的青铜铸造技艺。商代齐地青铜器的一个显著特点是铜胎厚重，整体性强，不易分裂，浑厚凝重，器体与所附的耳、足、鋬等构件通常是一次铸成，浑然一体。这一时期齐地青铜器之所以采用一次性成型的铸造方法，大概是受当时铸造工艺水平的制约，还无法做到母范的重复使用，只能一模做一范，一范铸造一器。

① 郭宝钧：《中国青铜器时代》，生活·读书·新知三联书店1963年版，第9—10页。

第二节　齐国青铜铸造工艺与成就

齐国是西周王朝建立后所封异姓诸侯国中最显赫的一个东方大国。与西周王朝重农不同，姜太公封齐伊始，便因地制宜地制定了一系列发展工商业为主的方针政策，农业经济与工商贸易同步发展，不仅使齐国国力日渐强盛，也使齐国的手工业得到了迅速发展，更把齐国的青铜铸造工艺推向了一个新的发展阶段。

一、西周时期齐国青铜铸造工艺与成就

西周早期的齐国青铜铸造工艺，在承袭商代传统铸造工艺的基础上，吸收与融合了其他地域的铸造技术，其铸造工艺有了进一步的发展。从铸造工艺的发展水平看，最为明显的技术进步是焊接法的出现和分铸法的较多应用。铸焊技术来自铸补工艺，无论何种铜器，都有可能因为铸造缺陷或者在使用过程中发生损坏而需要铸补，因此，铸补技术是青铜器铸造工艺中最基本的技术之一。铸焊工艺是在铸补的基础上逐渐发展起来的，它们之间有着非常密切的渊源关系。铸焊工艺也是西周早期齐国在铸造青铜器时经常使用的一项技术，比如在制作铜甗时，处理腹壁与挂箅铜钩的连接就广泛采用了铸焊技术[①]。分铸法的较多使用是西周早期齐国铸造工艺的一大进步，也成为这一时期齐国青铜器铸造工艺的一个显著特征。尽管分铸法在商代就已经发明，但这种方法在当时只用于铸造形制比较复杂的青铜器的局部[②]。西周时期则不同，齐国绝大部分青铜器的附件都采用了这种方法，如器的耳、足等都是由分铸法铸成。分铸法是指青铜器的主体部分单铸，足、耳等附件独立铸造，然后经过焊接或嵌铸把主体与附件合成一件完整的器物。这种铸造技术的应用，一方面使得器形复杂的青铜器铸造得以

① 金正耀:《中国先秦铸焊技术的源流与特征》,《东方考古研究通讯》2006年第7期。
② 史仲文:《中国艺术史》(工艺美术卷)，河北人民出版社2006年版，第45页。

实现，另一方面也使制范变得更为容易，同样的材料，器体可以制作得更薄、更精致、更宏大，更加彰显这种铸造工艺的优点。

山东济阳刘台子西周墓出土的一批西周早期的青铜器，可以说集中反映了这一时期齐国青铜铸造工艺的水平。其中一件铜盉，通高19.1厘米，口径10厘米，腹深10.2厘米。盉盖隆起，上有桥形钮，束颈鼓腹，管状流，牛首形鋬，柱状足。盉束颈鼓腹，管状流，三只柱状足，鋬呈牛首形，浑圆形盖，盖上有桥形钮。盖身由两节链环相连。这件盉的主体部分与盖、足、鋬等均由分铸法铸成，连接盖与器身的两节链环、管状流则是运用铸焊工艺铸成。该墓同时出土的簋、盘、卣等器物，其中的耳、足、提梁等附件都是先铸成，器身单独铸造，然后采用焊接与嵌铸工艺使其合成一件完整的器物。这些器物的出土，充分反映了西周早期齐国青铜器铸造工艺的基本特征。如果说上述青铜器反映了这一时期的铸造工艺特点，那么刘台子西周墓出土的一件西周早期的青铜方鼎则体现了这一时期铸造工艺水平。该鼎通高20.4厘米，口径14.9厘米×11.6厘米，腹深10厘米。器口呈长方形，方唇，直口，桥形直耳外侧饰两道等距离凹槽。束颈，圜底，四足为象鼻状。器身四角和中央有八条扉棱，扉棱之间饰有凤鸟纹，凤鸟高冠，勾喙，圆眼，体态丰满，长尾上勾下卷。特别是鼎足的铸法极具特点，是以腹部角棱和足为中轴铸成象首形。象首中一对短牙向外凸出，长鼻上卷形成一个透空的圆孔，鼻孔张开，四只象首形鼎足造型生动、形象逼真。鼎的纹饰集平雕、浮雕和圆雕三种技法于一身①。这件方鼎造型精巧，纹饰华丽，铸造精良，无论从范模制作的精细程度还是从铸造工艺水平看，相比商代都有了明显的进步。该器同时又不失商代青铜器质地精良、浑厚凝重的特点，充分说明西周时期齐国青铜铸造工艺与商代齐地铸造工艺有着明显的传承关系。刘台子西周墓出土的青铜器表明，齐国的青铜铸造工艺在西周早期，主体上还是保持了商代青铜范铸的基本方法，但在此基础上又有明显的技术

① 山东省文物考古研究所：《山东济阳刘台子西周六号墓清理报告》，《文物》1996年第12期。

创新与发展。分铸法与焊接法的应用，是这一时期典型的铸造工艺特征。

西周中期，随着焊接技术的不断成熟、分铸法的不断应用，齐国青铜铸造工艺水平有了进一步提高。尤其是对于造型精美器物的铸造，有了长足进步。20 世纪 80 年代初期，陕西岐山祝家庄出土的西周中期的齐生鲁方彝盖，就代表了这一时期齐国青铜器铸造工艺的水平。盖高 29 厘米，口横 31.5 厘米，口纵 16 厘米，重 8.5 公斤。盖的造型似庑殿形屋顶，下有子口，盖与钮上均有扉棱，四坡均饰鸟纹和饕餮纹①。方彝仅存器盖，不见器体，因而无法得知具体的整体形制。仅从这件高达 29 厘米、重 8.5 公斤的器盖来看，可推测该方彝的整体器形具有形体巨大、气势宏伟、浑厚凝重的特征。从这件盖的铸造工艺来看，盖与器体分铸无疑。铸造如此精美的器物，对制范的精密程度要求之高可想而知。其盖造型之精美、结构之复杂、层次之丰富，若不具备高度的铸造工艺技术水平则难以铸造完成。山东高青陈庄西周遗址出土的 50 余件西周时期的青铜器，可以说集中反映了这一时期齐国青铜铸造工艺的水平。其中一件青铜盉，高 18.5 厘米，口径 11 厘米。覆钵式盖，盖顶中心部位及靠把手一侧各有一环形钮。侈口，矮直颈，扁鼓腹，平底，四个柱状足。足横截面呈半椭圆形。圆管状流上扬，管内有红褐色的内范。环形状把手上部饰浅浮雕兽首，底部有方形的合范脊线②。从出土的这批青铜器看，器中的绝大部分附件如盖、耳、足、钮等均为分铸法铸造而成，有些器物的耳、足等还采用了焊接的方法。20 世纪 50 年代末，山东招远出土的两件西周中期的齐中簋③，其造型精美的器身与双耳、三足也是由分铸法铸造而成，然后再嵌铸、焊接成一个整体。

西周晚期，齐国青铜铸造工艺有了明显的进步，主要表现为分铸法较为普遍应用、焊接技术日趋成熟。20 世纪 80 年代中期，临淄齐国

① 祁建业：《岐山县博物馆近几年来征集的商周青铜器》，《考古与文物》1984 年第 5 期。
② 山东省文物考古研究所：《山东高青县陈庄西周遗存发掘简报》，《考古》2011 年第 2 期。
③ 李步青、林仙庭、杨文玉：《山东招远出土西周青铜器》，《考古》1994 年第 4 期。

故城西周墓出土的两件西周晚期的青铜簋，充分体现了这种铸造工艺的特点。这两件簋的形制大小一致，子母敛口，鼓腹，兽首附耳，带盖，盖顶部有圆形捉钮，圈足。圈足下还有三个半圆形小足①。这两件簋的盖由四块外范和一块顶范相组合一次浇铸而成，浇铸口、排气口都在捉钮顶端。器身分两次浇铸而成，双耳先铸成，然后与四块外范和一块底范相组合倒置浇铸，范线位于腹部双耳和双耳之间的中心部位。浇铸口、排气口均在圈足端（图 9－2）。1981 年山东临朐泉头村出土的两件西周晚期的齐国青铜簠，也充分反映出这种铸造工艺的特

图 9－2　青铜簋

① 齐国故城遗址博物馆、临淄区文物管理所：《山东临淄齐国故城西周墓》，《考古》1988 年第 1 期。

点。两件青铜簠形制基本相同，整体呈长方形，器与盖造型相近，斜腹，平底，长方形圈足，四边中心部位各有一凹缺。腹两侧各有兽形环耳一对①。盖与器身均分两次浇铸，先将两兽耳单独铸成，然后再与四块腹外范和一块底范相组合浇成，范线都在腹、底的棱角处。浇铸口、排气口都在足端。这两件簋和两件簠的铸造工艺均采用分铸与焊接相结合的技术方法，充分反映了这一时期齐国青铜器铸造工艺的显著特征。

与齐国相邻地区出土的青铜器，从另一个侧面反映了西周晚期齐国青铜铸造工艺的水平。西周时期，齐国包括其他周边地区在文化艺术方面更多表现出共性的特征。山东沂源姑子坪遗址出土的多件西周晚期的青铜器，足可以印证当时齐国精湛的青铜铸造工艺水平。其中最引人注目的是一件青铜盘，虽然该盘的基本形制与同时期常见的样式大致相同，但令人称奇的是在双耳之上各有一卧兽，双耳间各附纵向的一条夔龙，圈足下又以三个裸体人为足。双耳、夔龙等附件都是先铸成，然后与四块腹范和一块底范组合倒浇而成。范线清晰可辨②。虽然带有夔龙、裸人足或是耳上带有卧兽的盘，在山东曲阜鲁故城乙组墓、陕西扶风齐家村铜器窖藏以及山东滕州后荆沟周墓中都曾有过出土，但似这件集夔龙、卧兽、裸人于一体而且造型奇特、形体巨大、铸造精致的青铜盘实属罕见③。这件青铜盘的出土，为我们了解西周晚期齐国青铜铸造工艺水平提供了有力佐证。

总体来看，西周时期的齐国青铜铸造工艺，在继承商代青铜铸造工艺的基础上，进一步发展并提高了分铸与焊接技术，使齐国青铜器铸造从造型简朴、结构简单向器形精美、结构复杂而推进。西周时期的齐国青铜铸造工艺与成就构成了中国青铜铸造工艺发展史上不可或缺的重要一环。

---

① 临朐县文化馆、潍坊地区文物管理委员会：《山东临朐发现齐、鄩、曾诸国铜器》，《文物》1983年第12期。

② 山东大学考古系、淄博市文物局等：《山东沂源县姑子坪周代墓葬》，《考古》2003年第1期。

③ 任相宏：《山东沂源县姑子坪周代遗存相关问题探讨》，《考古》2003年第1期。

二、春秋时期齐国青铜铸造工艺与成就

春秋时期，齐国青铜铸造工艺在传统陶范法的基础上又有了新的发展，其中有的工艺在原有的基础上进行了革新，如分铸法。虽然分铸法在商代已经发明，但直到春秋中晚期才有了根本性的改进，将器身与附件分别单独做模，而不像西周时期和春秋早期的分铸法在制作器耳或器足时，从预先制作的整模（即完整而具备附件的模，也称“母范”、“母型”）上翻制。运用分铸法制造出的青铜器，其器形具有完全相同的特征，并且可大大提高生产效率，节省工时①。春秋时期有些铸造工艺则是新的创造，如印模制范法和失蜡法的出现，从而为齐国在春秋时期铸造器形复杂、装饰华丽的青铜艺术作品提供了必要的技术条件。

青铜器铸造在我国商周时一般是采用陶范法，现留存种类繁多的青铜器，充分说明运用陶范法无论铸造小型或大型的青铜器都有着良好的艺术效果。但对于铸造器形和雕镂结构复杂的器物，则表现出这种铸造方法的弱点。尤其是对某些器种成套成组的批量生产，这种铸造方法显得更加不足，其局限性也更加明显。针对这一弱点，春秋时期，齐国在传统块范铸造技术上经过不断探索，对分铸法进行了改进，取得了较大进步。到春秋晚期，分铸法在齐国青铜器铸造中已广泛应用。分铸法的最大优点之一，可以使青铜器批量铸造生产。比如在用量巨大的兵器铸造方面，这种铸造工艺就具有明显优势。“国之大事，在祀与戎”（《左传·成公十三年》）。春秋时期，各诸侯国兼并争霸，战争连绵不断。据《左传》记载，公元前722至公元前479年的244年间，由齐国掌握主动权、发生在齐国境外的军事活动多达173次②。战争频繁发生，必然会引起武器消耗量的急剧增加，这也是分铸法在春秋时期齐国青铜器铸造中被广泛应用的主要原因之一。山东海阳嘴

① 史仲文：《中国艺术史》（工艺美术卷），河北人民出版社2006年版，第45页。

② 田旭东：《先秦齐国兵学成就略论》，《中国史研究》1997年第3期。

子前村春秋墓[①]、山东淄博磁村春秋墓出土的青铜兵器矛、戈、剑、镞等[②]，从一定程度上反映出分铸法在当时齐国青铜兵器铸造方面的状况。20 世纪 70 年代中期，山东栖霞杏家庄二号战国墓出土的一批具有春秋时期特征的青铜兵器[③]，可以说是分铸法在春秋时期齐国青铜兵器铸造中被广泛应用的最好例证。

分铸法的成熟与进步，为这一时期齐国铸造器形与装饰更加精美的青铜器提供了极大的便利条件。特别是大量具有装饰性的、以各种动物或人物造型作为器物附件（如耳、足等）的青铜器，更加充分体现了春秋时期分铸法的成就。比如出土于临淄齐国故城、现藏于北京故宫博物院的春秋中期的龙耳簋，就是采用动物造型作为器物附件的典型代表。这件龙耳簋通高 33.9 厘米，通耳宽 43 厘米，口径 23.1 厘米。簋的整体造型呈圆形，双耳，方座，通身饰花纹。器盖饰云带纹，盖的顶部有一周蟠虺纹，盖顶的四周有一圈镂空的莲瓣形装饰。器身饰云带纹，器肩与器足各饰一周重环纹，方座的四面饰云带纹，四角处各用两个夔纹相对组成四个兽面。簋的双耳作龙形直上，龙的双目圆瞪，张口吐舌，在双龙耳的下部，各有一个瞪目卷尾的伏虎。簋上双耳的龙虎神态生动，雕镂极为精美。目前传世的簋从商代到战国就数量上来说已不算少，但如龙耳簋这样造型雄伟、盖顶以莲瓣形作为装饰尤其是双耳作极为生动的龙虎形则不多见。与这件龙耳簋器形基本相同的簋，在临淄同时出土过六件，但大多已流散到国外[④]。这也充分表明，利用分铸法这种工艺铸造器形相同、造型精美的青铜器所带来的极大便利。再比如宋政和六年（1116 年）出土于山东安丘春秋中期的齐侯盘，也是以动物造型作为器物附件的一件造型精美的青铜器。该盘造型与众不同之处，在于盘的圈足下以三个形象逼真的猪的造型作为器足。这种既具有实用性又富有

---

① 海阳县博物馆等：《山东海阳嘴子前村春秋墓出土铜器》，《文物》1985 年第 3 期。

② 淄博市博物馆：《山东淄博磁村发现四座春秋墓葬》，《考古》1991 年第 6 期。

③ 烟台市文物管理委员会、栖霞县文物事业管理处：《山东栖霞县占疃乡杏家庄战国墓清理简报》，《考古》1992 年第 1 期。

④ 王海文：《龙耳簋》，《故宫博物院院刊》1979 年第 4 期。

装饰性的器物附件给整个器物增添了更多美感。

清同治庚午年（1870 年），出土于山西荣河、现藏于中国国家博物馆的春秋中期的齐侯镈，则是以龙凤造型作为镈钮的代表。该镈的附件钮是由两条对称的立体龙造型构成，两龙之间还铸有双凤。篆间和鼓部均饰有细密的形似浪花的变形蟠虺纹。这件器物从整体上看，器形与装饰相得益彰。20 世纪 60 年代中期，出土于齐国故都临淄河崖头村的一件春秋中期的人形足敦，堪称以人物造型作为器物附件足的典范。该敦的三足作人物造型，呈跪状，双手放在膝上，头顶敦底。其造型奇巧，令人赞叹。这些大量出现的由各种动物或人物造型构成的青铜器附件，在体现实用功能的同时，也给整个器物增添了浓厚的装饰意味；另一方面则充分突显出分铸法这种工艺在铸造精美复杂造型的青铜器时所发挥的极大优势。

春秋时期，齐国青铜铸造工艺的另一项成就，是印模制范法的出现和应用。印模制范法是从春秋早中期开始的对青铜铸造工艺的又一重要改进。印模制范法的出现，在青铜铸造工艺方面具有划时代的意义。这种工艺是在传统的块范铸造技术的基础上发展而来的，即先制成规格化的模具，然后可以翻印出无数同样的范。尤其是花纹范，更需要印模制范。用印模法装饰花纹时，按照设计要求将带有花纹的范拼接起来，压印而成。这种工艺的最大优点就是在装饰繁缛的花纹时，不必将整个器身繁复的花纹逐个雕刻出来，既节省了工时，又能获得连续的装饰效果，如同盖图章似地可以连续伸展。这种铸造方法不仅节省工时，还能最大限度地发挥母范的作用，从而极大地提高生产效率，同时也为铸造结构比较复杂、独具匠心的青铜器提供便利[①]。印模制范法的出现，给青铜器的装饰带来了更为广阔的表现空间。尤其是青铜器二方连续或四方连续纹样的装饰，更能发挥其优势。盛行于春秋中晚期的蟠螭纹、蟠虺纹等纹饰，大多是运用印模制范法所印铸。宋宣和五年（1123 年），临淄齐国故城出土了一组春秋晚期的叔夷镈，

① 史仲文：《中国艺术史》（工艺美术卷），河北人民出版社 2006 年版，第 45 — 46 页。

其篆间所饰的蟠虺纹为印模制范法所印铸；1991 年临淄上河村出土了一件春秋晚期的平盖鼎，其腹部所饰的蟠螭纹也为印模制范法所印铸。上述器物可说是这一时期运用印模制范法所装饰的代表性器物（图 9－3）。

图 9－3　平盖鼎

失蜡铸造法，也是春秋时期齐国青铜铸造工艺的一项重要成就。考古资料表明，失蜡法这种青铜铸造工艺最迟在春秋中晚期就已经相当成熟。失蜡法又称“熔模法”，其具体方法是用蜡制成所需要的铸器模型，然后在蜡模的外表涂上泥浆，干后成为泥模。待泥模干燥后加热烘烤，使蜡模全部熔化流出，再入窑焙烧，能使整个铸件模型变成空壳。再往预先留出的浇注口中浇灌铜液，冷却后撤模，所需要的铜器便铸成。失蜡法最大的优点是用低熔点材料做“模”，简化了制模的工艺，可以制作任何器形。用失蜡法铸造器物，器壁厚薄均匀，壁厚最薄可到 3 毫米，而且器形很少受到工艺的限制，并且器表有一定的光洁度。失蜡法的出现，为铸造更多器形复杂、玲珑剔透的青铜艺术品提供了极大的便利条件。如山东海阳嘴子前村春秋墓出土的青铜盂、上述的叔夷镈，可谓运用失蜡技术铸造青铜器的经典之作。特别是铜盂腹上部的四只造型精巧的兽头大耳，兽头为双耳，两目圆睁，张口呲牙；兽角由镂空对称的蟠螭纹所构成宽大的花冠图案①，镈的腔体两侧和中脊由四条透雕交体龙纹构成扉棱，舞上由繁缛的盘龙纹构成旋钮。若不运用失蜡法技术，要想铸造出结构如此复杂的器物，几乎是不可能的。这充分说明春秋时期齐国的青铜铸造工艺已

① 烟台市文物管理委员会、海阳县博物馆：《山东海阳县嘴子前春秋墓的发掘》，《考古》1996 年第 9 期。

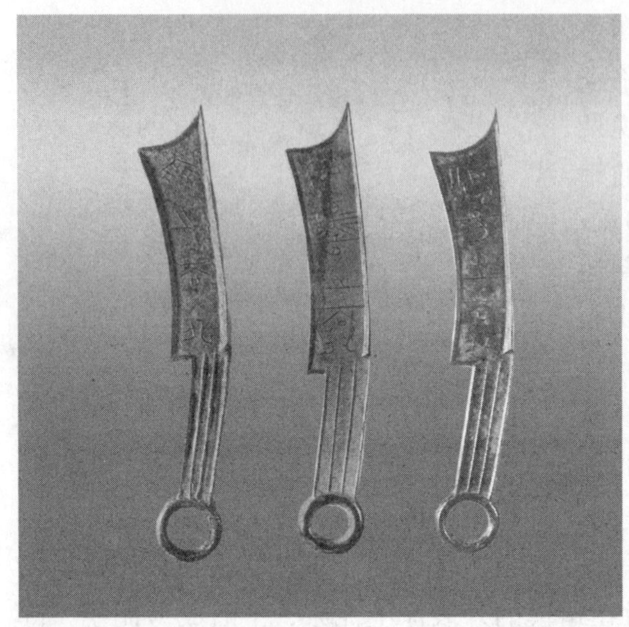

图9-4　齐之法化、节墨之法化、安阳之法化（正面）

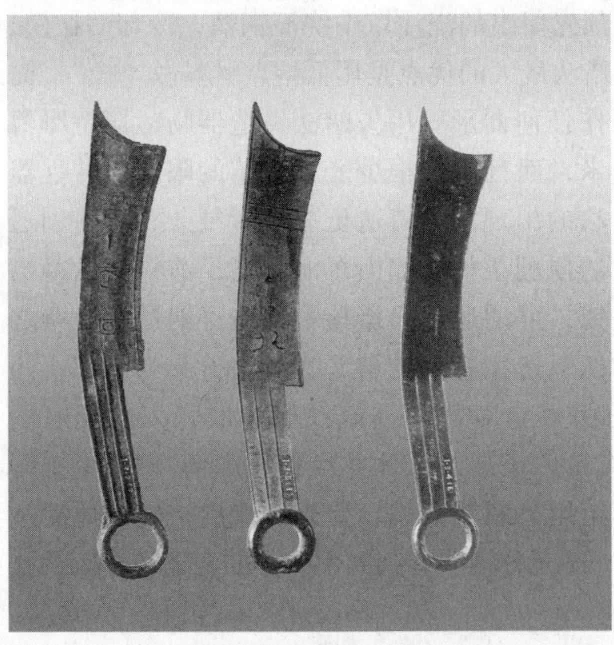

图9-5　齐之法化、节墨之法化、安阳之法化（背面）

达到一个新的发展水平。

不仅如此，春秋时期齐国青铜铸造工艺还突出表现在刀币的铸造方面。齐刀币由于其形制取象于古代手工业工具刀削的形状，因此称刀币。刀币，又称刀化。齐刀币是由先秦时期的齐国铸造、国家法定认可、主要作为储藏手段在齐国境内使用的一种刀削形青铜铸币。《管子·轻重》载有："令左司马伯公将白徒而铸钱于庄山。"这表明齐桓公在位期间，齐国已大量铸行刀币。考古发现也证实，至迟在春秋中期，齐国已批量铸行"齐之法化"刀币。随着齐国疆域的不断东扩，在其主要城邑又先后铸行"节墨之法化"、"安阳之法化"等大型刀币（图9-4、图9-5）。燕国受齐国的影响，约在春秋中期铸行尖首刀，战国时期又铸行燕明刀化。受燕国的影响，赵国、中山国等也都先后铸行具有本国特色的刀币①。因此，可以说在泰沂山系之阴，齐国是最先铸行刀币的国家②。“齐之法化”、“节墨之法化”、“安阳之法化”、“谭邦之法化”是春秋时期姜齐所铸行的货币③。这四种货币的共同特征是铸造精致，形体硕大，较其他类型的刀币形体明显宽大厚重。刀身边缘隆起，弧部边缘在刀身与柄之间中断，故也称为“断缘刀”。刀面模铸阳文地名加“之法化”字样，“法化”是标准货币的意思。背面上部有三横，中有一菱形，下为背文，背文一字者多，二字者少④。20 世纪 80 年代初期，山东栖霞潘家庄就出土了一批齐刀币，共 196 枚。其中有春秋时期的“齐之法化”、“节墨之法化”、“安阳之法化”三种货币⑤（图 9－6、图 9－7、图 9－8）。这些铸造精致、体大厚重的齐刀币，为研究春秋时期齐国刀币铸造工艺提供了有力的佐证。

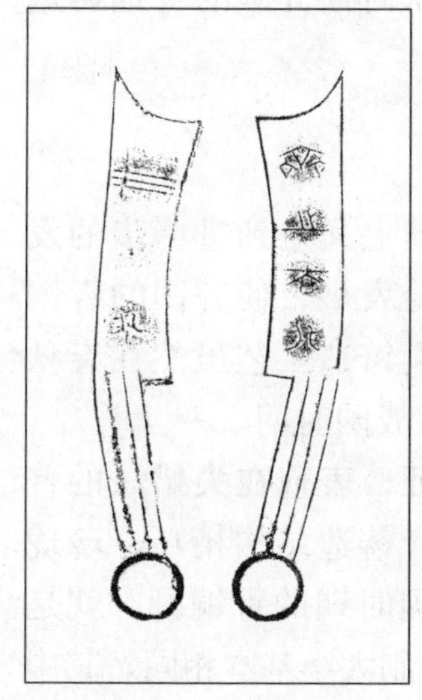
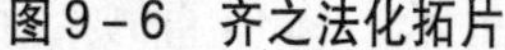

图 9－6　齐之法化拓片

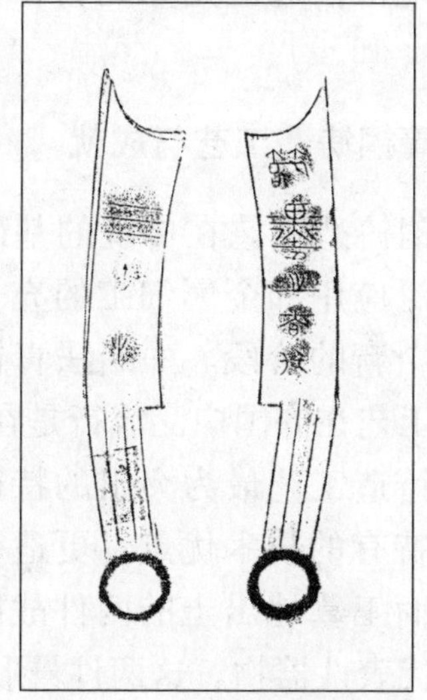

图 9－7　节墨之法化拓片

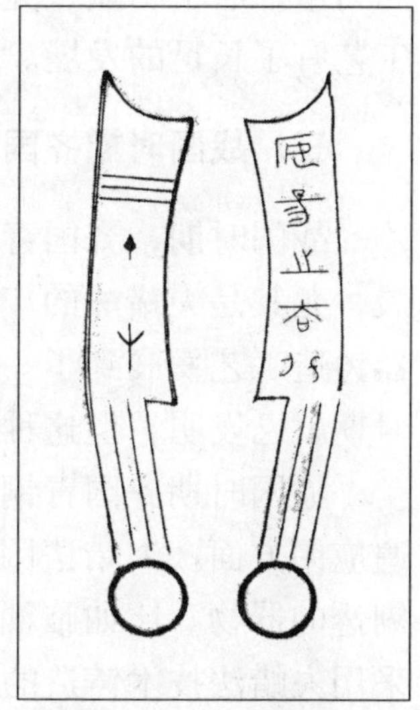

图 9－8　安阳之法化拓片

① 孙敬明：《刀币蠡测》，《山东金融研究》1987 年“钱币”专刊。
② 张光明：《齐国货币研究》，齐鲁书社 2003 年版，第 58 页。
③ 朱活：《古钱新探》，齐鲁书社 1984 年版，第 105 页。
④ 张龙海：《齐刀币》，《管子学刊》1987 年第 2 期。
⑤ 李元章：《山东栖霞县出土一批齐刀化》，《文物》1985 年第 1 期。

从铸币技术上看，春秋时期齐国刀币铸造规整精良，币文古朴俊秀，时至今日其品相依然较好，这在先秦诸币中是仅有的。从铸币材料看，经测试分析，齐之法化刀币含铜 69.56% ~ 67.95%，含铅 17.07% ~19.13%，含锡 10.14% ~10.48%，含铁 0.23% ~0.27%，含钴 0.04% ~ 0.06%；节墨之法化刀币含铜 67.91% ~74.51%，含铅 11.22% ~14.21%，含锡 12.69% ~12.71%，含铁 0.14% ~0.15%，含钴 0.05%。而对燕尖首刀和燕明刀的测试结果为：尖首刀含铜 40.24% ~ 55.10%，含铅 32.12% ~52.20%，含锡 1.54% ~8.85%；燕明刀含铜 35.29% ~57.29%，含铅 36.12% ~60.84%，含锡 0.20% ~5.73%[①]。先秦时期铜为美金，甚为珍贵，刀币合金中含铜量越高，铜币就越精良。从测定的数据看，齐国刀币的含铜量明显高于其他几种刀币。无论从铸造的工艺精细、刀币的规整精良还是铸币合金成分看，春秋时期齐国刀币都居于明显领先地位，这也充分说明春秋时期齐国的青铜铸造工艺有了长足的发展。

三、战国时期齐国青铜铸造工艺与成就

战国时期，齐国青铜铸造工艺在传统的基础上又得到进一步的发展，尤其是失蜡法的广泛应用和金属细工的充分发展，使齐国的青铜器铸造工艺发展到了一个新的阶段。失蜡法青铜铸造工艺虽然在春秋时期就已发明，但这种工艺在齐国广泛流行是在战国时期。

战国时期齐国青铜铸造工艺最为突出的特征，表现在失蜡法的普遍应用方面。失蜡法因特有的技术优点，更适合铸造结构精巧、玲珑剔透的器物。比如临淄商王墓地出土的两件战国时期的青铜罍，就是采用失蜡法技术铸造的代表性器物。这两件罍形制大小基本相同。其中一件通高 15.6 厘米，口径 8.1 厘米，最大腹径 14 厘米。侈口直颈，底上凸，圈足外侈。盖面上弧，饰凸弦纹，上有三个鸟形钮，鸟勾喙圆目，作振翅状。器肩部有一对牛首形铺首衔环，虺形双角向内弯曲[②]。出土

① 周卫荣、陈荣、孙成甫：《齐国铸币合金成分的检测与考察》，《中国钱币》1992 年第 2 期。

② 淄博市博物馆、齐故城博物馆：《临淄商王墓地》，齐鲁书社 1997 年版，第 23 页。

于临淄齐国故城、现藏于山东省文物考古研究所的两面透雕龙纹青铜镜，更加充分展现出运用失蜡法在铸造结构复杂、玲珑剔透的青铜器时所体现的极大优势。这两面青铜镜，一面直径10.95厘米，重125.3克（图9－9）；另一面直径10.74厘米，重143.3克[①]（图9－10）。两面铜镜铸造工艺相似，均为夹层复合青铜镜，镜背中央有环形钮，小圆钮座。钮座外四条透雕蟠螭龙，体态生动活泼，动感极强，境外缘为一凸起弦纹，镶嵌有四个等距离球形绿松石（失）。该透雕铜镜是用特殊工艺铸造而成的极为珍贵的复合镜。由于镜背要求纹饰精美，镜面要求光泽明净，映出的人像清晰，因此，镜背与镜面必须分别由含锡量不同的铜质铸造，然后才

图9-9 透雕龙纹镜

图9-10 透雕龙纹镜

① 张连利、贾振国、徐龙国：《山东淄博文物精粹》，山东画报出版社2002年版，第176—177页。

能合为一面完整的铜镜。尤其镜背中结构复杂的透雕纹饰，只有采用失蜡法这种铸造工艺，才能达到完美的艺术效果。铜镜的铸造，不仅使用了失蜡法和镶嵌这两种工艺，而且还使用了不同材质的复合铸造技术。两面透雕铜镜的出土，是这一时期齐国精湛青铜铸造工艺的最好体现。

金属细工的快速发展，是战国时期齐国青铜铸造工艺的另一突出成就。金属细工工艺主要包括鎏金和镶嵌。鎏金是我国早期金属工艺的重大发明之一，它比西方要早几个世纪[①]。战国时期齐国的鎏金技术工艺已达到十分娴熟的程度，临淄商王村战国墓出土的鎏金青铜器就达106件。其中，8件铜带钩均为兽首，圆饼状钮，钩体分别为长条形、琵琶形、孔雀形和琴面形，通体鎏金并镶嵌绿松石[②]。鎏金技艺精美绝伦，具有极高的艺术价值（图9－11）。镶嵌工艺包括错红铜、错金银、镶嵌玉和绿松石等。20世纪70年代中晚期，山东长清岗辛战国

图9－11　鎏金镶绿松石铜带钩

① 黄盛璋：《论中国早期（铜铁以外）的金属工艺》，《考古学报》1996年第2期。

② 淄博市博物馆、齐故城博物馆：《临淄商王墓地》，齐鲁书社1997年版，第31—34页。

墓出土的4件青铜豆，堪称这一时期齐国金属细工工艺的典范。其中一件通高27.5厘米，盘径18.5厘米，盘深6厘米。盘呈半球状，扁平把手，把略高，覆钵形盖。盖面及器壁均饰几何勾连云纹。纹饰由黄铜丝与松绿石镶嵌而成，做工极为精致，反映了当时精湛的范铸雕镂镶嵌工艺[①]。1965年出土于江苏涟水三里墩西汉墓的一件战国时期的齐国牺尊，通体饰以错金银的卷云纹等纹饰，并嵌有绿松石；颈部铸有项圈，项圈上饰鎏金鼓泡[②]。这件造型生动、铸造精美的战国牺尊，充分体现了这一时期齐国精湛的金属细工工艺。

不仅如此，战国时期齐国青铜铸造工艺还体现在焊接技术方面。战国时期的焊接技术已达到非常成熟的地步，从而为这一时期铸造更多精巧的青铜器创造了极为有利的条件。20世纪90年代初期，临淄商王墓地出土的一件青铜高柄提梁壶，就代表了这一时期齐国青铜焊接技术的水平。该壶腹部呈球形，球形腹上部有一对环钮，与双首龙身链索式提梁相连，高柄上粗下细。此壶整体铸形流畅圆润，盖与壶身分铸而成，盖与壶严丝合缝，足见其铸造之精密。尤其是在球形腹上，左右对称的两个“8”字形铜链与一个圆形铜环组成的活动链条均为焊接而成，焊接点均匀细密，充分展示了当时齐国高超的焊接技艺。该墓地同时出土的另一件无提梁的青铜高柄壶，腹部为椭圆形，腹上部有一对铺首衔环，口沿一侧伸出一直角曲尺形合页与盖相连，与合页相对的另一侧有一环钮，可在180°范围内启闭自如[③]。相比高柄提梁壶，这件壶的焊接技术要求更高，特别是合页焊接的精密程度，更加充分展现了这一时期齐国精湛的焊接技术水平（图9－12）。

战国时期的齐国刀币铸造工艺也有了长足的进步。自东周以来，各诸侯国为了发展经济，富国强兵，均铸行了不同的货币，形成了先秦时期的四大货币体系，即刀币、布币、圜钱、鬼脸钱[④]。早在春秋时

---

① 山东省博物馆、长清县文化馆：《山东长清岗辛战国墓》，《考古》1980年第4期。

② 南京博物院：《江苏涟水三里墩西汉墓》，《考古》1973年第2期。

③ 淄博市博物馆、齐故城博物馆：《临淄商王墓地》，齐鲁书社1997年版，第20页。

④ 张光明：《齐文化的考古发现与研究》，齐鲁书社2004年版，第108页。

图9－12　高柄壶

期，齐国就已率先铸行刀币。到战国时期，除姜齐所铸通行货币“齐之法化”、“节墨之法化”、“安阳之法化”、“谭邦之法化”之外，又出现了“齐建邦跞法化”、“齐法化”、“莒邦法化”、“节墨法化”等。“齐法化”是齐刀币中最多的一种，也是战国时期齐国统一的标准货币(图9－13、图9－14)。齐刀币从币文看有三字刀、四字刀、五字刀、六字刀几种，其中六字刀最罕见。由于六字刀“齐建邦跞法化”是田齐开国的纪念币，在考古发掘中极为少见，故极其珍贵（图9－15、图9－16)。从统计数据看，迄今出土的齐刀币约一百五十余批，其中114批有准确出土数字。经对114批有准确出土数字的齐刀币进行统计，共出土齐刀币10645枚。其中，春秋时期所铸的“齐之法化”刀币344枚、“节墨之法化”刀币341枚，各约占出土齐刀币总数的4.2%；“安

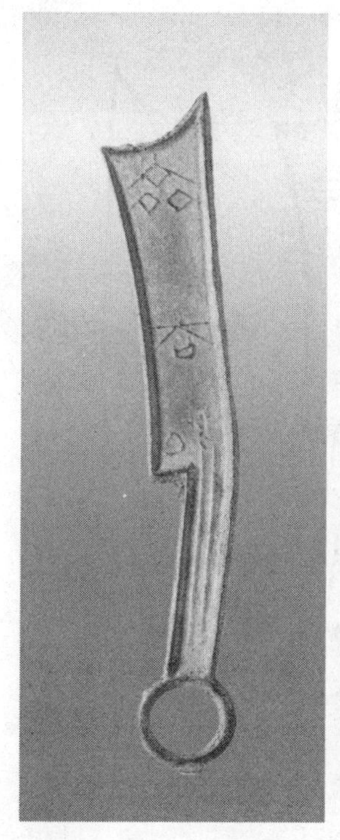

图 9－13　齐法化（正面、背面）

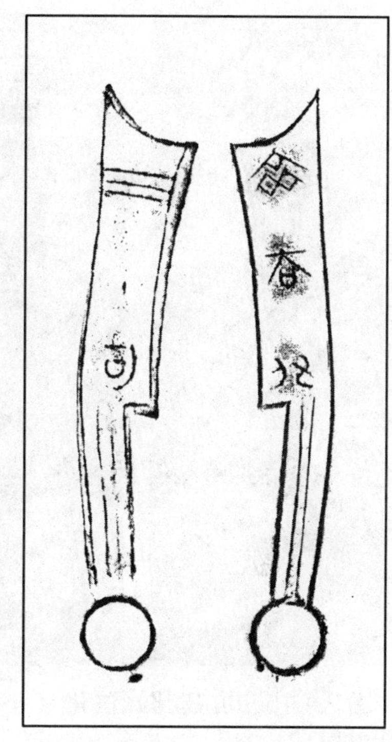

图 9－14　齐法化拓片

阳之法化”刀币 190 枚，占 2.3%。这三类春秋时期所铸的刀币共计 875 枚，占刀币出土总数的 10.84%。而战国时期出土 7245 枚，占整个刀币出土总数的 89.16%①。从刀币出土的数量可知，齐国在战国时期最为强盛，其商品经济相比春秋时期更加繁荣。

战国时期田齐所铸三字刀“齐法化”最多，约占目前已经发现的齐刀币总量的 89%。经部分取样检验，“齐法化”刀币的金属成分平均值依次为铜 54.2%、铅 37.2%、锡 4.6%，与《考工记》中“五分其金而锡居二，谓之削杀矢之齐”的记载并不相符。但在冶炼青铜中以铅代替部分锡的做法，绝非是铅锡不分的表现，而是在不影响青铜质量的前提下作了合理的掺加，以节约昂贵、难得的金属锡②。这说明

① 张光明：《齐国货币研究》，齐鲁书社 2003 年版，第 28 页。

② 赵匡华等：《战国时期古币金属组成试析》，《自然科学史研究》1992 年第 1 期。

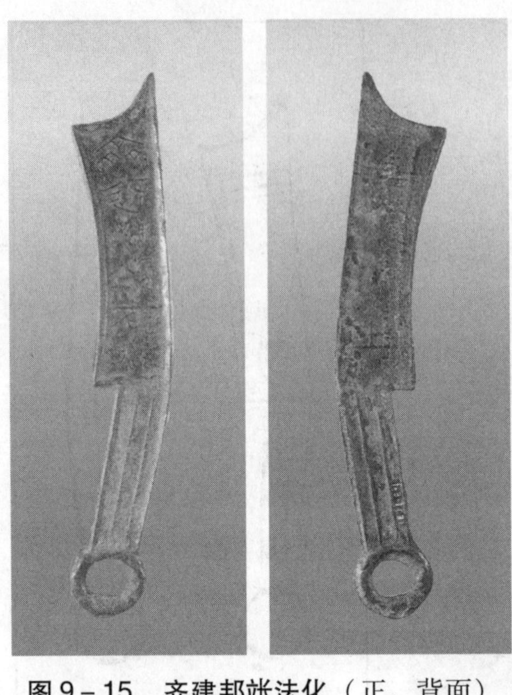

图9－15　齐建邦跣法化（正、背面）

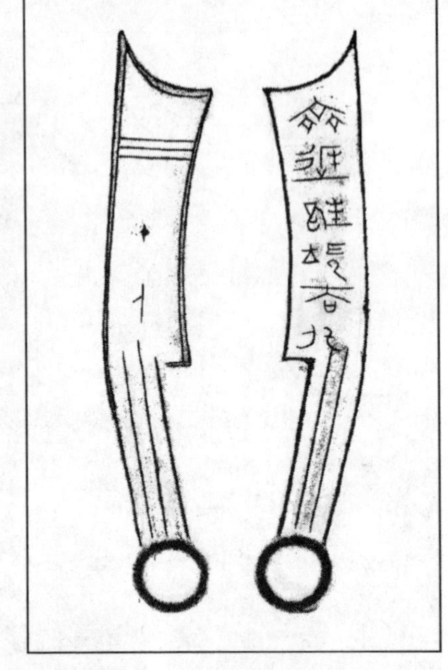

图9－16　齐建邦跣法化拓片

战国时期齐国青铜铸造工艺对合金成分配比的掌握已经达到了炉火纯青的程度。

战国时期齐刀币铸造工艺的成就，集中体现在铸范制作和叠铸法上。考古发现刀币铸范分为砖范、石范、铜范三种。砖范最多，石范次之，铜范则少见。临淄齐国故城就曾有砖范、石范和铜范出土。1972 年和 1982 年两次在临淄安合村出土了夹沙陶质“齐法化”范 8 方，计有面范 7 方、背范 1 方。其中一件范残长 14 厘米，最宽 8.6 厘米，厚 3.2 厘米。存有阴刻平行“齐法化”钱模 2 枚。左枚长 12 厘米，最宽 3 厘米，柄长 5 厘米，柄宽 1.5 厘米，刀身部阴刻反书“齐法化”三字；右枚长 13.2 厘米，刀身有阴刻反书“齐法化”三字。左右枚刀柄部均有阴刻平行线两条。另一件范残长 9.2 厘米，宽 10 厘米，厚 2 厘米。存有“齐法化”刀币模 3 枚。右枚长 6 厘米，只残存阴刻刀身边缘；中间一枚刀模长 6 厘米，最宽 2.8 厘米，只存有阴刻反书“齐法”二字；左枚刀模残长 4 厘米，最宽 2.8 厘米，只存有阴刻反书“齐”字。这8方“齐法化”钱范虽然残缺，但钱模的各个部分皆有，综合起来看，仍然能观其全貌①。刀币范中以铜范最少也最著名，铜范也称范母。由于战国时期齐国铸币技术的不断发展和铸币数量的迅速增加，铜范才会在这个时期的齐国产生。铜范的出现，可以说是战国时期齐国铸币技术的一大进步。这种材质的范母的最大优点是，可以使一个范母翻制出无数个子范，长久使用。用这种铸造方法铸成的刀币，不但形制规整、精致美观，而且能极大地提高生产效率，降低成本。时至今日，这种工艺仍在铸造业中广泛应用。

中国青铜铸造史上一个杰出的成就，就是叠铸法的出现。叠铸法是把许多个范块或成对范片叠合装配，由一个共用的浇注口进行浇注，一次得到几十甚至上百个铸件的一种铸造技术。最早使用叠铸法的是战国时期的齐国，战国时期的齐刀币是最早的叠铸件。战国时期各国的铸币方法并不平衡，齐国的铸币技术在各诸侯国的铸币技术当中无疑是最进步、最先进的。按照王献唐先生关于齐国铸币工艺三个阶段的划分，即使是秦始皇统一中国，其铸币技术也不及齐国铸币工艺的第一阶段，这一论断已被考古发现所证实。由此可见，西方强大的秦国，不但在战国时期明显落后于东方齐国，既使在统一全国后，也没能达到齐国最初的铸币技术水平，直到汉以后才逐渐应用叠铸法铸币。齐国先进的铸币工艺不仅明显领先于其他各国，也支配了中国铸币技术长达六七百年②。因此，战国时期齐国先进的货币铸造技术不仅是当时齐国青铜铸造工艺高度发达的标志，也是中国青铜铸造工艺发展史上的重要一环。

第三节　齐国青铜铸造工艺理论

齐国辉煌的青铜铸造工艺成就不仅体现在具体器物的铸造以及各

① 张龙海、李剑：《山东齐国故城内新出土的刀币钱范》，《考古》1988年第11期。

② 王献唐：《齐国铸钱的三个阶段》，《考古》1963年第11期。

种铸造技术的进步方面，更为突出的是表现在对青铜铸造技术规律的科学理论总结，由此形成了一套系统的青铜铸造工艺理论体系。

齐国青铜铸造工艺理论，集中体现在齐国著名工艺文献《考工记》中。《考工记》是对春秋时期齐国官营手工业各工种规范和制造工艺全面总结的著述，记述了齐国关于手工业各个工种的设计规范和制造工艺，是齐国官府制定的一整套指导、监督和评价官府手工业生产制作技术的文献。尤其对铜和锡配比的关系，《考工记》中“金有六齐”就是对铜锡配比规律成功的理论总结。《考工记》记载的自钟鼎以下六种不同铜锡比例的青铜器，称之为“六齐”，这是我国最早的青铜合金成分的文字记录[①]，也是世界上最早的一份合金比例表，在中国和世界冶金史上都有着重要意义[②]。《考工记》记载的“六分其金而锡居一，谓之钟鼎之齐”，即铜占合金的85.71%，锡占14.29%；“五分其金而锡居一，谓之斧斤之齐”，即铜占合金的83.33%，锡占16.67%；“四分其金而锡居一，谓之戈戟之齐”，即铜占合金的80%，锡占20%；“三分其金而锡居一，谓之大刃之齐”，即铜占合金的75%，锡占25%；“五分其金而锡居二，谓之削杀矢之齐”，即铜占合金的71.43%，锡占28.57%；“金、锡半，谓之鉴燧之齐”，即铜和锡各占50%。有学者为了验证《考工记》中“金有六齐”的合金成分与铸造器物的合金比例是否相符，对1974年河南郑州杜岭出土的两件商代大方鼎进行了分析，其分析结果是由含铜75.09%、铅17%、锡3.48%的青铜铸成[③]。对著名的司母戊大方鼎合金成分进行了化学定量分析，其结果是铜占84.77%，锡占11.64%，含铅2.79%[④]。如果除去不同时代、不同地区青铜器合金成分的差异，通过这两份合金比例的数据分析报告不难看出，这几件器物与《考工记》所载的“六分其金而锡

① 史仲文：《中国艺术史》（工艺美术卷），河北人民出版社2006年版，第38—44页。

② 杜廼松：《中国青铜器发展史》，紫禁城出版社1995年版，第18页。

③ 裴明相：《郑州商代铜方鼎的形制和铸造工艺》，《中原文物》1981年特刊。

④ 杨根、丁家盈、朱家银：《司母戊大方鼎的合金成分及铸造技术的探讨》，《铸工》1960年第1期。

居一，谓之钟鼎之齐”的合金比例是基本吻合的。

除钟鼎之外，“金有六齐”的合金比例在兵器制作时也基本符合这一科学规律。一般来说，锡的含量关系到青铜器的坚韧程度，青铜的硬度是随着锡含量的增加而增强的，锡的含量过高反而会使青铜变脆。根据现代科学测定，一般青铜中锡的含量占17%～20%时最为坚韧，超过或不足这个比例都会影响到青铜器的坚韧程度。“金有六齐”中“斧斤”和“戈戟”之齐，正与此相当。从近年来出土的战国青铜剑来看，为了使剑一类较长的青铜兵器既坚硬又有韧性，当时的工匠已经在同一种兵器的不同部位采用不同的合金比例来嵌铸成复合金属。往往是在剑的脊部采用含锡量较少的青铜，以提高剑的柔韧性，使之不易折断；而在剑的刃部采用含锡量较高的合金铸成，以提升剑的硬度和刚性，增强剑的杀伤力。因此可以说，齐国工匠们通过不断实践总结出的“金有六齐”的铜锡配比规律的理论，不但在中国冶铸史上而且在世界冶铸史上都占有光辉的一页。

齐国青铜铸造工艺的理论，还体现在对冶铸温度的控制方面。比如《考工记·栗氏为量》一节中，对标准量器鬴的铸造就有精彩的论述：“栗氏为量。……凡铸金之状，金与锡，黑浊之气竭，黄白次之；黄白之气竭，青白次之；青白之气竭，青气次之，然后可铸也。”这里所说的“金”是指铜，“气”非指固、液、气三态的气体，而是有特定的含义。据冶金史专家研究，这种“气”是指熔融合金时光辐射的颜色。根据这种“气”的颜色掌握青铜冶铸的温度，是齐国青铜铸造工艺理论上的又一突出贡献。在选择合适的合金成分后，青铜器铸造的品质优劣、成功与否，主要取决于熔化和浇铸。其中，浇铸温度和速度的掌握最为重要，而温度的高低则又更为关键。如果熔化的温度过低，青铜液会在模子里产生浇铸不完全或提前冷却现象；但如果温度过高，又会造成大量小气泡、结晶变粗、使器物强度降低等[①]。所以要铸好一件优质的青铜器，必须准确地掌握好青铜的冶炼温度。具体

① 朱泰生：《我国古代在光测高温技术上的光辉成就》，《北京邮电学院学报》1979年第1期。

来讲，就是熔铸青铜时随着温度的升高，合金的颜色会逐渐变化。《考工记》正是确切记述了合金的颜色随温度变化的规律。由于合金热辐射的规律与温度有关，因而可以根据热辐射的颜色和温度之间的关系来掌握合金的浇铸温度。《考工记》描述的铜与锡投入熔炉中加热的情景，先是“黑浊之气”，这是温度较低时的情形。温度较低的情况下，合金时主要发射红外线，人的眼睛看不到。当温度升到一定数值，可见光的辐射就会被人眼所感知。可见光的波长范围约为7700～4000埃，波长不同的光线色感也不同。辐射颜色主要取决于单色光发射本领最大值所对应的波长。正所谓“黑浊之气竭，黄白次之；黄白之气竭，青白次之；青白之气竭，青气次之”，真实而科学地表达了用肉眼观察到的合金的单色发射本领最大值自长波段向短波段推移的过程①。《考工记》记述的“铸金之状”，其实就是用肉眼来观测的一种光测高温技术。由于这种古老的光测高温技术是依据热辐射和温度关系的客观规律，使得有经验的工匠断定合金的颜色是否达到所要求的温度，仅凭肉眼观察就具有相当的准确性，所以至今这种方法仍在使用。《考工记》是世界上最早关于冶铸金属依据热辐射的颜色来判断是否达到所需温度的专门著述，也是中国科学发展史上伟大的成就之一。

总的来看，齐国精湛的青铜铸造技术、工艺精美的青铜器，无不展现了齐国高超的青铜铸造工艺发展水平，尤其是以叠铸法为代表的刀币铸造技术与成就，更加充分说明了齐国青铜铸造工艺明显优于其他各诸侯国。《考工记》中“金有六齐”、“铸金之状”的系统而完善的青铜冶铸工艺理论，不仅在中国青铜铸造发展史上而且在世界冶铸史上都占有重要地位，即使在当今，仍具有积极的现实意义。

① 戴吾三：《考工记图说》，山东画报出版社2003年版，第50页。

第十章　齐国染织工艺

中国的染织工艺，以其历史悠久、技术先进、丰富多彩和制作精美而在世界上独树一帜，享有盛誉。我国古代的染织工艺特别是丝织方面，在相当长的时间内是世界上独有的和先进的。我国是世界上最早植桑、养蚕、缫丝、织绸的国家，而且在相当长的一段历史时期内，是唯一的这样一个国家。据史书记载，我国最早出现的丝织中心可以追溯到2500 年前，即春秋时代以临淄为中心的齐鲁地区。齐国生产的“冰纨、绮绣、纯丽”等高档精细的丝织品，不仅做到了国内“人民多文采布帛”，能够充分自给，而且还大量输出，畅销各地，以至于“天下之人冠带衣履皆仰齐地”，即《史记》、《汉书》所称道的“齐冠带衣履天下”。齐国作为最早的纺织中心，其在染织工艺方面的成就对后世影响深远，对传承中国传统文明、促进我国当代文化产业也都具有重要的价值。

第一节　先齐时期的染织工艺

齐地的染织工艺自远古时代就非常发达，远古时代的齐地主要包括兖州、青州的大部分地区。《尚书·禹贡》载，兖州“厥贡漆丝，厥篚织文”。“织文”即指绫罗一类的丝织品。青州“厥贡盐絺，海物惟错。……莱夷作牧，厥篚檿丝”。其中的“絺”是指细葛布，而“檿丝” 即指柞蚕丝。可见很早以前，齐地就以盛产“织文”、“絺”、

“縻丝”等丝织品而闻名于世。为了进一步充分证明齐地在未立国之前纺织业就很发达，有的学者经过考证，认为“齐”这个地名的出现与纺织业有着密不可分的关系；并且从地名学的角度考察“齐”地名的出现与该地特殊的地理环境以及特殊的物产有密切关系[①]。如果此说成立，则从另一方面印证了先齐时期齐地染织业的繁荣与发达。先齐时期染织工艺的主要成就可从当时的原料种类、纺织工艺、染色技术等几个方面来进行分析与探讨。

根据考古资料与文献记载，在先齐时期用于纺织的主要原料有两大类：一是麻、葛、纻等植物纤维，二是天然蛋白纤维。我国古时称为“布”的，不是指现在用棉织成的染织品，主要是指麻、葛、纻等植物纤维的织品，所以《小尔雅》记有：“麻纻葛曰布。”大麻和纻麻都是优良的纺织原料[②]，在当时的齐地，葛是植物纤维的主要来源之一。我国是世界上最早发明养蚕、缫丝、丝绸的国家，在新石器时代，人们就已经懂得了利用天然蛋白纤维，其中最突出的是对蚕丝的利用。蚕丝有较好的强伸度，纤维细软、光滑，富有弹性，透气吸湿性好，是很好的纺织原料。目前已知最早的蚕茧是1926年在山西夏县西阴村仰韶文化遗址中出土的半个蚕茧。这半个蚕茧的出土在国内外学术界引起轰动，中国古老的养蚕历史在黄帝的故乡得以证实。后来这个蚕茧又经美国斯密森学院鉴定确认是蚕茧[③]。1958年，浙江吴兴钱山漾良渚文化遗址出土了一批4700年前的丝织品。其中的绢片尚未炭化，但已变质，长2.1厘米，宽1厘米。后来有关单位对残绢片又作了进一步的鉴定，再次确认了纤维的性质，认为绢片是由蚕丝借助于丝胶粘合成生丝作经丝和纬丝交织而成的平纹织物，丝带是用捻丝再并捻成丝线辫结而成贯穿在平纹组织中间的细长带子[④]。这表明当时的丝织技术已有一定的水平。作为齐地以蚕丝为纺织原料的佐证，从考古材

① 陈昌远：《从“齐”得名看古代齐地纺织业》，《管子学刊》1995年第2期。

② 吴淑生、田自秉：《中国染织史》，上海人民出版社1986年版，第5页。

③ 赵丰：《中国丝绸通史》，苏州大学出版社2005年版，第12页。

④ 徐辉等：《对钱山漾出土丝织品的验证》，《丝绸》1981年第2期。

料和文献中都有体现。其中，山东泗水尹家城遗址岳石文化层出土的三件夹砂残陶器底植物印痕，经山东大学生物系郑亦津教授作高等植物分类学鉴定后认为，应属蒙栎或柞栎，其叶就是山桑叶，此种树算是山东齐地的特产。同样的树木纹也出现在齐瓦当上，这从侧面能够印证齐地人对蚕的重视。《尚书·禹贡》也记载了历史上“齐”地盛产山桑，而且历史悠久。

先齐时期齐地纺织业的发达，不仅在古典文献中有明确的记载，还可以从齐地出土的考古资料中得到证明。齐地的纺织业始于大汶口文化[①]，大汶口文化遗址出土了许多纺轮、骨针、骨梭等纺织工具以及陶器底部相当细密的布纹印痕。如泰安大汶口文化墓葬，出土纺轮31件，其中石质26件、陶质5件，出土于20座墓中，约占133座墓葬总数的15%。这说明当时纺织生产的普遍性。出土骨针20件，长的达18.2厘米，粗者7毫米，最细者只有1毫米，针鼻只可穿过细线，粗细与现在的缝衣钢针相当，足见当时骨针制作之精细[②]。可见大汶口文化时期，齐地先民已经普遍使用了纺轮、骨针等纺织工具，且骨针的制作可与现代缝衣针相媲美。齐地新石器时代纺织业的发展还表现在布纹密度方面。据考证，山东长岛大钦岛北村三条沟大汶口文化遗址出土的陶罐底部印有的布纹每平方厘米为8×11根，经稀纬密[③]。到龙山文化时期，齐地的纺织水平有了进一步提高。山东潍坊鲁家口龙山文化遗址出土的陶罐底部印有平纹布纹，经纬线密度为每平方厘米约9~11根[④]。潍坊姚官庄龙山文化遗址出土的布纹比鲁家口出土的布纹还要细密，每平方厘米的经纬线可达10~11根[⑤]。这已经与近代农村家庭自织粗布的布纹密度基本相当，说明早在4000多年前的龙山文化

① 陈昌远：《从“齐”得名看古代齐地纺织业》，《管子学刊》1995年第2期。

② 山东省文物管理处、济南市博物馆：《大汶口——新石器时代墓葬发掘报告》，文物出版社1974年版，第47页。

③ 北京大学考古实习队等：《山东长岛县史前遗址》，《史前研究》1983年第1期。

④ 中国社会科学院考古研究所山东工作队等：《潍县鲁家口新石器时代遗址》，《考古学报》1985年第3期。

⑤ 文物编辑委员会：《文物资料丛刊》(5)，文物出版社1981年版，第41—42页。

时期的齐地纺织业已经相当发达，足见新石器时期齐地先民们的纺织水平之高。

为了审美的需要，在织品未加工成成品之前，还需要进行相应的染色处理。先齐时期的染色情况，古代文献的记载和出土的实物虽然不多，但据现有的史料来看，已经足以说明先齐时期的人们早就懂得颜色能够增加织物的美感，很早就开始利用矿、植物染料进行染色了。约在五六千年前，居住在黄河流域的人民有用赭石等在身躯上涂绘各种花纹图案的习俗，除对野兽起恐吓作用外，也作为氏族间相互区别的标志。这种黥面纹身的风尚，也反映了人们对矿物、植物染料的认识。1963 年，江苏邳县大墩子新石器时代遗址中出土了五块赭石，赭石表面有研磨过的痕迹。其他新石器时代遗址的出土物中也发现了有研磨工具，这表明4500 年前我国已经较多地利用矿物颜料。在新石器时代，人们在应用矿物颜料的同时，也选用天然的植物染料。原野上开着红色、紫色、黄色花朵的野花以及它们绿色的叶片都成了选用的对象。起初只是把这些花、叶揉成浆状物，再用来描绘。以后逐渐知道用温水浸渍的办法来提取植物染料，选用的对象也扩大到植物的枝条甚至树皮和块根、块茎。通过千百年的反复探索、实践和积累，人们发现了蓝草可以染蓝色，茜草可以染红色，紫草可以染紫色等等①。先齐时期的齐地人民也用遗留在齐鲁大地数千年的文物印证了他们当时的成就。

第二节　齐国丝织品与染色技术

春秋战国时期是我国历史上从奴隶制向封建制过渡的时期，社会经济形态发生了巨大的变化，社会生产力也得到了很大发展。在这个基础上，农业生产发生了飞跃，桑麻生产也得到了极大的发展，与之密切相关的养蚕、缫丝、织造、练染等技术也得到不断提高。纺织业

① 吴淑生、田自秉：《中国染织史》，上海人民出版社 1986 年版，第 27 页。

成了春秋战国时期各国富民强国、发展经济的重要行业。以临淄为中心的齐鲁地区，经“太公劝其女功，极技巧……故齐冠带衣履天下”，“齐带山海，膏壤千里，宜桑麻，人民多文采布帛鱼盐”（《史记·货殖列传》）。齐国的经济除农业外，纺织业也得到了迅速发展，临淄在当时成了我国著名的纺织中心。当时齐国生产的“冰纨、绮绣、纯丽”等精细丝织品，不仅可以充分满足本国之需，而且还大量输出，畅销列国，以至于“天下之人冠带衣履皆仰齐地”（《汉书·地理志》）。

从史料记载中，可以知道齐国生产的丝织品有绢、罗、绮、锦、绣、纱、纨、缣、縠、缟、绡等品种。其中的纱是经纬丝纤细、经纬密度最小的丝织品，织物稀疏、轻薄。周代，纱已经作为礼服衣料在宫中使用。纨是平纹类织物中较为细密的丝织品，光泽极好。《释名》曰：“纨，涣也，细泽有光，焕焕然也。”《汉书·地理志下》注：“冰纨，纨细密坚如冰者也。”“冰纨”是指细致、鲜洁、纯白的丝织品，是平纹类织物中的上品。缣也是一种细密的丝织品，但它是用双根丝线并合，以增加丝线的宽度来达到致密的效果。《汉书·外戚传》注曰：“缣，即今之绢也。”由此可见，当时对缣的定义是一种重平类织物。缣不但致密，而且增加了织物的厚度。縠与纱相似，也是一种轻薄、有孔眼的丝织品。縠的特点是织物表面有细微的皱纹，且形成孔眼。这种皱纹是将丝线加以强捻，并通过丝织物的脱胶使丝线产生退捻时形成的。这种工艺技术较复杂，具有一定的难度。绡、缟属于织后不湅的生丝织品。《说文》曰：“绡，生丝也。生丝织缯曰绡。”《礼记·玉藻》疏：“缟是生绢。”罗是较为轻薄透孔的丝织物，经丝互相纠结，孔眼疏朗，与纱、縠相比，孔眼稳定、牢固，不会产生滑移。罗是丝织品中的上品，迄今所知的商周罗织物皆为四经绞的素罗。绮是平纹地起经浮花的提花织物，以不同浮长的经线反射光线的能力不同，形成暗花图案。绮与罗、縠一样，同属于较高档的丝织品。《战国策·齐策》说：“下宫糅罗纨、曳绮縠，而士不得以为缘。”就是指这几种丝织品的珍贵。锦是“织彩为文”的彩色提花丝织物，是丝织品中最为精致、绚丽的珍品。锦因制作工艺复杂，耗时费力，技术含量高，故《释名》有“其价如金”的评语。《左传》中有“贿荀偃束锦、加璧”、“子有美锦，不使人学制焉”等记载。

先秦时曾用丝织品作为书写材料，与竹木相辅而行。帛书就是写在丝织品上的文字。而明确记载使用帛书最早的是春秋第一霸主齐桓公执政时期。《晏子春秋》曾记载齐景公对晏子说：“昔吾先君桓公，予管仲狐与谷，其县十七，著之于帛，申之以策，通之诸侯。”这是说齐桓公封给管仲狐与谷等地，将此事写在帛书上作为信证。可见春秋时期，帛书已在齐国使用。当时使用简书是通行的惯例，而帛书则是鲜见的，其主要原因就在于丝帛昂贵。齐国率先使用帛书，证明齐国的丝织业比其他诸侯国发达。

20世纪70年代初，在临淄齐国故城对郎家庄一号东周墓进行发掘时，发现了一批丝织品和丝编织物。这批丝织物的出土，为我们了解当时齐国丝织工艺的高超技术水平提供了有力的佐证，现重点介绍如下：

绢：平纹组织，每平方厘米经丝76根，纬丝36根。此外，在铜镜等器物上和填土中也发现有已腐朽的绢纹。

锦：标本为经二重组织，每平方厘米约经丝112根，纬丝32根。每根经丝又是双头合股的，捻度是很不均匀的。测其径向投影宽，经丝为0.2毫米~0.25毫米，纬丝为0.13毫米~0.2毫米。残片完全炭化，外观黯黑，但组织结构还十分清晰。顺着一根经丝查看，在一个长浮线位置里，可以找到表经浮过夹纬转入背面，里经又浮过同一夹纬转到正面的情况。在这里，表经、里经都只浮过两根纬丝，并且此种现象在相邻的地方是多见的。这正是“经线起花的平纹重组织”织物不同颜色的两组经丝互换位置起花的特征，因而可以确定，锦标本是一件典型的两色织锦残片（图10-1）。它在织造工艺方面已臻于成熟[①]。该锦与辽宁朝阳西周早期墓中出土的织锦相比，质地要细密、精致得多[②]。从临淄郎家庄东周墓出土的纺织品和编织物工艺水平看，齐

① 山东省博物馆：《临淄郎家庄一号东周殉人墓》，《考古学报》1977年第1期。

② 赵丰：《中国丝绸通史》，苏州大学出版社2005年版，第64页。

国当时的纺织业已十分发达，纺织水平也相当高，为“齐冠带衣履天下”提供了确切可靠的证据。

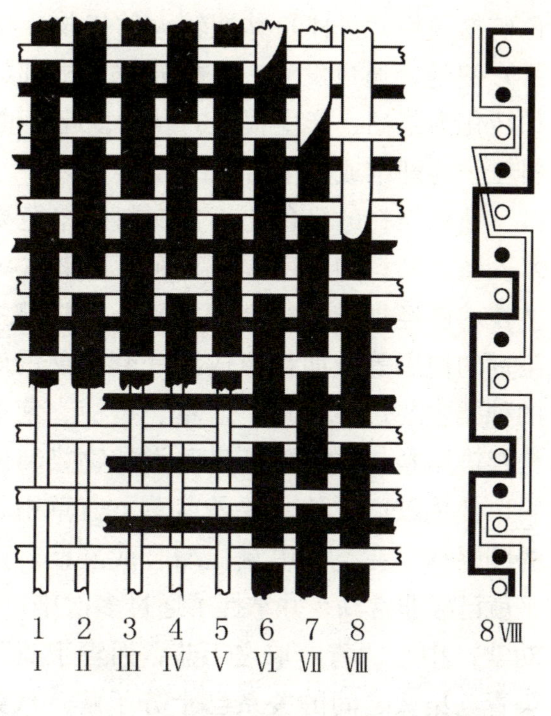

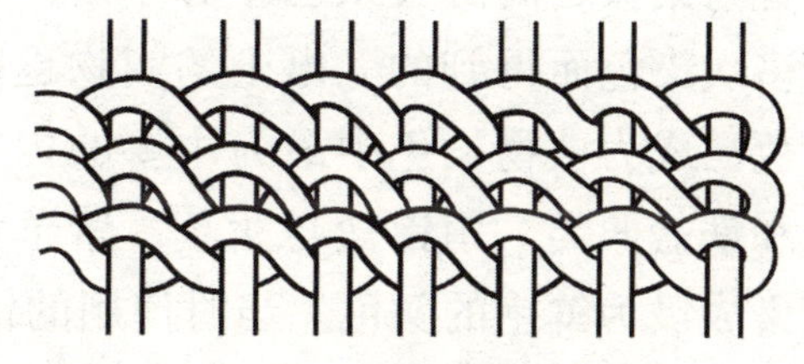

上两色织锦，下丝编织物

图 10－1　丝织品结构示意图

根据文献资料与出土实物，春秋时期齐国的染色工艺技术已相当成熟，已经系统掌握了染色工艺技术，尤其是在“石染”与“草染”工艺方面，已十分成熟。所谓“石染”，是指采用矿物颜料对纤维进行染色的工艺技术；“草染”，是指采用植物染料对纤维进行染色的工艺技术。“石染”当时使用的矿物颜料的品种主要有赭石、朱砂、石黄、空青、石青、铅白等，分属红、黄、绿、蓝、白色系。红色系的矿物颜料有赭石和朱砂。与赭石相比，朱砂的染色效果与应用面要广得多，颇受人们的青睐。朱砂染色有涂染和浸染两种。在出土实物中，用朱砂染色的丝帛，色彩一般都很纯正，保持朱红色，且色牢度相当好，说明春秋时期朱砂矿物颜料的制作与应用已相当成熟。矿物颜料染色的关键技术是黏合剂的使用，因为矿物颜料与纤维或其他有机物无亲和力，须借助黏合剂作为媒介。齐国著名的工艺文献《考工记·钟氏染羽》记载了用朱砂染羽毛的工艺情况：“钟氏染羽，以朱湛丹秫，三月而炽之，淳而渍之。”据分析，文中的朱即朱砂，是我国古代应用最多的红色矿物颜料，丹秫是黏性较大的谷物，将朱砂与丹秫一同长时间（三月）浸泡，通过发酵，谷粒分散成极细的淀粉粒子，然后炊炽之，淀粉转化为浆糊，产生很大的黏性，此时使织物"淳而渍之"，使矿物颜料粒子与纤维或羽毛有机结合。

植物染料的染色比矿物颜料的染色要复杂，必须有整套的工艺技术。植物染料的染色古时又称"草染"。春秋战国时期，齐国的草染工艺技术已经具有相当高的水平，在染草的品种、采集、染色工艺、媒染剂的使用等方面都形成了一套成熟的管理制度。据考证，当时染草的种类主要包括茜草、蓝草、黄栌、紫草、荩草等。植物染色工艺分为媒染染料与非媒染染料两类植物染料的染色工艺。对于非媒染类染料，使用较广泛的主要是蓝草。蓝草中含蓝甙，蓝甙水解溶出，即成为吲哚酚，在空气中氧化缩合成靛蓝。商周时期，蓝草的染色工艺水平就已经非常高，并掌握了通过多次染色得到深色的工艺。在《荀子·劝学》中有"青，取之于蓝，而青于蓝"的记载，说明战国时人们对染青与染蓝之间的关系已十分了解。从染色工艺上分析，青色是由蓝草多次染色而得到的。出土的实物也印证了这一点。春秋时期的媒染染色已成为植物染色中最为主要的内容。当时最为常见的媒染剂有铝盐和铁盐两类。用铝盐与茜草、紫草和各种黄色染料进行媒染时，可以染成极为鲜艳的颜色。当时使用的铝盐可能来自明矾和草木灰，《考工记》中就有以草木灰"湅丝"与"湅帛"的记载，由此推断可能采用媒染染色工艺。春秋战国时代，已经开始广泛采用含有单宁酸的植物染料，用媒染法染黑。当时的媒染剂是青矾（盐铁类化合物，当时叫涅）。现在知道，原来植物里的单宁酸与青矾作用后，变成黑色的单宁酸铁，它附着在织物的纤维上，日晒和水洗的牢度远比过去浮染抹黑的效果好得多[①]。《考工记·钟氏染羽》还载有："三入为纁，五入为緅，七入为缁。"意思就是，染三次得浅红色，染五次得深青透红的颜色，染七次得黑色。这个染色过程是以茜草或紫草作为红色染料，以

① 吴淑生、田自秉：《中国染织史》，上海人民出版社1986年版，第63页。

明矾作为媒染剂，交替媒染。随着媒染次数的增加，颜色逐渐变深变黑。媒染剂不同，所染的颜色也有差异。通过以上《考工记》对“石染”与“草染”工艺过程的记载，可以看出当时齐国染色工艺的重大成就。

特别值得一提的是，齐国在春秋时期已经使用动物染料进行染色了。《荀子·王制》篇说：“东海则有紫蚨鱼盐焉，然而中国得而衣食之。”据著名学者王孖考证，紫蚨可能就是用于染色的一种骨螺，这种红或桔红色的骨螺其大小如拳，壳表往往长满寄居的“藤壶”科软体动物，外套膜腺体呈粉黄绿色，是染紫的绝佳材料。骨螺有很多种类，其腮下腺可做染色的物质，应是一种天然的士林染料，故染色牢度极佳。但由于一个骨螺只能染极少的织物，其贵重程度可想而知，故名“帝王紫”，普通人不得服用，也服用不起。根据史料记载，战国时齐国的染紫最为著名，又称“齐紫”。《韩非子·外储说左上》曾有“五素不得一紫”之说，《史记·苏秦列传》也有“齐紫，败素也，而贾十倍”的记载。由于齐桓公好服紫，“齐紫”一时名噪天下，甚至当时齐国的经济也因之受到了一定的影响。后来齐桓公想改变这种举国好紫的风气，便采用了管仲的主意，自己带头不穿紫服，而且当近臣着紫服晋见时，便说讨厌这种紫色的味道。这里的“紫臭”恰恰是骨螺所染紫色的特点。据王孖先生推断：当时的“齐紫”用的可能正是骨螺染色。如果此种推断成立，那么齐国的染色工艺技术在当时可谓独树一帜。

第三节　齐国织物精练工艺

练是丝麻织物在染色前的准备工序，现代纺织称作“精练”，练后的织物除去表面所附的杂质，变得更加柔软、纯净，易于着色。这是决定所产纺织品质地高下的关键一环。由于历史久远，所以只能从史料和考古资料中揭示齐国系统而完备的织物精练工艺。根据史料记载，齐国纺织品的精练工艺主要包括练丝、练帛、练麻的技术。

一、“湅丝”技术

蚕丝未练之前，丝胶较多，织物的手感硬。练后的蚕丝除去了表层的丝胶，织物也因此变得柔软，光泽也较柔和。春秋战国时期，齐国的练丝技术已经比较成熟，出土的各种丝织品绝大部分是练过的熟丝，质感和手感都很好。当时的练丝工艺在齐国著名工艺文献《考工记》中有明确记载。《考工记·㡛氏》中载有:“㡛氏湅丝，以涚水沤其丝，七日。去地尺暴之。昼暴诸日，夜宿诸井，七日七夜，是谓水湅。”“涚水”即灰水，就是把草木灰浸在水中，澄清之后得到的含有碱性的温水。它可以溶解丝胶。沤，就是长时间的浸渍，因在含碱的水中浸渍长达七日，故曰“沤”。沤后的丝晾于日光之下曝晒，以分解色素和丝胶。夜间则把丝悬挂于水井之中，充分与水接触，使已分解的色素和丝胶溶解于水中，这种练丝的方法称作“水湅”。据考证，“水湅”对蚕丝脱胶的方法在当时已十分成熟。采用这种工艺对丝进行脱胶，不但丝胶脱得干净，而且精练程度高。

二、“湅帛”技术

丝织物的脱胶工艺称为“湅帛”。《考工记》中对于湅帛工艺技术的记载为:“湅帛，以栏为灰，渥淳其帛，实诸泽器，淫之以蜃。清其灰而盝之，而挥之，而沃之，而盝之，而涂之，而宿之。明日，沃而盝之。昼暴诸日，夜宿诸井。七日七夜，是谓水湅。”其大致工艺过程是：将丝织物即帛浸渍在浓度较大的草木灰溶液中，然后放在具有光滑内壁的容器中，用含有蜃灰的碱性溶液不断浸泡，去除其反应沉淀物，再浸泡，再去除，这样反复多次，此时碱液浓度降低，再涂蜃灰浸泡，次日再重复以前的过程。然后如同湅丝一样，白天曝晒于日光下，晚上浸泡在水井中，七日七夜[①]。《考工记》中记载的这种对丝与帛的脱胶工艺，如用现代科学技术方法进行分析，实际就是碱、酶与

① 赵丰:《中国古代丝绸精练技术的发展》,《浙江丝绸工学院学报》1984 年第 3 期。

日光（紫外线）共同作用的结果，是一个多因素系统作用的过程。在二千多年前能掌握这样一个复杂的工艺，不是一朝一夕的事情，而是经过长时间的经验和积累，实属难能可贵。

三、麻纤维的精练技术

麻纤维的精练也叫“脱胶”，古代称作“治”。由于齐国当时的普通民众毕竟还是以麻质纤维的衣物为主，所以当时齐国的练麻技术也是相当完备的。麻的精练方法在《仪礼》中保留了部分内容，大致可以分为三类大的方法：澡、缌和锡。郑玄对《仪礼·丧服》中的相关内容进行了注解：“澡者，治去莩垢，不绝其本也。”“谓之缌者，治其缕细如丝也。”“谓之锡者，治其布，使之滑易也。”由于麻布纤维的粗细程度不同，也出现了不同的麻织品，即大功布和小功布。当时麻布的粗细程度用“升”来表示，在幅宽2尺2寸的范围内有经线80根为1升，7升布则有560根经线。升数越多，表明布越精细。大功布是7、8、9升麻布，小功布则是10、11、12升麻布。大功麻布又称粗功，是将麻通过捶打、水洗除去杂质，脱胶，使麻纤维变得柔软、纤细，但纤维不十分白，这种精练方式一般不用灰治。小功麻布的麻也是经过水洗、脱胶，但一般要求使麻纤维变白，所以小功布的精练工艺过程中一般都用灰治。根据工艺流程的不同，这时的精练工艺又分为缌和锡两类：缌是对麻线进行脱胶处理，织成布后不再脱胶。锡则是加碱精练麻布，不是先练麻纤维，而是在麻布织成后再精练。碱的来源，一般是草木灰或其他碱性物①。大功布一般不用灰治，只用水洗、捶打等方法，因此麻纤维中的胶质很难脱尽，所织成的麻布也比较硬。经过用碱煮练的麻布，胶脱得彻底，麻布变得柔软，并且有良好的服用性能，达到了麻布精练的水平。在一个相当长的历史时期内，麻布是齐国社会劳动者大量使用的衣着用料，麻布的产量远远超过丝绸，因此，上述几种麻的脱胶方法是广泛使用的。

---

① 彭浩：《楚人的纺织与服饰》，湖北教育出版社1996年版，第33页。

第四节　齐国染织工艺对后世的影响

公元前221年，齐国被军事强大的秦国灭亡。作为一个政治实体的齐国虽然已经不复存在，但是，齐地先进的工艺技术仍然具有很强的生命力。所以终秦之世，齐地的纺织业仍然得到了长足的发展。到了汉代，在先秦“齐冠带衣履天下”的基础上，再加上汉政府的扶持，齐地仍是全国的丝织中心之一。西汉时在临淄设有三服官，每年用精美的丝织品制作皇室宫廷所用的春、夏、冬三季的服装，所以有“三服”之称。至东汉中叶，齐地一直是为汉皇室、贵族提供高档丝织品的生产中心，深得皇室及官府的赞誉。魏晋南北朝时期具有代表性的高档丝绸品种如锦、绫、绮等，临淄仍是主要产地之一。齐国发达的染织工艺为齐国的经济繁荣作出了重要贡献，也为齐国的强盛奠定了雄厚的物质基础。齐国这种重视手工业技术的传统影响深远，为以后历代所重视，成为农业经济时代的重要经济来源之一。齐国染织工艺对后世的影响不仅体现在经济方面，对如下两个方面也产生了重要影响。

一、齐国染织工艺对“礼乐”文化的影响

从周公旦制礼作乐而至孔子创立儒家学说，其主要内容均是“礼乐”与“仁义”两大部分。“道之以德，齐之以礼”（《论语·为政》），是孔子最高的政治理想。“德”即指“仁义”，“礼”则指一切统治阶级规定的秩序，而一切统治阶级所规定的秩序的本质内涵便是等级观念和等级制度。孔子认为，单单要求人们恪守礼法还不能算是中庸之道，还必须用“乐”来配“礼”。“乐”便是从感情或者说从审美情感上求得人与人相互之间的妥协中和，使人们各守本分，不得僭越。由此，我们认为“礼”和“乐”最本质的特征可用两个字来概括：“礼”为“分”，“乐”为“合”。[①] 中国的服饰文化制度作为“礼

① 蔡子谔：《中国服饰美学史》，河北美术出版社2001年版，第14页。

乐”文化的重要组成部分，也是“礼乐”文化的一种重要表现形式。

齐国作为当时著名的纺织中心，恰恰为当时“礼乐”文化的形成与发展提供了坚实的物质基础。具体到中国服饰审美文化的服饰形制、质料、色彩、纹饰等形式美特征，便是“礼乐”文化的鲜明物化形式。《管子·立政》说：“度爵而制服……衣服有制……虽有贤身贵体，毋其爵不敢服其服……天子服文有章，而夫人不敢以燕以（衣）飨庙，将军大夫以朝，官吏以命，士止于带缘。散民不敢服杂采，百工商贾不得服鬐貂，刑余戮民不敢服丝。”这说明从天子、诸侯、大夫、商人到平民以至罪犯，其着装的样式、质料、色彩、纹饰都有明确的规定。由此可见，正是中国服饰审美文化的服饰形制、质料、色彩、纹饰等形式美的形态，将“礼”的核心内涵即等级观念、等级制度这些意识形态，变成了真实可感或一看即知的外在感性形式。

齐国作为古代最早的丝织业中心，生产的高级服装用料如丝帛、缣、罗、纨、绮、縠、锦、绣等都由朝廷官员和奴隶主贵族专用，商人和平民是不许穿用的。《战国策·齐策》载：“下宫糅罗纨、曳绮縠，而士不得以为缘。”就是对当时服饰制度的真实反映。据《周礼》记载，政府还设有严格的组织与管理机构。奴隶主贵族专用的纺织品，从原料到纺织、染色以及服装制作都有专职官员掌管，在天官下设有典妇功、缝人、典丝、染人等职，在地官下设有掌葛、掌染草等职，其中的典妇工就是管理丝绸纺织生产的官员。仅从纺织染色之工方面来看，在齐国官书《考工记》中就记载了“画、缋、钟、筐、㡛”五个与纺织印染生产有关的专门职位。齐国作为当时著名的纺织中心，由于具有很高的染织工艺技术，生产出各种纹饰精美、色彩绚丽、质地优良的纺织品，从客观上为服饰审美文化的外在形式的变化提供了最基本的条件，同时也为服饰文化体现等级制度提供了不可缺少的物质基础。

齐国发达的染织工艺对“礼乐”文化的影响，还表现在服饰的色彩方面。它是体现服饰等级观念制度的一个重要因素，也是构成服饰审美文化的重要形式之一。春秋时期第一位霸主齐桓公由于喜欢服紫，使齐国上下尽服紫。桓公这种服紫的喜好对后世服饰色彩等级制度的变革产生了极大影响。按照礼制要求，色彩有尊卑贵贱之分："衣正色，裳间色，非列采不入公门。"（《礼记·玉藻》）孔《疏》："正谓青、赤、黄、白、黑五方正色也；不正谓五方间色也，绿、红、碧、紫、骝黄是也。"列采指有彩色而不贰之正服。由此可知，古代以正色为尊贵，以间色为卑贱①。后来，紫色从卑贱的间色一直上升为富贵的色彩。唐代贞观四年规定：黄、紫、朱、绿、青、黑、白作为法定的等级序列服饰颜色，将官秩最高的一、二、三品的服色定为"紫色"，② 就是最好的明证。由此可以看出，齐国精湛的染织工艺对我国长达几千年之久的"礼乐"文化体系的形成与发展影响深远。

二、齐国纺织业对对外贸易的影响

齐国染织工艺不仅为当时齐国的富民强国作出重要贡献，在对外贸易方面也对秦汉及后世都有着极大的影响，这种影响主要体现在丝绸之路的形成与发展上。在古代交通史上，欧亚大陆间存在着一条东起中国长安、西至地中海沿岸各国，连接古代中国文明与古希腊、古罗马文明的商贸大通道，在相当长的时间内以丝绸贸易为主，因而被称为"丝绸之路"。早在西汉张骞"凿空"西域之前，这条丝绸之路就已经存在了，其历史至少可以追溯到商周时期③。有足够的证据表明，春秋战国时期，中国生产的丝绸已通过中亚大草原输往南亚的印度，西亚的伊朗，欧洲的希腊、德国，非洲的埃及。当时齐国是最著名的纺织业中心，无疑是其主要货源地之一。西汉时期，张骞两次出使"凿空"西域，打通了中原与中亚、西亚以及欧洲的交通，形成了横亘欧亚大陆的丝绸之路。齐地生产的精美丝织品通过丝绸之路源源不断地输入中亚、西亚及欧洲各国。这条丝绸之路长达七千多公里，历时数千年，以丝绸贸易为主要载体，有力地促进了沿线各国经济、文化和技术的交流与发展。齐国精湛的染织工艺技术，为这部人类文

① 吕思勉：《先秦史》，上海古籍出版社2005年版，第318页。
② 蔡子谔：《中国服饰美学史》，河北美术出版社2001年版，第26页。
③ 赵丰：《中国丝绸通史》，苏州大学出版社2005年版，第40页。

化、经济交流的宏伟史卷作出了不可磨灭的贡献。

秦汉时期，齐国的临淄仍然是我国生产丝织品的中心。有充分证据表明，齐郡的临淄为汉代的丝绸之路、对外贸易的发展与繁荣起了非常重要的推动作用。

首先，看三服官的生产规模和产品质量。在汉代，当时最重要的丝织品产地有三处：一是三服官，二是东织室和西织室，三是襄邑服官。东西织室设在京都长安，由“织室令丞”主管，是“主织作缯帛之处”。它与专为皇室制作绮绣、冰纨、方空縠、吹纶絮等名牌丝织品的三服官相比，则就显得逊色多了。汉皇室在齐郡的临淄设服官之所，称为三服官，专为皇室用高档精美的丝织品监督织造春服、夏服、冬服，故称“三服官”。汉元帝时，临淄三服官规模相当大，工匠有几千人，每年耗费资金巨大，其织工人数和资金花费都远远超过东西织室及设在陈留郡襄邑的服官。陈留郡襄邑服官，其产品主要是供九卿以下的官员作为服饰之用，即便其最高档的产品织锦，也早在春秋时期被齐襄公的九妃六嫔作为穿着之衣，并为临淄出土的东周时期的锦残片所证实。西汉时期，刺绣与织锦齐名，同被视为珍品，汉高祖时曾明令商人“勿得衣锦绣”。两汉时齐郡临淄以刺绣闻名，“齐郡世刺绣，恒女无不能”（《论衡·程材》）。汉朝廷还常以刺绣和织锦作为贵重礼品，用来赠赐边疆少数民族。至于蜀锦，它比临淄、襄邑的知名要晚得多，在东汉末年才脱颖而出，开始与齐锦、襄邑锦并驾齐驱，成为丝织品天地里的一枝新秀。可见，当时丝织品的主要产地应首推临淄，特别是高档丝织品的生产，临淄要占绝对优势，是任何地方都不能相比的。

其次，看汉政府用来进行丝绸贸易的主要货源地。在丝织行业里，以临淄为中心的齐地占有很大优势，并且处于全国领先地位，是其他地方不能取代的。因此，西汉政府用来进行贸易的丝绸织品的主要来源应出自齐国故地。因为临淄作为全国著名的丝织业中心，产品数量最多，质量最佳，且受到政府的大力扶持，理所当然代表着汉代丝织品的最高水平。所以，以丝绸贸易为主体的丝绸之路，其产品的主要来源理应来自临淄，也就是说，临淄是丝绸之路的主要供货地。当然，这里需要指出的是，临淄的丝织品走上丝绸之路，作为对外贸易的主体，要由汉政府的主管部门“少府”统一调拨，先从临淄运到京师长安，然后从长安走上丝绸之路。西汉大改革家、掌管西汉全国财政的御史大夫桑弘羊曾明确指出，西汉政府用来进行丝绸贸易的丝织品均出自少府。《汉书·毋将隆传》亦有“共养劳赐，壹出少府”的记载。临淄三服官隶属少府，其产品也自然会成为丝绸贸易的主要对象①。

另外，从交通运输条件看，贸易中心与发达的交通运输网络是密不可分的。齐国临淄与外界的交通十分便利。从陆路交通看，由临淄经定陶、济渎、洛阳、函谷关而达长安的这条繁忙的交通路线，是秦汉时期的经济大动脉及连接黄河中下游经济区与中央的纽带。因此，丝绸之路可以说是这条经济大动脉向西转运贸易的进一步延伸，从而奠定了丝绸之路贸易的经济地理基础②。从海路贸易看，齐国在春秋时期就已开辟了一条自齐东渡渤海、经朝鲜半岛而达日本的航线。因为齐国有发达的造船业，故在二千七百多年前就开始了海上贸易。这已为朝鲜及日本的考古发现所证实。正是通过对外贸易，使得齐国纺织品的影响漫散开来，真正达到了“齐冠带衣履天下”的程度。肇始于齐国、以纺织品为主体的对外贸易从秦汉一直延续到今天，时至今日，我国仍是世界纺织品出口大国。

综上所述，齐国完整的染织工艺体系，不仅对秦汉时期纺织业的发展有着直接影响，也为汉唐时期丝织业的高度繁荣奠定了坚实的基础。而且齐国的丝绸传给西方，带去了先进的纺织技术，促进了西方丝绸经济的繁荣与染织技术的发展。事实上，其影响直到今天仍没有结束。现在齐国故地的淄博仍是我国重要的丝绸生产基地，是我国丝绸产业的代表城市。在国外，人们称一种中国丝绸叫“山东绸”。这一史实表明，齐国的丝织工艺不仅在当时是最发达的，其对后世的影响更是超乎寻常，甚至一直沿续到了现在。

---

① 于孔宝：《古代最早的丝织业中心——谈齐国“冠带衣履天下”》，《管子学刊》1992年第2期。
② 蒋致洁：《试论丝绸之路贸易的衰落》，《兰州学刊》1989年第2期。

第十一章　齐国工艺美学思想

齐国工艺美学思想集中体现在《考工记》中，它是齐国工艺美学思想的集大成者。《考工记》在中国科技史、工艺美术史和文化史上都占有重要的地位，作为齐国一部著名的工艺文献，《考工记》蕴含着丰富的工艺美学思想。《考工记》是我国最早提出关于工艺制作原则的专门著述，其中，“天时、地气、材美、工巧”的工艺原则是齐国工艺美学思想的精髓，特别是“材美、工巧”的工艺美学原则，在我国古代设计艺术理论与设计艺术作品中占有十分重要的地位，产生了深远的影响。《考工记》的工艺美学思想虽历经二千多年，仍熠熠生辉，依然具有很强的生命力，至今在服饰艺术、建筑艺术、环境艺术、书籍艺术、工艺美术以及现代艺术设计等诸方面，具有很强的现实意义和指导意义，这也是《考工记》经久不衰和富有生命力的主要原因。因此，深入挖掘《考工记》的工艺美学思想，探索其工艺观、审美观、工艺设计思想以及工艺美学基本原则，不仅对构建一部完整的齐国艺术史有重要的学术价值，而且充分利用这一传统艺术理论进行当代艺术创新活动，对促进我国当代文化艺术产业化也具有重要的应用价值。

第一节　《考工记》审美与致用的统一工艺观

人们在制造物品的时候，将美观的要求与实用的要求融合为一体，以实现美与用的双重功能。这就决定了工艺美术是一种实用的艺术、美化生活的艺术。在美与用的关系上，两者既非简单相加，也不是并列。工艺品首先是实用物，是在一定的生活条件、场合和环境中使用的，是在此前提下将美物化，将物美化。郭沫若在论古代青铜器的铸造时曾说："铸器之意本在服用，其或施以文镂，巧其形制，以求美观，在作器者庸或于潜意识之下，自发挥其爱美之本能，然其究极仍不外有便于实用也。"① 《考工记》在内容与形式上都充分反映了这一工艺美术的基本性质。

一、《考工记》的篇章结构分析与实用价值取向

《考工记》成书于春秋时期，是齐国科学技术宝库中一颗璀璨的明珠，是中国目前所见年代最早的手工业技术文献。书中载有先秦时期大量的手工业生产技术、工艺美术资料，记载了一系列的生产管理和营建制度，从一定程度上反映了当时人们的思想观念。

现在存世的《考工记》篇幅并不长，总计不到7000字。从结构上看，主要由七部分组成：第一部分为总论，后六部分为分论。总论指开篇的综述性文字，分论指其后展开论述的六大技术门类的内容，即：攻木（治木）、攻金（青铜铸造）、攻皮（鞣皮制革）、设色（调色、绘画、染羽）、刮摩（治玉、石）、抟埴（制陶器）。总论和六个分论构成了《考工记》的"纲"，而分属六大技术门类的30个工种（实际出现了25个）所记载的具体技术职责、工艺程序、技术要领等则构成了《考工记》的"目"。具体看，攻木之工涵盖了七个工种：轮、舆、弓、庐、匠、车、梓。从这七个工种的主要职责来看，包括了大到营造城郭、宫室、修筑水利设施小到制作农具、车轮、车箱、车盖以及乐器悬架、侯（箭靶）等。攻金之工包括：筑、冶、凫、栗、段、桃六个工种。这六个工种所从事的主要是兵器、金属农具、量器及乐器的制作。攻皮之工有函、鲍、韗、韦、裘五种，主要职责是制作护身皮甲、皮衣、鞣制皮革和制鼓。设色之工也有五个工种：画、缋、钟、

① 郭沫若：《青铜时代》，科学出版社1957年版，第314页。

筐、㡆，其主要职责是绘或绣制五彩文饰、染制布帛、练丝等。刮摩之工有五个工种：玉、楖、雕、矢、磬，主要是制作箭、礼用玉器和石质打击乐器。抟埴之工亦即制陶工艺，主要有两个工种，包括陶和瓬，主要是制作甗、甑、鬲等饮食用陶器和制作簋、豆等盛食物用的陶器。由《考工记》的结构可以看出，作为一部具有浓厚地方色彩的手工艺官方著作，其主要工种和反映的生产内容多是军用品、生产生活用具或宫廷用品，都是当时社会必不可少的实用物。这充分说明当时的手工艺制作是以实用为主要目的，在工艺方面注重实用是主要的，即使是带有制作中的美化倾向，也是一种物化的美，而现代意义上纯工艺性质的美化的物的成分并不是很大。这种原始的、古朴的手工艺制作，正符合了现代工艺美术致用的基本要求，或者说它是最原始、最实质形态的工艺美学原理的雏形。这种原理的形成是与当时的社会思想及物质生活条件密不可分的。

工艺美学思想的形成和内容不仅来源于生活、服务于生活，从一定意义上说，它也是一种历史和文化的凝结。同时，《考工记》并非仅有“实用主义”的内容，其中设色之工和刮摩之工就有多处涉及手工艺品的形制、用色和装饰方面的问题。在“梓人为筍虡”一节中，《考工记》就从雕刻装饰的造型艺术观点出发，讨论了筍虡（乐器悬架）制作的有关问题，这可以看做是关于古代装饰和雕刻艺术方面的理论文章[①]。因此在《考工记》中，不仅仅是只有实用的价值取向，对物的美化也是极为重视的。从《考工记》的内容上分析，这部著作不仅论及工艺美术“致用”的本质，同时也大量涉及了对物的有意识的美化，是审美与致用密切结合的工艺制作古籍。

二、社会现状对《考工记》实用价值取向的影响

从人类早期所制作和使用的器物尤其是《考工记》中所列举的30种工艺制作技术看，艺术的审美总是伴随着物品的应用而体现的。由

① 刘敦愿：《〈考工记〉“梓人为筍虡”条所见雕刻装饰理论》，《美术研究》1985年第2期。

于《考工记》形成时生产力还不够发达，满足自身的需要是第一位的，这就决定了手工艺制作从客观上只能是以满足需求为目的。从《考工记》所记载的手工艺制品种类来看，以兵器、战车、宫廷用品为主要品种的特点，是当时战争不断、诸强争霸、各国不断为了自己的王权进行争斗的特定社会历史时代所决定的。因此可以认为《考工记》所记载的工艺内容，是当时社会历史情况的一个缩影。社会存在决定社会意识的原理在工艺美术方面尤其是在致用与审美的辨析上也是极有针对性的。因此，《考工记》在结构与内容上所反映的致用与审美相统一的原理，不仅是客观的，也是符合唯物史观的。

在现阶段，许多人认为，工艺美术与满足需用前提下的对美的追求是一个同一的概念，也就是一种实用之外的无用的纯艺术的奢侈。这种观点其实在《考工记》成书时代就已经存在，并且对《考工记》在内容上所反映的致用价值取向具有深刻而广泛的影响。对于制造消费品的手工业生产，各国因文化的不同而有差异，但总体而言是一致的。这就是：对关系国计民生的日用必需品，主张大力扶持与发展；对于在当时看来是奢侈性的消费品，视其需要程度而采取不同的政策，通常情况下是采取限制或直接禁止生产的政策。譬如《管子·牧民》说："文巧不禁，则民乃淫。""文巧"即特指专一生产各种奢侈品的特殊技艺。"工以雕文刻镂相稚也，谓之逆"（《管子·重令》）。"雕文刻镂"即是说在器物上雕刻各式各样的花纹、鸟兽、人物等图案。限制这些奢侈品的生产是统治者的政策，因为人们若竞相以奢侈品为荣，以制作奢侈品为业，势必造成粮食布帛生产的不足，动摇国家的"本业"——农业。老百姓衣食无着，就会铤而走险，犯上作乱，以致危及统治秩序。然而在某些情况下，统治者对奢侈品不仅不限制，而且还要求在短时期内快速生产，以用精美的雕刻器物换取其他诸侯国的粮食。《管子·乘马数》说："若岁凶旱水泆，民失本，则修宫室台榭，以前无狗后无彘者为庸。故修宫室台榭，非丽其乐也，以平国策也。"这是以手工艺制作来帮助灾民渡过难关，也从客观上要求对某些手工艺制品必须或有必要进行美的装饰或创作。这种社会人文基础，一方面从思想上只注重对工艺品的实用价值的追求，排斥纯美学上的价值取向，另一方面，在特定的时期或时段，又要求工艺品求精、求巧、求美，这种矛盾统一的社会现状与社会意识，对《考工记》中以实用为主、致用与审美相统一的工艺美学思想的形成有着深刻的影响。

第二节　《考工记》工艺设计思想

我国的设计艺术源远流长，在设计艺术萌芽时期，人类物质资料的创造主要是为了解决人类的衣、食、住、行的需要，正如马克思所说："人不仅仅是自然存在物，而且是人的自然存在物，也就是说，在为自身而存在着的存在物。"[①] 按照马克思主义的观点，人类活动区别于动物的根本点在于人类能够按照变化的需要，自觉地适应一切对象，并且把自身固有的标准运用到对象上去，有意识地进行创造活动。如果具体到某件工艺品的生产，则要求必须先制定出合理的工艺规程，而工艺规程的起点便是设计。它作为生产的第一道工序，不但是未来产品的预想，同时也是实现工艺品生产过程中所必不可少的。既然如此，那么设计本身就是生产的一个组成部分。《考工记》中对器物的设计虽然没有作为专门章节来论述，但它涉及的30种工艺无一不蕴含着深刻的工艺设计思想，对后世的工艺美术设计影响极大。在《考工记》中，讲求材料的质感原则、结构与形式的功能性合乎科学的原则、功能因素与便利使用的原则、审美因素与精美愉悦的原则，以及以功能之美、造型之美、装饰之美、材质之美、工艺之美为特征的审美观，均有理论上的体现与实践上的探索。

一、《考工记》的材料质感原则

材料不仅是工艺产品的重要构件，也是构成工艺产品外观质地的决定性因素。所谓材料的质感，是指主体对材料表面的综合感受，它

① 《马克思恩格斯全集》（第42卷），人民出版社1979年版，第169页。

包括明亮与黯淡、粗糙与光滑、坚硬与柔软、轻与重、冷与暖等。这些感受有些是通过人的视觉获得的，有些则是通过人的触觉获得的。设计中对于材料的选择和撷取，是与人类的审美要求、认识水平和科学技术的进步紧密联系在一起的。在《考工记》中，对现代工艺设计中的材料质感原则多有记载，不仅反映了当时的工艺设计思想和水平，对现代工艺设计也有所启示。如对制造车轮材料的要求，《考工记》载有："轮人为轮，斩三材必以其时。三材既具，巧者和之。""凡斩毂之道，必矩其阴阳。阳也者，稹理而坚；阴也者，疏理而柔。是故以火养其阴，而齐诸其阳，则毂虽敝不蔽。"就是说，轮人制作车轮时，伐取三木必须适时，三种材料都已齐备，用精巧的工艺进行加工。伐取毂材时，必须先刻识阴阳记号：木材向阳的部分，纹理致密而坚实；背阴的部分，纹理疏松而柔弱。所以要用火烘烤背阴的部分，使其与向阳的部分性能一致，然后才能做出完美合用的毂。《考工记》对材料的质感要求还具体表现在工艺或质量上，比如在"鲍人之事"中有"鲍人之事，望而眡之，欲其荼白也；进而握之，欲其柔而滑也……革欲其荼白，而疾浣之，则坚。"这种对材料质量所要达到的要求是通过材料的质感给人以不同程度的感受而实现的。《考工记》这种对材料的质感要求，不仅体现在工艺或质量上，对工艺品的设计与功用尤其是对器物的外观风貌也具有决定性影响。也正是因为工艺品的材质能给人带来美妙、丰富的心理感受和审美感受，所以历代的设计者特别是能工巧匠，在对物品的表面进行加工处理时，既注意保持材料的自然质地和纹理，又巧妙地通过多种工艺手法，丰富材料的质感和纹理变化，从而使材料质感的美得到极大的展现。因而《考工记》中蕴含的这一工艺设计原则，不仅是我国传统工艺美学的巨大成就，也是现代工艺美术设计中的一个重要美学原则。

二、《考工记》的结构、形式与功能的科学性原则

结构与形式的功能性是否合乎科学，关于这一原则，在《不列颠百科全书》中有这样的表述，即"整体上各部件的紧密结合"。按照

系统论的思想，功能取决于结构。从科学设计的角度而言，要求以设计作品的物质功能为前提，要求结构要具有最佳的技术合理性、经济可行性，同时又要简洁、轻巧、可靠和方便，从而表现出规律性与目的性相统一的特征。

在《考工记》成书时还没有系统论一说，但《考工记》中所蕴含的器物设计方法与造型原理，与现代设计的基本原则相吻合。如《考工记·冶氏》载："戈广二寸，内倍之，胡三之，援四之。已倨则不入，已句则不决，长内则折前，短内则不疾。是故倨句外博。重三锊。戟广寸有半寸，内三之，胡四之，援五之。倨句中矩。与刺重三锊。"这里重点讲述了冶造戈和戟这两种兵器时应注意的一些情况。内、胡、援等均为戈和戟有关部位的名称。对于戈，在铸造时要注意援和胡之间的角度关系。角度太大了，"已倨则不入"，在战斗中用来击人就击不进去；角度太小了，"已句则不决"，用来击人造成的创伤就不大，不能致人于死地。因此，合适的角度应该是"倨句外博"，即比直角要大些。而对于戟，则要求"倨句中矩"，即援和胡之间的夹角要等于直角。《考工记·车人为耒》说："车人为耒，庛长尺有一寸……坚地欲直庛，柔地欲句庛。直庛则利推，句庛则利发，倨句磬折，谓之中地。"耒耜是中国古代的一种农具，用以翻土。根据《考工记》的规定，对于不同土质的地，庛的安装方式也不同。对于土质软硬适中的土地，庛的安装形成的角度应为"倨句磬折"，即等于一个磬折的大小。又如《考工记·函人》中载有："凡为甲，必先为容，然后制革。权其上旅与其下旅，而重若一。以其长为之围。凡甲，锻不挚则不坚，已敝则桡。"《考工记》的记载反映出周代时对制作人甲穿着的合体、防护的有效已形成严格的规范。凡制造皮甲胄时，必须根据人的体形制成模型，再用专用的模具将每种甲片压制成形，然后再连缀成甲。考古发现和复原实验证实了这一点。《考工记》中虽然没有关于制造马甲的记载，但出土实物可以充分表明，当时已有马甲的制作，马甲的革片设计也十分科学合理。这说明《考工记》的工艺中，在从器物的形式、结构甚至于取材方面进行设计时，都注意了其设计的合理性、实用性和科学性。这对于当代工艺美术在设计理论方面的发展与借鉴都有一定的启示。

三、《考工记》设计的功能与便利原则

设计艺术审美的本质，就在于对设计产品的功能所表现的合目的性的观照，它表现了人的创造物所包含的历史发展的内容。在一定程度上，可以说是对人的自由的一种确证。虽然设计的艺术性所体现出来的美并不直接等同于产品的效用功能，但设计产品的美与其功能的合目的性有着实质的联系[①]。关于这种联系，古希腊著名哲学家苏格拉底就曾经指出："任何一件东西如果它能很好地实现它在功用方面的目的，它就同时是善的又是美的。"既然实用物本身具有美，随着人的审美意识的提高，在设计制作物品时，将主观的美的意识通过设计附丽于器物上，使设计物品的使用性与审美性达到统一，使人在使用该物品时既达到了功能的目的，又增加了美的愉悦和享受，就成为设计者的美学追求。我国古代的设计艺术作品在功能上所表现出来的合目的性，无一不是通过设计品的使用而充分表现的。《考工记》中所涉及器物的设计无一不体现了功能与便利统一的原则。从设计的功能上看，为了满足不同功能的需要，《考工记》中记有："故一器而工聚焉者，车为多。车有六等之数：车轸四尺，谓之一等；戈柲六尺有六寸，既建而迤，崇于轸四尺，谓之二等；人长八尺，崇于戈四尺，谓之三等；殳长寻有四尺，崇于人四尺，谓之四等；车戟常，崇于殳四尺，谓之五等；酋矛常有四尺，崇于戟四尺，谓之六等。车谓之六等之数。"这里主要阐明车有六等差数（兵车、车上士兵和兵器的高度差）。这是为了适应当时车战之需，使车与兵器整套组合，形成一个系统，使作战功能达到最强。

在注重功能的同时，《考工记》还注意了便于使用的原则，如"国有六职"中记有："轮已崇，则人不能登也；轮已庳，则于马终古登阤也。故兵车之轮六尺有六寸，田车之轮六尺有三寸，乘车之轮六

---

① 朱和平：《中国设计艺术史纲》，湖南美术出版社2003年版，第5页。

尺有六寸。六尺有六寸之轮，轵崇三尺有三寸也。加轸与轐焉，四尺也。人长八尺，登下以为节。”从这段文字可以清楚地看出，对于车轮的设计制作，不仅考虑了车的功能，而且对是否便于上下车这样的问题也考虑了。《考工记·庐人》说：“凡兵无过三其身。过三其身，弗能用也，而无已，又以害人。”大意是说，所有的兵器长度均不能超过身长的三倍。兵器过长不但不利于使用，反而要危害执兵器的人。这种朴素的认识反映在器物的设计上，就必须同时考虑器物的功能发挥与便于使用。这说明《考工记》在设计器物与制作器物上一直有意识地贯彻功能性与便利性相结合的原则。

四、《考工记》的审美因素与精美愉悦原则

器物在设计时合乎功用的因素是第一位的，但是，真正能使使用者乃至观赏者赏心悦目，也是不可忽视的因素。审美因素与精美愉悦的效果的实现是通过一定的色彩、线条、形状等组合安排来实现的。《考工记》对用色、装饰等内容都有论述，这些论述的出发点可能不是为了现代意义上的美学要求，但其蕴含的审美与愉悦原则，对后世的工艺美学发展有着深刻的影响。《考工记·画缋》中说：“画缋之事，杂五色。东方谓之青，南方谓之赤，西方谓之白，北方谓之黑，天谓之玄，地谓之黄。青与白相次也，赤与黑相次也，玄与黄相次也。青与赤谓之文，赤与白谓之章，白与黑谓之黼，黑与青谓之黻，五采备谓之绣。土以黄，其象方，天时变，火以圜，山以章，水以龙，鸟兽蛇。杂四时五色之位以章之，谓之巧。凡画缋之事，后素功。”这段文字论述了画缋五色，大致有三层意思：一是五色之位次，从“画缋之事”到“地谓之黄”，提出了“五色”的概念，即青、赤、白、黑、黄，并分东、南、西、北、中之位；二是五色之调和；三是五色之工艺。这段精彩的论述被许多学者认为是体现了中国上古时代的色彩思想与运用，有难得的史料价值①。“画缋”是指在织物或服装上用调匀

---

① 戴吾三：《考工记图说》，山东画报出版社2003年版，第55页。

的颜料或染料局部涂画，或用彩丝刺绣，形成图案花纹。有专家对出土的周代绣痕作过分析，从中发现了一个“绣画并用”、“草石并用”的复杂工艺过程[①]。因为色彩本身与器物的实用性能没有必然联系，只是与对其美观与否、是否让人精神愉悦有关，这说明《考工记》在器物的设计与制作上已经不仅仅限于其功用，对其形式、色彩也有了相对较为自主的意识，也就是在制作过程中不仅注意其实用功能，同时也注重其外在的审美与对使用者的精神愉悦。

第三节 《考工记》“和合”为美思想

“和”的意思为和谐、和睦，“合”的意思是结合、联合。“和合”连用，不仅代表不同质的要素联系构成的整体系统，更体现为中国古代文化的一种理念。在中国古代，“和合”的思想理念广泛影响于技术、艺术、行为方式和社会心理等领域，成为中国传统文化与思想体系的重要组成部分。在诸子百家中，关于“美”，均有涉及和论述。如孔子主张“文质兼备”，认为“质胜文则野，文胜质则史”，即要求内容与形式的统一。墨子则主张“先质而后文”，所谓“食必常饱，然后求美；衣必常暖，然后求丽；居必常安，然后求乐”。他以实用作为美的评价基础，“利于人谓之巧，不利于人谓之拙”[②]。《考工记》中虽然对美没有专章加以论述，但通篇都贯穿着“和合”为美的思想，最明确的表述是《考工记·国有六职》：“天有时，地有气，材有美，工有巧。合此四者，然后可以为良。”这段文字可以说是中国古代技术传统中的一个深刻的造物原则或价值标准，也是《考工记》中“和合”思想的集中体现。具体说，《考工记》中蕴藏的丰富的“和合”为美的思想主要包括：设计的“合礼”为美思想，工艺的“和合”为美思想，装饰的“和合”为美思想等。

① 闻人军：《考工记导读》，巴蜀书社1988年版，第73页。

② 田自秉：《中国工艺美术史》，东方出版中心1985年版，第111—112页。

一、《考工记》设计的“合礼”为美思想

荀子认为“人之命在天，国之命在礼”（《荀子·强国》）。我国古代王朝除依靠武力统一天下外，还离不开继承“以礼治国”的文治国策。礼是无所不在、无所不用的，而且礼是从“天人合一”的理念演化而来的治国之本。“夫礼，天之经也，地之义也，民之行也”（《左传·昭公二十五年》）。“合礼”思想包括了“合天”与“合制”两方面，《考工记·匠人营国》中对城市的设计和规划，其关于“辨方正位”、“择中而立”的观点，正是这种思想的集中反映。虽然定位和取中是城市形制的地面文章，但同时又是“象天法地”所要求的和天取得对应的象征。这种象征性的上下对应，显然是远远高出人间地面规划的一种非常玄奥的整体性意境。这是“天人合一”在科学理念之外的一种天地对应的神话，皇帝称天子，其实就是这种“天人合一”的体现。《考工记》的王城之制“匠人营国，方九里，旁三门。国中九经九纬，经涂九轨。左祖右社，面朝后市”，清晰地勾勒了“辨方正位”、“择中而立”、“五方为体”的都城礼制布局的基本轮廓和“方位在天、礼序在人”的都城“以礼为本”的规划准则①。在《考工记·辀人》“制车”中有关五象与二十八宿的记载，都是与“天人合一”的与天相合的思想相关联的。任何器物、构建，只有首先与天合才能是美的，否则不仅无美可言，甚至会成为不合天道的败笔。

“礼”即“规矩”。除与天合之外，《考工记》还规定在具体器物设计制作上要遵礼定制，要求不同等级的人所用的器物规格在尺寸、重量、弧度、颜色等方面都有明显不同。如不同级制的弓，《考工记·弓人》中规定：“弓长六尺有六寸，谓之上制，上士服之；弓长六尺有三寸，谓之中制，中士服之；弓长六尺，谓之下制，下士服之。”另外，弓还有角度的定制：“为天子之弓，合九而成规；为诸侯之弓，合七而成规；大夫之弓，合五而成规；士之弓，合三而成规。”这说明礼

① 郑孝燮：《中国古代城市形制“以礼为本”的整体性》，《城乡建设》2004年第1期。

制用器制度甚至具体到了量的标准。这种观念对审美有着极大的影响，如果不合礼制，在当时看来就无从谈美了。

《考工记·匠人营国》中还提出了依爵位尊卑而定的礼制营建等级制。文中举城隅及道路为例，说明三级城邑王城、诸侯城、都城（卿大夫采邑）营建制度上的等级差别。以城隅高度为例，王宫“门阿之制，以为都城之制”，“宫隅之制，以为诸侯之城制”。这样，“都”的城隅高度只允许相当王宫的门阿高度，即高五雉。诸侯城的城隅仅相当于王城的宫城城隅高度，即高七雉。而王城城隅的高度是九雉。三级城邑的城隅高度是据“以高为贵”的礼制要求，按爵位尊卑依次递降两雉①。这种与礼合的思想是《考工记》审美思想和美学观的基础，凡是与礼不合，就如同我们今天工艺设计中的不合理甚至不合法一样，非法与非理就很难从中得到美的享受。

二、《考工记》工艺的“和合”为美思想

“工艺”，按照传统的解释，是指“百工之艺”或“百工巧艺”；从现代意义上来理解，是指对各种原材料、半成品进行加工处理，使之成为产品的方式和方法。在我国古代，往往把“工艺”与“巧”联系在一起，所以《考工记》中一再提到“三材既具，巧者和之”，“六材既聚，巧者和之”。这说明《考工记》对精美器物的制作，是从“和合”理念出发，通过“和合”的方法和手段，以达到“和合”的境界与效果，从而制造出精致、完美的器物。这种“和合”观是《考工记》作者所信奉和追求的，也是当时对审美要求与评价的一个基点。

工艺的“和合”为美思想，不仅体现在《考工记》制作器物的精良上，同时也体现在器物有效配合的要求上。比如车辀与驾马配合的论述，《考工记·辀人》强调：“辀欲弧而无折，经而无绝。进则与马谋，退则与人谋。终日驰骋，左不楗，行数千里，马不契需；终岁御，衣衽不敝，此唯辀之和也。”意思是说，辀要弯曲适度而无断纹，顺木

---

① 戴吾三、高宣：《〈考工记〉的文化内涵》，《清华大学学报》（哲学社会科学版）1997年第2期。

理而无裂纹，配合人、马进退自如，一天到晚驰骋，左边的骖马不会感到疲倦。即使行数千里路，马也不会伤蹄怯行。御者一年到头驾车驰驱，也不会磨破衣裳。这就是辀的曲直调和。为达到器物合理搭配、有效组合的要求，《考工记》中还有依据人的体形、性格特征方面的不同而制作器物的论述，比如，《考工记·弓人》记有："凡为弓，各因其君之躬志虑血气。丰肉而短，宽缓以荼，若是者为之危弓，危弓为之安矢。骨直以立，忿埶以奔，若是者为之安弓，安弓为之危矢。其人安，其弓安，其矢安，则莫能以速中，且不深。其人危，其弓危，其矢危，则莫能以愿中。"大意是说，制作弓箭时，要因人而异。身材矮胖、反应迟缓的人，要为他制作强劲、急疾的弓，配以柔缓的箭；身材挺拔、性情急躁、动作敏捷的人，要为他制作柔软的弓，配以强劲的箭。人若反应迟缓，再用柔软的弓、舒缓的箭，箭的速度就不快，自然不易命中目标，即使射中也不深入；人若刚毅果敢，性情急躁，再用强劲、急疾的弓，剽疾的箭，则难以射中目标。这里，《考工记》强调的工艺"和合"为美的思想不仅仅指工艺之美和鉴赏之美，更多的是揭示了造型之美和功能之美。这种对美的感悟，是通过"和合"理念和"和合"的方法来实现的。

三、《考工记》装饰的"和合"为美思想

装饰是构成物体艺术之美的一个十分重要的组成部分。从我国古代的手工艺制作来看，由于大多是以满足自身需要的实用性为出发点和归宿点，所以其装饰艺术主要是指附丽于器物上的装饰，而且主要是器物上的装饰纹样、装饰技巧和装饰手法。尽管据考古学、民族学、人类学和古文献记载，人类的装饰设计艺术源于对人体的装饰，但是这种用于装饰人体本身的经验和审美意识很快就运用到包括生产工具在内的物品的制造当中，以至于在原始的石器、玉器、陶器等器物上都有明显的反映。

《考工记·梓人为筍虡》中论述的动物雕刻装饰技法，十分系统且富有理论性。从这段记载来看，其内容讲的不是如何制作筍虡的问题，

而是如何装饰筍虡的问题。"梓人为筍虡"选择了鳞属、羽属和赢属作为三种动物装饰母题，表明先秦工匠在装饰艺术方面力求体现虚实结合的"和合"思想。为了突出筍虡作为乐器悬架的特点，采用"大声而宏"的赢属作钟虡，"其声清阳而远闻"的羽属作磬虡，分别配合声音洪大的钟和声音清阳的磬，从而使装饰所体现的形象之美与乐器演奏所体现的声音之美两相照应，使视觉欣赏与听觉欣赏互为补充，形成"击其所县而由其虡鸣"的联想。一方面雕饰更有生气，另一方面钟、磬之声也更形象化，增加了整个艺术作品的感染力。艺术家创造的形象是"实"，引起人们想象的是"虚"，由形象产生的意象境界就是虚实结合。《考工记》中虚实结合的思想，成为中国古代艺术的一个特点①。

西方文化从柏拉图开始，一直是讲主客二分的，于是在西方美学中突出的特点是"以个体为美"，强调形象性、生动性、新颖性。与西方这种审美趣味不同，中国传统美学更强调的是主客统一的"整体意识"，认为万事万物都是一个和谐统一的整体，都遵循同一个本质规律。因而中国古代的艺术家始终致力于"以整体为美"的创作，将天、地、人、艺术、道德看做是一个生气勃勃的有机整体，把人的情感赋予物的形式，借物抒情，"以形写意"，"形神兼备"。在这种"天人合一"的整体世界观与"物我同一"的审美观念的观照下，中国的造型艺术表现形式不重"写实"而重"传神"，不重"再现"而重"表现"，注重表现整体造型的气势，而不是对客观对象事无巨细的全盘描绘。

第四节 《考工记》工艺美学原则

《考工记》在工艺美学方面最重要的价值体现为它是我国最早提出关于工艺制作原则的专门著述，在"国有六职"中，"天有时，地有气，材有美，工有巧。合此四者，然后可以为良"的重要观点是我国

① 宗白华：《美学散步》，上海人民出版社1981年版，第33页。

最早的关于手工艺制作的专门论述①。特别是“材美、工巧”的工艺美学原则，在我国古代设计艺术理论与设计艺术作品中占有十分重要的地位，产生了广泛而又深远的影响。《考工记》在总结前人生产经验的基础上，最早从宏观角度概括提出了制作精工产品的四大要素，这四个方面就现在来说，也是工艺设计中的几个重要因素，即时、空、材、工，也可以说是季节、环境、材料、技术四个方面。春秋战国时期是我国古代工艺美术制作的一个光辉灿烂的时代，它的伟大成就至今仍在艺术和学术领域中熠熠生辉。而在几千年前，我们的祖先就能总结出上述高度精练的工艺美学原则，是非常值得我们敬佩和学习的。

一、《考工记》的“天时”、“地气”原则

《考工记》认为天时的变化对工艺品的质量有着至关重要的影响。“天时”与“地气”是促成“材美”、“工巧”的两个客观因素，因此特别注重在手工艺制作中对“天时”因素的考察，指出：“材美工巧，然而不良，则不时。”这一原则的本源，应该是来自“天人合一”的理念。《考工记》中记有：“天有时以生，有时以杀；草木有时以生，有时以死；石有时以泐；水有时以凝，有时以泽；此天时也。”认为在器物制作时，也必须按其特点和要求选择最佳的时节动工，这样做出的器物才有可能是精良之作。在《考工记·韗人为皋陶》中记有：“凡冒鼓，必以启蛰之日。”“冒”即蒙，“启蛰”即惊蛰。因为惊蛰时阳气上升，大地回春，阴气下降，这时节蒙出的鼓特别响。再如，《考工记·弓人》中载：“凡为弓，冬析干而春液角，夏治筋，秋合三材，寒奠体，冰析灂。”“液”即治，“奠”即定，“冰析灂”是说冰雪天气极寒冷时张弛弓体，分析弓漆。这是因为：“冬析干则易，春液角则合，夏治筋则不烦，秋合三材则合，寒奠体则张不流，冰析灂则审环，春被弦则一年之事。”“流”即变移，“审环”大意是审察其漆痕是否形成环形。因而《考工记》反复强调：“弓人为弓，取六材必以其

① 田自秉：《中国工艺美术史》，东方出版中心1985年版，第112页。

时。”“轮人为轮，斩三材必以其时。”这种因时顺势的“天时”观，既有朴素唯物主义的因素，也是现代工艺制作的一个重要原则。

除“天时”外，《考工记》对“地气”也相当重视。何谓“地气”?《考工记》指出:“橘逾淮而北为枳，鸜鹆不逾济，貉逾汶则死，此地气然也。郑之刀，宋之斤，鲁之削，吴粤之剑，迁乎其地而弗能为良，地气然也。”从现代科学角度分析，“地气”包括地理、地质、生态环境等多种客观因素。地理环境不同，会影响动植物的变异或生存；各地矿物成分不尽相同，水中所含的微量元素有别，皆会造成金属制品的组织和热处理的优劣差别，这也正是造成精良的郑之刀、宋之斤、鲁之削、吴粤之剑的内在原因。《考工记》强调的“天时”与“地气”，实际上是工艺制作时，人们自觉或不自觉地顺应、适应和协调于大自然的因素，是古人总结的合乎于规律的工艺制作原则，这一原则也是在现代工艺设计制作中所必须遵循的一条重要原则。

二、《考工记》的“材美”、“工巧”原则

材料是工艺设计的物质基础，是构成设计艺术物品的基本内容，是设计艺术物品艺术审美的表现载体。所谓材质之美，是决定设计艺术物品审美因素的一个重要组成部分，也是体现物品艺术特色的重要因素之一。《考工记》就十分强调设计艺术物品的材质之美。至于什么是“美”材，《考工记》原则上认为：“美材”必须符合器物的功能和技术要求。所谓“材美”，是肯定人对材料质地品性的选择性，要求工匠根据物品的需要去主动地体验材料的美（包括物理、化学性质），合理地利用材料的性能，发挥材料本质的美感。具体到某一器物的设计制作，又涉及合理地选材和用材。如制弓之六材的要求是：“干也者，以为远也；角也者，以为疾也；筋也者，以为深也；胶也者，以为和也；丝也者，以为固也；漆也者，以为受霜露也。”轮之三材的要求是：“毂也者，以为利转也；辐也者，以为直指也；牙也者，以为固抱也。轮敝，三材不失职，谓之完。”不仅如此，《考工记》还进一步提出“美材”的具体标准，如“凡相笴，欲生而抟。同抟，欲重；同

重，节欲疏；同疏，欲栗”。这是用比较的方法来确定“美材”。又如《考工记》在界定七种可做弓干的材料的顺序是：“柘为上，檍次之，檿桑次之，橘次之，木瓜次之，荆次之，竹为下。”材料分优劣，用材有选择，而材料的有选择则基于对材料的正确认识，如：“凡相角，秋閷者厚，春閷者薄。稚牛之角直而泽，老牛之角紾而昔，疢疾险中，瘠牛之角无泽。角欲青白而丰末。夫角之本，蹙于剒而休于气，是故柔……”可见，《考工记》对材料的认识是全面而又深刻的。

“天时”、“地气”、“材美”三者齐备后，必须还要由“巧者和之”才能制成精美器物，所以在“材美”、“工巧”两大要素中，《考工记》最看重的还是工巧。“材美”原则多少还包含一些适应自然因素的要求，而“工巧”则更多的是对人的创造性的肯定。如前所述，在我国古代，“工艺”往往是与“巧”联系在一起的，《说文解字》说：“工，巧也，匠也，善其事也。凡执艺事成器物以利用，皆谓之工。”又说：“工，巧饰也。”所以我们称一些古代器物的制作是“巧夺天工”，称一些制作者是“能工巧匠”。《考工记》一再提到“三材既具，巧者和之”，“六材既聚，巧者和之”；“轮人”和“庐人”中几次出现“国工”，即国家工匠，认为巧工的最高一级是国工。由此可见，《考工记》对工巧的重视和对巧工的推崇①。

首先，《考工记》对“巧工”的标准提出了很高的要求，给工匠们悬一理想鹄的。比如，车工制车，对车箱要求：“圜者中规，方者中矩，立者中县，衡者中水，直者如生焉，继者如附焉。”制削要做到：“欲新而无穷，敝尽而无恶。”除了对工巧的标准有所界定外，《考工记》也很注意巧拙之辨，主张弃拙取巧。如“弓人”中将弓分为句弓、侯弓和深弓三种，以深弓为良。“覆之而角至，谓之句弓；覆之而干至，谓之侯弓；覆之而筋至，谓之深弓。”这是用比较的方法来鉴别巧与拙，也是对巧的肯定。其次，《考工记》为了说明如何做到工巧，还记述了一些具体而完整的制作工艺过程，如由灰练到水练的练丝过

① 宣兆琦、李金海：《齐文化通论》（下册），新华出版社2000年版，第245页。

程、多层次套色染色法工序过程等[①]。第三，对是否做到“工巧”，《考工记》还记述了许多产品质量检测手段和技巧。比如在“轮人”中对车轮质量的检验方法有如下记述：“规之，以眡其圜也；萬之，以眡其匡也；县之，以眡其辐之直也；水之，以眡其平沈之均也；量其薮以黍，以眡其同也；权之，以眡其轻重之侔也。”这是利用定量检验手段，对轮子的内在质量进行把关。又比如：“望而眡其轮，欲其幎尔而下迤也；进而眡之，欲其微至也，无所取之，取诸圜也。望其辐，欲其揱尔而纤也；进而眡之，欲其肉称也，无所取之，取诸易直也。望其毂，欲其眼也；进而眡之，欲其帱之廉也，无所取之，取诸急也。眡其绠，欲其蚤之正也。”这是从表观对轮子的质量进行检验。以上论述可以充分说明，《考工记》对产品质量的检测是多角度、全方位的，具体到轮子的质量要求，要达到外在质量和内在质量的统一，做到既要做工精细、美观，又要坚实、耐用。可以说，这是《考工记》对“工巧”原则的具体要求，也是古代手工工艺技术的高水准体现。

总之，《考工记》中提出的“天有时，地有气，材有美，工有巧。合此四者，然后可以为良”的重要观点，是齐国工艺美学思想的灵魂。这四条原则不仅对设计制作优质的工艺美术产品而且对一般物品的工艺制作都是必须遵循的重要美学法则。事实上，我国数千年的工艺美术传统，正是完全体现了这些原则。我们通常所说的物质材料美，即那些给人以美感的不同质地、纹理、色泽，应该得到充分的发挥，这就要在加工的过程中体现一个“巧”字。因此，材质的美与加工的巧，是辩证的统一，是相辅相成、相得益彰的，这些正是《考工记》中工艺美学成就之所在。也正是这些伟大的成就，赋予了这部古老的工艺专著以新的生命力，至今仍在艺术和学术领域中闪烁着光辉。

① 王志民：《齐文化概论》，山东人民出版社 1993 年版，第 554 — 556 页。

后　记

《齐国艺术研究》是山东省社会科学规划研究重点项目，自 2005 年立项，至今已经六年多。这六年多的时间中，我和要登同志做出了艰辛努力，付出了不少心血。在这漫长的梳理和研究过程中，我深深地体会到齐国艺术的源远流长，博大精深，内容丰富，既有厚重丰富的艺术理论，也有绚丽多彩的艺术成果，对齐国艺术的研究绝非一朝一夕就能完成。在本课题研究的过程中，我们以全方位的视角和科学的研究方法，力求全面系统地对齐国艺术成就与特色进行深入细致的探索。本着治学严谨的态度，在文献的选择上，尽可能使用一手文献，二手文献资料基本不用。在对艺术作品和器物的选取上，为避免出现谬误或以讹传讹，尽可能做到采用亲眼所见的实物或资料，为此，我们曾不辞辛劳地数次去实物所在地考证。

在此，感谢山东省政协副主席、著名学者王志民教授，在繁忙的政务和社会活动中，挤出时间为本书作序，彰显大家风范。感谢齐鲁书社的各位领导对本书出版的支持。感谢淄博市博物馆王滨副研究馆员为本书所涉及的部分文物所做的摄影和绘图工作，感谢临淄区齐文化研究中心王金智副主任所提供的文物图片。在此，还要特别感谢淄博市青少年宫韩其东主任为本书的出版给予的热情关心与帮助。总之，对所有关心支持我们开展课题研究并对我们提供便利的各位专家及同仁，一并深表谢意！

本书力求客观全面地反映齐国艺术门类及其特色，对于某些专题的研究论述，亦是一孔之见，权当抛砖引玉，为从事齐国艺术研究的专家更进一步深入探究齐国艺术的丰富内涵搭建一个平台；对广大齐国艺术爱好者而言，则为全面了解齐国艺术的发展历程提供一个较为完备的知识框架。当然，囿于主客观条件的制约，不尽完美之处在所难免，敬请各位专家学者不吝赐教。

张　越

于山东理工大学寓所